Zdeněk Mlynář
Krisen und Krisenbewältigung im Sowjetblock

Österreichisches Institut für Internationale Politik

Monographien 1

Zdeněk Mlynář

Krisen und Krisenbewältigung im Sowjetblock

Bund-Verlag
Wilhelm Braumüller-Verlag

Dieses Buch ist eine Gemeinschaftsausgabe des Bund-Verlages (Köln)
und des Wilhelm Braumüller-Verlages (Wien)

CIP-Kurztitelaufnahme der Deutschen Bibliothek
Mlynář, Zdeněk:
Krisen und Krisenbewältigung im Sowjetblock/
Zdeněk Mlynář – Köln: Bund-Verlag, 1983.
ISBN 3-7663-0585-9

© 1983 by Bund-Verlag GmbH sowie Wilhelm Braumüller-
Universitäts-Verlagsbuchhandlung Ges.mbH
Aus dem Tschechischen übersetzt von Jiři Starek.
Herstellung: Heinz Biermann
Druck: satz + druck gmbh, Düsseldorf
ISBN 3-7663-0585-9
Printed in Germany 1983
Alle Rechte vorbehalten, insbesondere das des öffentlichen
Vortrags, der Rundfunksendung und der Fernsehausstrahlung,
der fotomechanischen Wiedergabe, auch einzelner Teile.

Inhalt

Einleitung 3

Kapitel I:

Die innere Krise politischer Systeme sowjetischen Typs in den Jahren 1953 - 1968

1. Wesenszüge des sowjetischen Systems vor dem
   Jahre 1953 9
2. Versuche zur Bewältigung der inneren Krise
   des Sowjetsystems in den Jahren 1953 - 1964 26
3. Reformkommunistische Konzeptionen der
   Krisenbewältigung im sowjetischen System
   und der Versuch zu ihrer Realisierung
   in der Tschechoslowakei 1968 48

Kapitel II:

Relative Stabilisierung sowjetischer Systeme in den 70er Jahren. Der Zusammenbruch stabilisierender Mechanismen in Polen 1980

1. Ökonomische und soziale Stützen relativer
   politischer Stabilisierung 65
2. Relative Stabilisierung offizieller politischer
   Strukturen 75
3. Der Zusammenbruch stabilisierender Mechanismen
   des sozialpolitischen Systems in Polen
   in den Jahren 1980 - 1981 91

Kapitel III:

Internationale Zusammenhänge der Entwicklung sowjetischer Systeme in den Jahren 1953 – 1981

1. Die Krise des »sozialistischen Weltsystems« und der internationalen kommunistischen Bewegung 114
2. Koexistenz der Sowjetsysteme mit konkurrierenden sozialpolitischen Systemen............................. 144

Kapitel IV:

Hauptfaktoren in der Entwicklung der Sowjetsysteme in den 80er Jahren

1. Haupttendenzen im Prozeß der Bewältigung der neuen inneren Krise der sozialpolitischen Systeme sowjetischen Typs 163
2. Internationale Zusammenhänge der neuen Krise im Sowjetblock... 189

Anmerkungen.. 206

Einleitung

Die vorliegende Arbeit stellt einen Beitrag zur kritischen theoretischen Analyse der sozialpolitischen Systeme sowjetischen Typs in ihrer poststalinistischen Entwicklungsphase dar. Auf der Grundlage der Analyse der Entwicklung dieser Systeme in den Jahren 1953 - 1981 versucht sie aufzuzeigen, welche Entwicklungsalternativen für diese Systeme in der nächsten Zukunft, das heißt im Laufe der achtziger Jahre, wahrscheinlich sind.
Eine derart breit konzipierte Arbeit kann jedoch nicht mehr als eine Analyse einiger ausgewählter Probleme umfassen - und dies sowohl bei der Betrachtung der Vergangenheit und der Gegenwart, als auch bei dem Versuch, in die Zukunft zu sehen. Die Auswahl dieser Probleme wurde durch die hauptsächliche Absicht dieser Arbeit im voraus bestimmt: zu zeigen, auf welche Weise die Systeme sowjetischer Bauart während der letzten Jahrzehnte die Krisen bewältigten, denen sie ausgesetzt wurden - und in welchem Maße sich die systemimmanenten Koppelungen und Mechanismen veränderten, die diese Systeme wesentlich bestimmen.
Unter dem Begriff *Krise* der sozialpolitischen Systeme des sowjetischen Typs verstehen wir in dieser Arbeit eine funktionelle Störung des Systems von einer solchen Bedeutung, daß das politische System aufhört, imstande zu sein, (einige) wichtige Ziele zu erreichen, die es sich selbst stellt (das heißt, die sich das Zentrum der politischen Macht in diesem System steckt). Eine Systemkrise in diesem Sinne ist jedoch - wenn wir sie vom Gesichtspunkt der Entwicklung des Systems beurteilen - keineswegs nur eine negative Erscheinung. Eindeutig negativ ist sie nur von dem Gesichtspunkt, der die Lebensfähigkeit und die Stabilität des Systems einfach mit der Aufrechterhaltung des Status quo identifiziert. In Wirklichkeit setzt jedoch die Lebensfähigkeit des Systems vor allem seine Fähigkeit voraus, sich den neuen, sich verändernden Bedingungen seiner Existenz anzupassen, nicht dysfunktional un-

ter veränderten Bedingungen zu sein. Die Krise des Systems ist dann jenes Moment, welches seine Dysfunktion anzeigt, und die Bewältigung der Krise bedeutet, daß das System wieder (wenigstens für eine gewisse Zeit lang) funktionsfähig geworden ist. Dadurch stabilisiert sich das System wiederum.

Die Krisenbewältigung kann dabei von zweierlei Art sein: entweder werden bei ihr nur solche Widersprüche gelöst, die bereits in dem Moment der Krise so stark waren, daß ohne ihre Überwindung es unmöglich war, selbst zeitweise und relativ das System zu stabilisieren – oder aber es werden während des Prozesses der Krisenbewältigung auch grundsätzliche Veränderungen in einigen systemimmanenten Koppelungen durchgeführt, die es ermöglichen sollen, einer neuen Krise für lange Zeit zuvorzukommen: das System gewinnt eine neue, vor der Krise unerreichbare innere Dynamik. In diesem zweiten Falle wird jedoch die Stabilisierung bereits auf einem qualitativ anderen Niveau dadurch erreicht, daß systembedingte Faktoren, die zu der Krise führten, nicht mehr wirken. Die Frage nach dem Charakter der Entwicklungsveränderungen sowjetischer Systeme von *diesem* Gesichtspunkt ist die Hauptfrage, die zu beantworten sich diese Arbeit bemüht.

Dadurch werden auch das Ausmaß der Abstraktion und der funktionalistische Ansatz der Analyse bestimmt. Damit kann man in Wirklichkeit nicht allseitig und historisch konkret alle wichtigen Ursachen der Krisen in sowjetischen Systemen analysieren, auch nicht alle wirksamen Methoden ihrer praktischen Bewältigung. Die vorliegende Arbeit ist so – wie übrigens eine jede theoretische Abstraktion – durch eine Vereinfachung der sozialpolitischen Realität und auf Grund dessen auch durch eine gewisse einseitige Betrachtung dieser Realität gekennzeichnet. Dessen muß man insbesondere bei der Lektüre ihres Schlußkapitels eingedenk sein. Es versucht eine Vorschau auf die künftige Entwicklung; es geht nur von den hauptsächlichen systembedingten Tendenzen aus, die zwar diese Entwicklung determinieren, aber bei weitem nicht die einzigen determinierenden Faktoren sein werden.

Bei der Untersuchung der Vergangenheit und bei der Analyse der Gegenwart kann man selbstverständlich aufzeigen, daß diese systembedingten Tendenzen eine historisch konkrete Gestalt hatten – und wie dies die wirkliche Entwicklung sowjetischer Systeme veränderte und verändert. Heute ist beispielsweise bereits klar, wie manche Hypothesen z.B. über die sogenannte Konvergenz sowjetischer und westlicher Systeme gerade deshalb zu falschen Erwartungen führten, weil sie nur aus der Logik einiger sehr allgemeiner Züge sowjetischer Systeme abgeleitet waren und dabei die Tatsache unterschätzt wurde, daß andere Züge dieser Systeme und ganz konkrete historische Umstände die tatsächliche Entwicklung letzten Endes wesentlicher determinierten, als es bei der abstrakten Systemanalyse der Fall zu sein schien. Bei der Analyse der Vergangenheit bemühen wir uns deshalb, die Entwicklung in ihrer konkreten Gestalt zu verfolgen, die heute bereits bekannt ist und deren Bedeutung praktisch überprüft wurde. Deshalb sind die einzelnen Teile dieser Arbeit umso konkreter, je mehr sie sich von der Gegenwart in die Vergangenheit entfernen – und umgekehrt umso abstrakter, je mehr sie von der Gegenwart in die Zukunft gerichtet sind.

Aber auch in der Reflexion über die Vergangenheit handelt es sich hier nicht um eine historische Arbeit: von der vielseitigen historischen Wirklichkeit werden nur solche Fakten wahrgenommen, die wir für wichtig vom Gesichtspunkt der systembedingten Eigenschaften sowjetischer Systeme erachten. Das gilt auch bezüglich der Unterschiede, die es zwischen verschiedenen Ländern gibt, in denen sich die Systeme sowjetischer Bauart entwickeln. Diese Unterschiede können auch in der Zukunft in der Praxis oft eine viel größere Rolle spielen, als es vom Gesichtspunkt gemeinsamer systembedingter Eigenschaften zu sein scheint. So war es schließlich auch in der Vergangenheit. Die Unterschiede der Entwicklung in Ungarn und in Polen auf der einen und in der UdSSR auf der anderen Seite im Jahre 1956, in der Tschechoslowakei 1968 und in Polen 1980–1981 sind ohne eine konkrete historische Analyse nicht zu begreifen. In einem Ausmaß, das wir für die Verfolgung des Textes durch den Leser für unerläßlich halten, bemühen wir uns deshalb, auch diese historisch konkreten Bedingungen zu analysieren. Doch die Wirklichkeit wird vereinfacht und schematisiert – ihre historische Analyse wird der allgemeinen Systemanalyse untergeordnet.

Für die praktische Politik sind jedoch eben solche konkrete Faktoren außerordentlich wichtig, deren Bedeutung in dieser Analyse nicht beachtet werden kann. Deshalb ist die vorliegende Analyse für politische Stellungnahmen und Entscheidungen ungenügend. Aber gleichzeitig ist sie nach unserer Meinung auch für die praktische Politik unerläßlich: Man kann die sozial-politische Wirklichkeit weder für die Vergangenheit noch für die Zukunft auf Faktoren reduzieren, mit denen sich diese Analyse befaßt. Doch sie waren und werden auch künftighin ein Bestandteil dieser Wirklichkeit sein. Und zwar ein so bedeutender Bestandteil, daß dadurch auch *Grenzen* für die Wirkung anderer Faktoren gezogen werden. Mit ihnen in der praktischen Politik nicht zu rechnen, würde bedeuten, daß wichtige Voraussetzungen und Schlußfolgerungen solcher Politik fehlerhaft sind.

Die vorliegende Arbeit vereinfacht die Wirklichkeit auch noch in einer anderen Richtung. Sie untersucht die Ursachen der Krisen und auch die Art ihrer Bewältigung nur unter dem Blickwinkel der Beziehung zwischen den system-immanenten Zügen sowjetischer Systeme und dem wirtschaftlichen, sozialen und kulturellen Leben ihrer Gesellschaft. In Wirklichkeit liegen jedoch auch in den Gesellschaften des sowjetischen Typs manche Ursachen der Krisenerscheinungen (und auch die Voraussetzungen ihrer erfolgreichen Lösung) außerhalb des Bereiches dieser Beziehungen. Sie sind tief verwurzelt in den grundlegenden Verhältnissen industrieller Gesellschaften. Es handelt sich dabei um Krisenerscheinungen, die im Grunde genommen in den Gesellschaften sowjetischen Typs und in den industriellen Gesellschaften mit einem anderen sozial-politischen System *identisch* sind. Auch wenn also die sowjetischen Systeme einige der hauptsächlichen Ursachen ihrer Krisen beseitigen würden, könnten sie damit den tieferen Ursachen solcher Krisenerscheinungen nicht ausweichen, die in der industriellen Gesellschaft überhaupt (das heißt im Osten und im Westen – in der Terminologie der geläufigen politischen Geographie) wirken.

Fragen, welche die Problematik der Krisenerscheinungen industrieller Gesellschaften überhaupt betreffen, werden hier allerdings nicht einmal formuliert, geschweige denn beantwortet. Diese Arbeit sucht auch keine Antwort auf die Frage, ob die Systeme sowjetischer Bauart ›einen wirklichen Sozialismus‹ darstellen, welche Beziehung sie zur Theorie von Marx haben und ähnliches mehr. Die Frage der ›Wiedergeburt des Sozialismus‹ wird in dieser Arbeit nicht gestellt, und deshalb gibt es hier auch keine Antwort auf sie.

Schließlich erachten wir es für notwendig, den Leser dieser Arbeit noch auf ein Problem aufmerksam zu machen. Es ist die Aufteilung des Textes der Arbeit in die einzelnen Kapitel. Während die inneren Ursachen der Krise und die Versuche zu ihrer Bewältigung in den ersten zwei Kapiteln chronologisch analysiert werden und wir so in dem zweiten Kapitel bis zu der Gegenwart gelangen, wird die Rolle der internationalen Faktoren, die bei der Entstehung, wie bei der Bewältigung der Krisen in den sowjetischen Systemen wirken, in dem dritten Kapitel analysiert. In den beiden ersten Kapiteln vermißt so der Leser die Analyse wesentlicher internationaler Zusammenhänge, und es ist notwendig, daß er diesen Aspekt der Entwicklung sowjetischer Systeme bei der Lektüre des dritten Kapitels ergänzt.

Diese Gliederung ist dadurch begründet, daß die systembedingten Züge des Verhaltens sowjetischer Gesellschaften im Bereich internationaler Beziehungen dennoch in ihrer Komplexität analysiert werden. Ihrer Logik ist die chronologische Verfolgung hauptsächlicher Veränderungen in der internationalen Politik sowjetischer Systeme untergeordnet. Da das Ziel dieser Arbeit nicht die historische Analyse der internationalen Beziehungen ist, sondern eben die theoretische der systembedingten Eigenschaften im Verhalten des Sowjetblocks in der internationalen Arena, war die selbständige Bearbeitung dieser Problematik in einem einzigen Kapitel die einzig zweckmäßige und logische Lösung.

Im vierten Kapitel werden Hypothesen über die Alternativen der weiteren Entwicklung der Sowjetsysteme vom Gesichtspunkt der inneren, wie auch der internationalen Zusammenhänge analysiert. Weil es sich dabei um die Betrachtung der abstrakten, systembedingten Tendenzen ohne eine Analyse der chronologisch ablaufenden hauptsächlichen Ereignisse handelt (die sich noch nicht ereignet haben), war ein solches Vorgehen zum Unterschied von der Analyse der vergangenen Entwicklung möglich.

Diese Arbeit entstand im Rahmen eines Forschungsauftrags des Bundesministeriums für Wissenschaft und Forschung im Österreichischen Institut für Internationale Politik in Laxenburg. Das Manuskript wurde im April 1982 fertiggestellt. Seitdem sind jedoch einige Ereignisse eingetreten, die im Text nachträglich berücksichtigt wurden (Entwicklung in Polen im Herbst 1982, der Tod von L. I. Breschnew). Ansonsten wird der Text in seiner ursprünglichen Form publiziert.

Wien, im Februar 1983   Der Autor

KAPITEL I
Die innere Krise politischer Systeme sowjetischen Typs in den Jahren 1953-1968

1. Wesenszüge des sowjetischen Systems vor dem Jahre 1953

Das sozialpolitische System des sowjetischen Typs formierte sich in der UdSSR vor dem zweiten Weltkrieg. Seine Bildung ist untrennbar mit der Ära der Herrschaft von J. V. Stalin verbunden. Die Revolution in Rußland im Jahre 1917 schuf nur die Bedingungen für seine Entstehung, jedoch nicht dieses System selbst als einen Komplex ökonomischer, sozialer und politischer Verhältnisse und institutionalisierter Strukturen. Insbesondere die ökonomischen und sozialen Verhältnisse, unerläßlich für die Existenz dieses Systems, wurden definitiv erst durch die gewaltsame Kollektivierung privater Bauern während des Umbruchs der zwanziger und der dreißiger Jahre gebildet.

Die Ursachen und die Bedingungen der Schaffung des Systems waren heterogen und historisch konkret. Lenins Interpretation des Marxismus und der »Diktatur des Proletariates« (die in der Praxis notwendigerweise die Monopolmacht der kommunistischen Partei gebar) war nur *einer* der bedeutenden Faktoren bei der Bildung dieses Systems. Den *zweiten* Faktor bildete die Tatsache, daß die ideologischen Konzeptionen Lenins in einem halbfeudalen Land realisiert wurden, das die ökonomische, soziale, politische und kulturelle Entwicklung des westeuropäischen Kapitalismus des 19. und des beginnenden 20. Jahrhunderts nicht durchmachte; es fehlten hier insbesondere die entfaltete soziale Struktur des Kapitalismus und die Tradition irgendeiner Form der politischen Demokratie, die der bürgerlichen Gesellschaft entwuchsen. Den *dritten* Faktor bildete die Atmosphäre des ersten Weltkriegs und später des Bürgerkriegs in Rußland, die die Entwicklung des neuen politischen Systems stark determinierte. Der *vierte* bedeutende Faktor war die Isolierung des neuen sozialpolitischen Systems von der übrigen Welt, zuerst als Folge der Blockade seitens westlicher Staaten, später der politischen Doktrin Stalins über den »Aufbau des Sozialismus in einem Lande«. Den *fünften* wesentlichen Faktor bildete dann die Wirtschaftskrise in den dreißiger Jahren, begleitet von der Krise der politischen Demokratie und durch den Aufstieg totalitärer Diktaturen des faschistisch-nazistischen Typs in Europa.

Unter diesen Bedingungen schuf gegen Ende der dreißiger Jahre die kommunistische Partei, durch Stalin autokratisch und diktatorisch geleitet, das politische System der UdSSR, welches man durch einige allgemeine Wesenszüge charakterisieren kann. Diese Züge haben entscheidende Bedeutung sowohl für die Qualität und die Funktionsfähigkeit des politischen Systems sowjetischen Typs, wie auch für die Entstehung der Krisen dieses Systems; sie spielen deshalb eine wesentliche Rolle auch bei den Bestrebungen zur Bewältigung dieser Krisen und bei den Bestrebungen um Systemänderungen. In dieser gesamten Arbeit wird ihnen deshalb noch oft in verschiedenen Zusammenhängen und von verschiedenen Gesichtspunkten Aufmerksamkeit gewidmet werden. An dieser Stelle werde ich also nur eine kurze und schematische Charakteristik anführen:

1. Völlige Verquickung der politischen und der ökonomischen Macht.
In den Zentren der politischen Macht konzentrierte sich auch die Macht, die sich aus dem Eigentum an den grundlegenden Produktionsmittel ergibt; die politische Macht übernahm im wesentlichen die Regulierungsfunktionen des Kapitals und des Marktes in dem gesamten ökonomischen Reproduktionsprozeß. Die politische Macht beherrscht die Menschen nicht nur durch außerökonomische Mittel als Staatsbürger, sondern auch gleichzeitig mittels der ökonomischen Einwirkung und des Zwangs als Bedienstete der staatlichen und genossenschaftlichen Betriebe und Institutionen. Die ökonomischen Beziehungen in der Gesellschaft gewähren keiner beherrschten sozialen Gruppe die Möglichkeit, unabhängig vom Willen und den unmittelbaren Direktiven der politischen Macht zu existieren.

2. Außerordentliche Abhängigkeit der sozialen Position gesellschaftlicher Gruppen und des einzelnen von der politischen Macht.
Soziale Sicherheiten, Privilegien und umgekehrt soziale Benachteiligung verschiedener gesellschaftlicher Gruppen, die durch die gesellschaftliche Arbeitsteilung geschaffen werden (soziale

Schichten, die überwiegend mit physischer oder aber geistiger Arbeit verknüpft sind, mit der Arbeit in der Industrie, dem Handel, dem Transport und dem Dienstleistungssektor oder mit der Arbeit in der Landwirtschaft, mit der Arbeit im Bereich der Leitung und der Bildung von Entscheidungen oder umgekehrt in dem Bereich der Ausführung dieser Entscheidungen usw.), sind in der Praxis im entscheidenden Maße von den Präferenzen, den Vergünstigungen der politischen Macht abhängig. Die politische Macht ist imstande, wirksam nach den eigenen Interessen die Position ganzer sozialer Gruppen (und selbstverständlich eines beliebigen einzelnen) zu verändern, ihnen soziale Sicherheiten und Privilegien zuzuteilen oder abzunehmen.

3. *Konzentration der Macht beim Apparat der kommunistischen Partei und Zentralisierung der Entscheidungsprozesse.*
Neben der formellen, durch Rechtsnormen konstituierten Struktur der Machtorgane und der Leitung wurde eine durch das Recht nicht regulierte faktische Struktur der tatsächlichen Zentren der absoluten Macht der kommunistischen Partei gebildet. Für diese Machtzentren (leitende Organe und den Apparat der kommunistischen Partei) gelten keine Beschränkungen, die sich aus den Prinzipien der Gewaltenteilung ergeben: sie entscheiden über Fragen aus dem Bereich der Gesetzgebung und auch aus dem Bereich der Exekutive, sie greifen in die Bildung des Rechts, in den Rechtsvollzug und die Rechtssprechung ein, sie entscheiden im politischen, wirtschaftlichen, sozialen und kulturellen Bereich. Diese Machtzentren sind niemandem außer ihrer eigenen Hierarchie verantwortlich, und die Nichtmitglieder der kommunistischen Partei besitzen nicht einmal die formelle Möglichkeit, sie zur Verantwortung zu ziehen, ihre Tätigkeit zu kontrollieren oder ihnen zu opponieren. Niemand kann eine bedeutendere Leitungsfunktion vom politischen und administrativen Bereich über die Polizei, die Armee und die Justiz bis zur Wirtschaft, den sozialen Diensten, dem Schulwesen, den Massenmedien, der Wissenschaft und der Kultur ohne das ausdrückliche Einverständnis dieser Zentren der absoluten Macht bekleiden. (Das wird durch das System der sogenannten »Nomenklatur« sichergestellt: die Nomenklatur ist ein Verzeichnis von funktionellen Posten – von den Zentralorganen bis zu den führenden Funktionen in den Betrieben und Institutionen –, auf die Funktionäre nur mit der Billigung des Parteiorgans eingesetzt werden dürfen.)

Diese Konzentration der Macht führt die ohnehin außerordentlich starke Zentralisierung des Entscheidungsprozesses zum Extrem. Die Grundsätze des sogenannten demokratischen Zentralismus, gültig innerhalb der kommunistischen Partei, werden auf alle Entscheidungsprozesse in den staatlichen und anderen Strukturen der Leitung übertragen. Die Bedeutung dieser Grundsätze beruht darauf, daß eine Alternative in jedweder Frage, die bereits einmal durch das höhere Entscheidungsorgan entschieden wurde, nur möglich ist, wenn dieses Organ seine ursprüngliche Entscheidung ändert. Die Kritik einer getroffenen Entscheidung und der Versuch, sie zu ändern, wird nicht als unerläßliches Element des Entscheidungsprozesses betrachtet, sondern als ein destruktives Vorgehen; der Entscheidungsprozeß wird nicht als ein Lernprozeß, d.h. ein Prozeß der Suche nach der optimalen Alternative entsprechend den sich verändernden Umständen aufgefaßt, sondern als Durchsetzung der einzigen, zentral gebilligten Alternative und dementsprechend als Durchsetzung eines einzigen Willens.

4. Das institutionalisierte politische System stellt die wichtigen Rückkoppelungen zwischen der Gesellschaft und der politischen Macht nicht sicher.

Alle Institutionen des politischen Systems stalinistischen Typs wurden so aufgebaut, daß sie zum Instrument werden, den Willen der Machtzentren durchzusetzen. Sie können nur ungenügend die abweichenden und widersprüchlichen Interessen der Gesellschaft ausdrücken und sie als politisch bedeutenden, kritischen oder oppositionellen Druck verschiedener Gesellschaftsschichten auf die Zentren der politischen Macht weitergeben. Die Wahlprozedur, wie auch der organisatorische Aufbau und die inhaltliche Ausrichtung der Tätigkeit gesellschaftlicher Massenorganisationen (gewerkschaftliche Organisationen, Jugendorganisationen, verschiedene Interessenorganisationen u.ä.) dienen der Willensdurchsetzung von oben; dem sind auch die Massenmedien untergeordnet. Das System politischer Institutionen wird zu einem Instrument der Vollstreckung der durch die Machtzentren beschlossenen Entscheidungen, nicht zu einem Instrument, die verschiedenartigen Interessen und Bedürfnisse der Gesellschaft im Rahmen dieses Prozesses auszudrücken: die politischen Institutionen bilden ein System der »Transmissionsriemen und der Hebel«, die die kommunistische Partei »mit der Arbeiterklasse und den Bevölkerungsmassen« verbinden (ausdrückliche Terminologie von Stalin, die sich auf einige Formulierungen Lenins stützt).

5. *Politisch-polizeilicher Massenterror.*
Sowohl die eigentliche Bildung, wie auch die weitere Reproduktion der ökonomischen, sozialen und politischen Verhältnisse und Strukturen waren unmöglich ohne gewaltsame Unterdrückung des Widerstands, der sich gegen sie hauptsächlich in den Reihen der vorrevolutionären sozialen und politischen Kräfte bildete, später seitens von Teilen der Arbeiterklasse und der Mehrheit der Bauernschaft und schließlich auch bei bestimmten Gruppen der neuen Machtelite selbst, im Wirtschaftsapparat, in der Armee und direkt in der kommunistischen Partei. Der politisch-polizeiliche Terror durch einen immensen polizeilichen und teilweise militärischen Apparat und durch ein Netz von Konzentrationslagern mit Dutzenden von Millionen politischer Häftlinge, dem Millionen von Menschen zum Opfer fielen, wurde für das sowjetische System zum unerläßlichen und in einigen Entwiklungsphasen zum hauptsächlichen Mittel, um politische Entscheidungen des Machtzentrums durchzusetzen. Der Terror-Apparat wurde zum bedeutendsten Bestandteil des institutionellen politischen Systems. Er war im Grunde ein Instrument der absoluten Machtzentren innerhalb der kommunistischen Partei, jedoch in der Praxis war er oft nicht einmal von diesen Zentren beherrscht und entglitt ihrer Kontrolle. Die Gruppen und Einzelpersonen, die diesen Apparat beherrschten, sicherten sich mit seiner Hilfe entscheidende Positionen in den Zentren der Macht; die wirkliche Entscheidungsmacht besaßen nur diejenigen, die imstande waren, diesen Apparat in ihrem Interesse in Gang zu bringen[1]. Die persönliche Diktatur Stalins innerhalb der kommunistischen Partei war unter anderem nur deshalb möglich, weil er die beherrschende Position in diesem Apparat des Massenterrors innehatte.

6. *Die Informationsisolierung der Gesellschaft.*
Das sowjetische sozialpolitische System erreichte in seiner stalinistischen Entwicklungsphase ein für andere Systeme unerreichbares Maß an Informationsisolierung und damit auch an Manipulierungsfähigkeit. Diese Informationsisolierung wird auf dreierlei Art gesichert: a) durch die Zensur aller öffentlich verbreiteten Informationen, beginnend mit den Massenmedien über die kulturelle und wissenschaftliche Produktion bis zur Polizeiaufsicht

über jedwede persönliche Äußerung auch in kleinen Kollektiven und im Privatleben; b) durch die Verhinderung jedweder Form der Interaktion zwischen den sozialen Gruppen und Einzelpersonen, die sich der politisch-polizeilichen Kontrolle entwinden würden (durch Aufhebung der Vereinigungs- und Versammlungsfreiheit außerhalb der offiziell kontrollierten Formen, durch Beschränkung der Bewegungsfreiheit nach dem Ausland, wie innerhalb der UdSSR – beispielsweise war das Reisen aus den Dörfern in die Städte zu Zeiten Stalins ohne eine besondere Bewilligung unmöglich); c) durch Einführung solcher ökonomischer und sozialer Verhältnisse, in denen die Menschen nur die durch den Staat kontrollierten Informationen über die Ergebnisse ihrer eigenen Tätigkeit gewinnen können. Die Produktionsbetriebe bewerten z.B. ihre Tätigkeit nicht danach, wie es den tatsächlichen ökonomischen Bedürfnissen und Möglichkeiten entspricht, sondern danach, ob die »Kennziffern des Staatsplanes« erfüllt werden oder nicht.

7. Die politische Macht schreibt eine verpflichtende Art des Denkens vor. Sie unterdrückt alles, was ihr widerspricht.
Das Bindeglied des sowjetischen politischen Systems ist die offizielle Ideologie, der »Marxismus-Leninismus«, als ein Komplex von Ansichten, Wertorientierungen und Denkweisen; das Hauptziel dieser Ideologie ist die Rechtfertigung der Praxis der politischen Macht. Alle ihre Maßnahmen sind als die einzig möglichen und richtigen Mittel zum Erreichen des entfernten künftigen Zieles darzustellen: der kommunistischen Gesellschaft, die den materiellen Wohlstand und die maximale Freiheit für jeden einzelnen wie für die Gesellschaft als Ganzes sicherstellen wird. Der Glaube an dieses Ziel, die Überzeugung von der Richtigkeit aller durch die politische Macht angewandten Mittel sind eine durch den Staat erzwungene Pflicht; andere Wertorientierungen, z.B. die Religion, Ansichten und Denkweisen, die den Anforderungen der offiziellen Ideologie widersprechen, von der teilweisen Kritik über die wissenschaftliche Skepsis bis zur anderen als der offiziellen Interpretierung der marxistischen Theorie selbst, werden diskriminiert und unterdrückt, eventuell strafrechtlich als »antisowjetische Propaganda« verfolgt. Die offizielle sowjetische Ideologie nutzt es aus, daß gegen ihre abstrakt formulierten Ziele (soziale Gerechtigkeit, klassenlose Gesellschaft, Befreiung des Menschen vom Druck der materiellen Not, das Absterben des Staates und der politischen Gewaltanwendung, Eliminierung der

Kriege aus der Geschichte der Menschheit usw.) kein Widerstand entsteht, sondern daß diese allgemeinen Ziele imstande sind, einen starken sozialen Konsensus zu gewinnen. Diesen Konsensus versucht sie wenigstens teilweise auch auf die Beziehung zum vorhandenen sozialpolitischen System zu übertragen.

8. Das sowjetische sozialpolitische System hält sich selbst den anderen Systemen für überlegen.
Seine Beziehung zu den konkurrierenden sozialpolitischen Systemen erachtet das stalinistische System auf der Basis seiner eigenen Ideologie als die Beziehung der »proletarischen sozialistischen Revolution« zum »Kapitalismus und Imperialismus«. Alle seine außenpolitischen Interessen erklärt es zu Interessen der »sozialistischen Weltrevolution« und im Gegenteil — alle ihm widersprechenden Interessen erklärt es zu Interessen des »Imperialismus und der Konterrevolution«. Das stalinistische System hält sich selbst für das Symbol der Zukunft der gesamten Menschheit. Mit Hilfe dieser ideologischen Konstruktionen rechtfertigt das sowjetische System die Unterdrückung der nationalen (und staatlichen) Autonomie von Völkern im Rahmen der UdSSR und auch die Beschränkung und die Verneinung der Souveränität anderer Staaten, falls sie mit den Machtinteressen des Sowjetsystems in Konflikt geraten.

Diese Wesenszüge des sowjetischen sozialpolitischen Systems haben sich in der Mitte der dreißiger Jahre herausgebildet während der Zeit der Annahme der sogenannten stalinistischen Verfassung der UdSSR 1936. Sie wurden durch den Polizeiterror gegen jede mögliche Opposition im Rahmen der Machtelite in den Jahren 1937-1938 gefestigt.

In der politologischen Literatur wurde diesen Wesenszügen die meiste Beachtung seitens theoretischer Analysen gewidmet, die aus der Konzeption des Totalitarismus hervorgehen. Diese Konzeption, die bei der Analyse der Sowjetsysteme im Westen in den fünfziger Jahren überwog, wurde später einer berechtigten Kritik wegen der allzugroßen Einseitigkeit und der spekulativen Schlußfolgerungen unterzogen[2]. Diese Einseitigkeit erschwerte und verhinderte manchmal die Analyse der innerlich widersprüchlichen Entwicklungstendenzen sowjetischer Systeme nach dem Jahre 1956. Ohne jedoch zu dieser Einseitigkeit zurückkehren zu wollen, nehmen wir an, daß der Charakter der politischen Macht des sowjetischen Typs am besten durch den Begriff der *totalitären*

Macht erfaßt wird: dieser Typ der Macht beherrscht die Gesellschaft (verschiedene soziale Gruppen sowie den Menschen als Einzelperson) total — in ökonomischen und sozialen, politischen und kulturellen Beziehungen. Die Macht ist in den Händen eines einzigen sozialen Subjekts konzentriert und alle übrigen sozialen Subjekte gehen der Möglichkeit, autonom zu handeln, verlustig. Das Ausmaß ihrer Autonomie ist so klein, daß es ihnen nicht ermöglicht, *sich selbst zu steuern* (im kybernetischen Sinne des Wortes)[3]. Die direkte nackte Gewalt muß dabei nicht immer die entscheidende Rolle spielen: Polizeistaaten und gewalttätige Diktaturen gibt es auch in anderen sozialpolitischen Systemen. Sie bilden jedoch keine so totalitäre politische Macht in jenem vielseitigen Sinne wie das sozialpolitische System sowjetischer Art. Zu diesen Aspekten des totalitären Charakters der politischen Macht werden wir in den weiteren Betrachtungen noch einige Male zurückkehren.

An dieser Stelle lassen wir eine Reihe von Fragen beiseite, die Gegenstand berechtigten Interesses waren und bis heute geblieben sind: ob das stalinistische System die einzige mögliche Alternative der Entwicklung in Rußland nach dem Jahre 1917 bildete; ob es schlußendlich eine »historische Notwendigkeit« und einen »objektiven Fortschritt« bedeutete usw. Ohne Rücksicht auf die historische, sozialpolitische, kulturell-zivilisatorische und moralische Bewertung dieses Systems verbleibt jedoch die Tatsache, daß einige systembedingte Eigenschaften des stalinistischen Sytems unter bestimmten historischen Bedingungen hoch funktionell waren.

Das sowjetische sozialpolitische System in seiner stalinistischen Form wurde so aufgebaut, daß es sehr wirksam *immer die Alternative des Vorgehens* durchsetzen konnte, der das Machtzentrum den Vorzug gibt. Dieses System war imstande, das Maximum an Kräften und Mitteln zur Erreichung des politisch präferierten Zieles zu konzentrieren, die Hindernisse auf dem Weg zu diesem Ziel zu beschränken und dieses Ziel ohne Rücksicht auf den Preis wirtschaftlicher, sozialer, kultureller Art, zu erreichen. Eine solche systemimmanente Eigenschaft ist zweifelsohne funktionell unter den Bedingungen, daß die präferierten Ziele im voraus programmiert sind; daß sie für die einzig möglichen und richtigen erachtet werden; daß sich die politische Macht die Aufgabe nicht stellt, immer wieder ihre Richtigkeit zu überprüfen; daß sie ihre Präferenzen nicht korrigieren und verändern will; daß sie nicht danach

trachtet, andere mögliche Alternativen des Vorgehens zu suchen. Mit Hilfe dieses Systems erreichte das Machtzentrum in kurzer Zeit, in weniger als zwanzig Jahren, zwei grundlegende Ziele:
– Es wurde die grundlegende Industrialisierung Rußlands durchgeführt, und sie sicherte die Perspektive eines weiteren extensiven ökonomischen Wachstums und in diesen Grenzen auch die autarke wirtschaftliche und politische Existenz des Systems, das sich dabei auf bisher historisch unbekannte ökonomische und soziale Verhältnisse nichtkapitalistischen Charakters stützte.
– Das neue wirtschaftliche und sozialpolitische System war imstande, sich selbst weiter zu reproduzieren.

Wenn wir die Krise eines Systems völlig abstrakt als eine funktionelle Störung auffassen, die es ihm unmöglich macht, Ziele zu erreichen, die es sich selbst stellt, dann war von diesem Gesichtspunkt das sowjetische System in einer Krise, *bevor* es sich in Gestalt des stalinistischen Modells formierte. Die stalinistische Phase seiner Entwicklung ist im Gegenteil die Phase der Bewältigung seiner ersten (postrevolutionären) Krise. Daß dabei die ursprünglichen Ideen und theoretischen Hypothesen des Marxschen Kommunismus verschwanden, beweist uns die Tatsache, daß diese ursprünglichen Vorstellungen ungeeignet waren, in der Praxis die Krise des real entstehenden sowjetischen Systems zu überwinden. Sie riefen diese im Gegenteil oft hervor.

Bereits diese, historisch erste, Krisenbewältigung des Sowjetsystems durch Stalin war innerlich widersprüchlich und beinhaltete notwendig den Keim der künftigen systembedingten Krise. Abstrakt gesehen beruhte der hauptsächliche Widerspruch darin, daß jene systembedingte Eigenschaft des stalinistischen Modells, die es unter gewissen Bedingungen hochfunktionell machte, dieses Modell dysfunktionell und unerwünscht unter anderen Bedingungen machte, die sich im Laufe der Zeit einstellen mußten. Die Fähigkeit des stalinistischen Systems, um jeden Preis die einzige, im voraus programmierte Handlungsalternative durchzusetzen, bedeutete notwendigerweise, daß das stalinistische System dysfunktionell werden mußte, sobald sich wesentliche Bedingungen seiner Existenz zu verändern begannen und es für das Überleben des Systems notwendig wurde, die bisherigen ökonomischen, sozialen, politischen und kulturellen Ziele und Präferenzen zu ändern.

Vom Gesichtspunkt seiner eigenen Logik, wie auch wegen seiner offen antidemokratischen Natur und des Massenterrors geriet das System in ernste Widersprüche mit der beherrschten Gesellschaft,

wie auch mit den allgemeinen politischen Zielen, welche es selbst deklarierte (höherer Wohlstand und größere Freiheit als in den anderen Systemen für alle). Weshalb hielt sich dieses System ohne jedwede bedeutendere Veränderungen rund dreißig Jahre lang hindurch aufrecht? Warum führten alle seine inneren Widersprüche nicht schon früher zur offenen Krise?
Diese Fragen können nicht nur durch eine Analyse der systembedingten Züge und Tendenzen beantwortet werden; man muß auch historisch konkrete Faktoren in Erwägung ziehen, die in Wirklichkeit in bestimmten Zeitspannen praktisch eine bedeutendere Rolle spielten, als die systemimmanenten Tendenzen an sich.
Wenn wir das Funktionieren des stalinistischen Systems nur auf der Basis jener seiner systembedingten Wesenszüge begreifen wollen, die kurz im vorhergehenden Text formuliert wurden, dann gelangen wir notwendigerweise zu einer vereinfachten Vorstellung: als ob das stalinistische sozialpolitische System überhaupt keinen Konsens der bedeutenden Schichten der beherrschten Gesellschaft gehabt hätte; als ob es sich einzig und allein nur durch die direkte Gewaltanwendung gegen alle diese Schichten aufrechterhielte. Vereinfachungen dieser Art charakterisieren auch eben einige Schlußfolgerungen, zu denen die Anhänger der Theorie des Totalitarismus gelangten. Die Stabilität des Systems erschien geringer als sie in Wirklichkeit war. Die Entwicklungsperspektiven wurden vereinfacht. Die Wirklichkeit wurde auf zwei extreme Pole reduziert: Allmächtigkeit der totalitären Macht und Hilflosigkeit der beherrschten Gesellschaft. Diese beiden Pole sind zwar real in dem stalinistischen System vorhanden, aber die soziale Wirklichkeit erschöpfen sie bei weitem nicht[4].
Das sowjetische sozialpolitische System ist undemokratisch. Das bedeutet keineswegs, daß es immer und notwendigerweise auf einen so starken sozialen Widerstand stößt, daß dadurch eine systembedingte Krise hervorgerufen würde. Sofern die politischen Präferenzen, die durch das Machtzentrum undemokratisch festgelegt und in undemokratischer Weise durchgesetzt werden, durch ihren Inhalt im gewissen Ausmaß Interessen der beherrschten sozialen Kräfte entsprechen, kann ein solches System trotz seines antidemokratischen Charakters die passive Loyalität und manchmal auch die aktive Unterstützung verschiedener sozialer Gruppen gewinnen, auch der Mehrheit der beherrschten Gesellschaft. Das ist schließlich auch aus anderen undemokratischen und diktatorischen Systemen bekannt.

Dadurch, daß das Sowjetsystem die vorherigen ökonomischen und sozialen Verhältnisse völlig zerstörte und neue schuf, seiner Ideologie nach angeblich sozialistische, erreichte es *nicht nur* jene Folgen, die im Zusammenhang mit den immanenten Wesenszügen dieses Systems angeführt wurden: die Verschmelzung politischer und ökonomischer Macht und die Abhängigkeit der sozialen Position von der politischen Macht. Die Veränderung der ökonomischen und sozialen Verhältnisse bedeutete gleichzeitig eine Neuaufteilung sozialer Privilegien: die früher privilegierten sozialen Schichten und Gruppen wurden »als Klassen liquidiert«; andere Schichten und Gruppen wurden privilegiert. Selbst die neue Machtelite entstand in ihrer großen Mehrheit aus den Reihen der früher diskriminierten sozialen Gruppen. Der Prozeß der sowjetischen Industrialisierung ruinierte zwar die Bauernschaft, auf der anderen Seite öffnete er jedoch Arbeitsgelegenheiten und soziale Sicherheiten für breite soziale Schichten in den neu entstehenden Industriezentren. Im Vergleich mit den vorhergehenden Jahren des Nachkriegs- und postrevolutionären Zerfalls, wie auch im Vergleich mit den Verhältnissen der Wirtschaftskrise in den kapitalistischen Ländern mußte das neue stalinistische System ziemlich breiten sozialen Schichten als eine positive Alternative erscheinen. Es war deshalb imstande, ihren Konsens zu gewinnen. Vom sozialpsychologischen Gesichtspunkt zeugte dieses System zwar ähnliche Folgen wie ein jedes System, welches sich auf den massenweisen politisch-polizeilichen Terror stützt; auf der anderen Seite war jedoch für seine Entstehung auch die Atmosphäre der »Pionierzeiten« typisch: es öffnete vielen Einzelpersonen und ganzen sozialen Gruppen die Perspektive »der hellen Morgen«, baute etwas Neues »aus nichts« und aus den Trümmern des postrevolutionären Zerfalls auf. Die Partei von Stalin konnte gleichzeitig damit rechnen, daß die gesellschaftlichen Kräfte jenes Typs zu ihrer Stütze wurden, die immer in den Zeiten des Zerfalls, der Veränderungen und der Unsicherheit »die Partei der Ordnung« unterstützen. Das Bedürfnis nach Stabilisierung der Verhältnisse war eine stark wirkende sozialpsychologische Kraft in der damaligen russischen Gesellschaft. Das stalinistische System konnte sich auch auf den Konsens stützen, den ihm die Kräfte des Nationalismus, vor allem des russischen Nationalismus gewährten: er entsprach teilweise den Bedürfnissen des nationalen Messianismus, er knüpfte in Wirklichkeit an viele Elemente aus der russischen Vergangenheit an, die die »Größe Rußlands« in seinem Gegensatz zur westeuropäischen Zivilisation suchten, ihre »dekadente Schwäche«, ihren Liberalismus und politische Demokratie ablehnten. Gegen Ende der dreißiger Jahre war bereits die Generation die hauptsächlich ökonomisch tätige Schicht, die in der Zeit der Revolution von 1917 im Kindesalter gewesen war. Ihre soziale Position, professionelle Struktur, ihre weiteren Perspektiven und im gewissen Maße auch die Art des Denkens waren bereits entscheidend durch das sowjetische System determiniert. Das wirkte notwendigerweise als ein bedeutender Stabilisierungsfaktor des Systems: diese Generation – auch wenn sie Wege zu einer Systemänderung suchte – tat dies bereits überwiegend auf der Basis des neuen Systems und strebte nicht einfach seine Ersetzung durch das vorhergehende System an.

Wahrscheinlich wäre das stalinistische System ohne den Ausbruch des zweiten Weltkriegs unter diesen Umständen irgendwann in der Mitte der vierziger Jahre in das Krisenstadium gelangt. Doch der Krieg beeinflußte seine Entwicklung entscheidend. Der Kriegskonflikt mit Nazideutschland veränderte die Grundfrage: nun ging es nicht mehr darum, ob sich das stalinistische System in der Richtung der Überwindung des totalitären Charakters der politischen Macht verändern konnte und würde, das heißt, ob es sich zur politischen Demokratie entwickeln würde, sondern darum, ob es in dem Krieg besiegt würde oder nicht.

An der sowjetisch-deutschen Front stellte der zweite Weltkrieg den Konflikt zwischen zwei verschiedenen Typen der totalitären politischen Macht dar; die wirkliche Wahl bestand nur zwischen ihnen – und nicht zwischen der totalitären und einer anderen Alternative. Für die erdrückende Mehrheit der Bevölkerung der UdSSR bedeutete Hitlers Sieg unvergleichlich schlimmere Lebensperspektiven als das System Stalins – und zwar sowohl vom Gesichtspunkt der nationalen wie der sozialen Interessen. Die Praxis der deutschen Okkupationsmacht auf sowjetischem Gebiet bewies dies ohne Zweifel. Dies führte dazu, daß auch die grundsätzlichsten Widersprüche zwischen dem stalinistischen System und der Gesellschaft in der UdSSR gedämpft wurden, daß es im Gegenteil zur Identifizierung der Lebensinteressen dieser Gesellschaft mit den Interessen des sozialpolitischen Systems, welches sie beherrschte, kam.

Statt einer neuen, sonst sehr wahrscheinlichen Krise, erlebte so das sowjetische sozialpolitische System in seiner stalinistischen

Form des Jahres 1945 seinen triumphalen Sieg: seine bereits zuvor beglaubigte Fähigkeit, alle Kräfte zur Erreichung eines einzigen Zieles zu konzentrieren, erwies sich wiederum als sein Vorteil. Alle grundlegenden Mechanismen, die ihm dies ermöglichten – einschließlich des Massenterrors –, wurden durch diesen Sieg im Krieg gleichsam gerechtfertigt. Ein politisches System, welches soeben in einem großen Krieg gesiegt hatte, war niemals in der Geschichte in diesem Moment einer gefährlicheren Krise ausgesetzt gewesen – auch wenn seine systemimmanenten inneren Widerspüche noch so ernst waren. Auch das stalinistische System vertagte durch seinen Sieg im Weltkrieg den Ausbruch der systembedingten Krise erfolgreich.

Rund fünf Jahre nach Kriegsende (das heißt in den letzten Lebensjahren Stalins) konnte man jedoch die Anzeichen einer im Wachsen begriffenen Krise des sowjetischen sozialpolitischen Systems beobachten, die alle grundlegenden Beziehungen zu den Lebensbedürfnissen der sowjetischen Gesellschaft betraf. Der gemeinsame Nenner der verschiedenartigen Ursachen der wachsenden Krise war die Bestrebung der politischen Macht (diktatorisch konzentriert in den Händen Stalins), nicht einmal in den kleinsten Sachen irgendeine der entscheidenden Koppelungen des Systems zu verändern. Man suchte nach dem Krieg die gleichen Methoden der Leitung des Gesellschaftslebens wie in den dreißiger Jahren anzuwenden. Der wirtschaftliche Wiederaufbau der UdSSR nach dem Krieg, wie auch das weitere ökonomische Wachstum waren durch verstärkte zentralistische, administrativ-direktive Planung und Leitung charakterisiert. Der einseitige Schwerpunkt auf der Schwerindustrie und die dauernde Vernachlässigung der Konsumgütererzeugung und der Landwirtschaft wurden fortgesetzt. Vor Stalins Tod befand sich der überwiegende Teil der Kolchosen dauernd am Rande der Not, in manchen Gebieten nahe dem chronischen Hunger. Industrielle Konsumwaren auf dem Dorf reichten nicht einmal aus, um die elementarsten Lebensbedürfnisse zu decken. Außerhalb der begünstigten Städte Moskau, Leningrad, Kiew (und einige andere) herrschte auch in den Städten ein schreiender Mangel an industriellen Konsumwaren und an Nahrungsmitteln; ständige Käuferschlangen vor Brot-, Fleisch- und anderen Nahrungsmittelgeschäften gehörten zu den typischen Erscheinungen des sowjetischen Alltags. In dieser Lage konnte man kaum von einer entscheidenden Rolle materieller Anreize zur Arbeit sprechen: für die breite Masse der Arbeiterschaft und

der Kolchosbauern hätte auch ein höheres Einkommen das reale Lebensniveau nicht wirklich verbessert.
Die Disziplin in der Wirtschaft und in allen übrigen Bereichen des gesellschaftlichen Lebens wurde durch Angst erzeugt und gefestigt. Sie wurde immer wieder durch politisch-polizeilichen Massenterror neu belebt. In den Gebieten, die nach dem Krieg neu an die UdSSR angegliedert wurden, in Litauen, Lettland und Estland, aber auch in den neuen Territorien von Weißrußland, der Ukraine und anderswo, wurde in den Jahren 1945 – 1952 konzentrierter Terror eingesetzt, wie ihn die alten Bestandteile der UdSSR im Laufe der zwanzig Jahre vor dem Krieg erlebt hatten; die Massendeportationen aller potentiellen Widersacher des Systems von der nationalen Intelligenz bis zu den privaten Bauern in Konzentrationslager und ein jahrelang andauernder Zustand nahe dem Standrecht charakterisierten das Leben in diesen neuen Gebieten; Reisen der übrigen Einwohner der UdSSR in diese Gebiete und umgekehrt wurden verboten. Die Umsiedlungen waren auf die Russifizierung jener Gebiete abgestimmt. Im übrigen Gebiet der UdSSR konzentrierte sich der Massenterror auf die Verfolgung aller, die der Zusammenarbeit mit Deutschen während der Zeit der Okkupation des sowjetischen Gebiets verdächtig geworden waren. Das schloß die gewaltsame Aussiedlung ganzer nationaler Gruppen aus ihren ursprünglichen Territorien ein, insbesondere an der Wolga, auf der Krim und im Kaukasus. Sowjetische Soldaten, die in Gefangenschaft geraten waren, wanderten aus den Nazi-KZs direkt in sowjetische Konzentrationslager. Eine neue Kampagne politisch-polizeilicher Repressionen traf 1948 die Intelligenz im Rahmen des »Kampfes gegen den Kosmopolitismus und das Komplimentemachen gegenüber dem Westen«. Die Disziplin der Angst herrschte auch im Arbeitsprozeß: seit 1940 galt ohne Änderung das Gesetz, welches die Versäumnis von Arbeitsschichten als eine Straftat durch gerichtliche Verfolgung bestrafte; der einzelne Bedienstete konnte praktisch seine Arbeit nicht kündigen und sich seine Beschäftigung nach seinen privaten Bedürfnissen wählen. Die bereits zuvor in den Kolchosen herrschenden Verhältnisse, die an die Ankettung an den Boden während der Leibeigenschaft erinnerten, wurden also auch in der Industrie eingeführt. Die Strafverfolgung wegen »Diebstahls des sozialistischen Eigentums« und die Möglichkeit, Verletzungen der zentralen Direktiven als »Sabotage« strafrechtlich zu verfolgen, so daß langjährige Freiheitsstrafen drohten, war eine weitere

Form des Massenterrors, die breite Massen der Werktätigen disziplinieren sollte. Insgesamt kann man schätzen, daß sich in den Nachkriegsjahren die Konzentrationslager mit neuen Millionen von Häftlingen dieser verschiedenen Wellen des Massenterrors füllten: die Sklavenarbeit der Häftlinge war notwendig für die Erfüllung einiger Aufgaben des Wirtschaftsplans. Gegen Ende des Jahres 1952 gab es darüber hinaus Anzeichen, daß Stalin sich anschickte, eine neue Welle des politischen Terrors zu entfalten, gerichtet gegen Gruppen und Einzelpersonen aus den Reihen der höchsten Schichten der Machtelite.

Die Informationsisolation und die allseitige Vorherrschaft der offiziellen Ideologie wurden verstärkt; neben den massenhaft wirkenden Maßnahmen in dieser Richtung traf diese Entwicklung die sowjetische Kultur und Wissenschaft besonders hart, einschließlich der Natur- und technischen Wissenschaften: die Forschung in manchen Richtungen (Genetik und Kybernetik vor allem) wurde als »ideologische Diversion« unterdrückt. Diese Schritte hatten natürlich negative Folgen in der praktischen Anwendung neuer wissenschaftlicher Erkenntnisse. Die offizielle Ideologie, gestützt auf den Mechanismus des Polizeiterrors, erhielt die Rolle des Programmators der weiteren Entwicklungsphase des sowjetischen Systems: Stalin veröffentlichte einige Monate vor seinem Tode (im Oktober 1952) seine Konzeption »des Überganges der UdSSR zum Kommunismus« (unter dem Titel »Ökonomische Probleme des Sozialismus in der UdSSR«). Nach dieser Konzeption war die Hauptaufgabe die Verstärkung des Zentralismus und der administrativ-direktiven Methoden der Wirtschaftsleitung, die Beschränkung der Einflüsse des Marktes, insbesondere des Druckes des Marktes auf eine stärkere Berücksichtigung der Leichtindustrie, der Abbau der verbliebenen Unterschiede zwischen den Kolchosen und den Staatsbetrieben (das heißt eine stärkere Unterordnung der Landwirtschaft unter die direkten zentralen Direktiven), die Einführung einer Form der Verteilung ohne die Vermittlung des Marktes und des Geldes (was als »Elemente des Kommunismus« ausgegeben wurden) und ähnliches mehr. Zusammenfassend: Die Konzeption Stalins war die weitere Festigung aller Mechanismen des Systems, die in den Jahren 1925–1939 entstanden waren, die jedoch bereits jetzt die weitere Entwicklung der industriellen Gesellschaft direkt bedrohten.

Die Unfähigkeit des auf diese Weise gefestigten und entfalteten Systems, die eigenen deklarierten Ziele zu erreichen, wurde in der

Praxis immer offensichtlicher: die verkündeten Wirtschaftsaufgaben wurden niemals erfüllt, die sozialen Verhältnisse wurden sichtlich nur durch den Druck des Massenterrors aufrechterhalten, die offiziellen ideologischen Forderungen führten zur Stagnation und zur Krise der sowjetischen Kultur, Wissenschaft und Technik. Auch innerhalb der Machtelite verstärkten sich die Widersprüche zwischen ihren Hauptgruppen: der politischen und der wirtschaftlichen Bürokratie, der Polizei und der Armee. Das gesamte System wurde in dem gegebenen Zustand überwiegend durch Mittel des Terrors gehalten, dessen oberstes Kommando in den Händen des absoluten Diktators Stalin lag.

Zu den Widersprüchen und Problemen innerhalb der UdSSR gesellten sich darüber hinaus Probleme, die in den neuen Staaten der Einflußsphäre der UdSSR entstanden. Das Gebiet, auf dem das sozialpolitische System des sowjetischen Typs herrschte, erweiterte sich um den großen Teil von Südost- und Mitteleuropa. In allen Staaten dieses Bereichs, deren Territorien die Armee Stalins bei ihrem siegreichen Vormarsch gegen die Armeen Hitlers besetzte, wurde im Verlauf der Nachkriegsjahre das sozialpolitische System sowjetischen Typs errichtet. Nach einer kurzen zwei- bis dreijährigen Zwischenzeit, in der sich in diesen Ländern die Regime der sogenannten Volksdemokratie bildeten, die noch nicht alle vom Gesichtspunkt des Systems wichtigen Züge des Sowjetsystems aufwiesen, wurden dort unter sowjetischer Patronanz und unter Benutzung des sowjetischen Typs des politisch-polizeilichen Terrors Systeme installiert, die eine Kopie des stalinistischen Systems waren.

Die sozialpolitischen Systeme in diesen Ländern unterschieden sich in einigen Richtungen, allerdings dennoch markant von dem System der UdSSR, was dann nach dem Tode Stalins bedeutend die Form ihrer Krise beeinflußte und bis heute beeinflußt. Praktisch in allen diesen Ländern – mit einer gewissen Ausnahme Jugoslawiens – besaßen die kommunistischen Parteien keine reale Chance, nur auf Grund der Unterstützung innerer sozialpolitischer Kräfte, das heißt ohne des direkten Machteinflusses der UdSSR, Monopolbesitzer der politischen Macht zu werden. Nur in der Tschechoslowakei konnte die kommunistische Partei damit rechnen, daß sie auch ohne die sowjetische Machtpatronanz zu einer der bedeutendsten politischen Kräfte im Lande werden könnte – aber nicht zum Besitzer der Monopolmacht. In keinem dieser Länder gab es die gleichen sozialen Bedingungen und

Widersprüche wie im Rußland des Jahres 1917. Aus diesen Gründen kam es in ihnen also zu keiner sozialen Revolution, die der russischen Revolution gleichzusetzen wäre. Obwohl diese Länder mit Ausnahme der Tschechoslowakei aus den Jahren 1918–1939 keine Tradition der parlamentarischen Demokratie westeuropäischen Typs hatten, war dennoch ihre wirtschaftliche, soziale, politische und kulturelle Entwicklung mehr durch den westeuropäischen Kapitalismus und der mit ihm verbundenen kulturell-zivilisatorischen Orientierung beeinflußt, als die russische Entwicklung vor dem Jahre 1917. Das sowjetische sozialpolitische System, in diese Länder nach 1945 importiert, war dort zur Zeit von Stalins Tod nur sehr kurz installiert; während in der UdSSR auf seiner Basis bereits die dritte Generation aufwuchs, erinnerten sich in diesen Ländern praktisch alle mit Ausnahme von kleinen Kindern an andere Systeme. Noch zu Lebzeiten Stalins erlitt das stalinistische System in diesem neu gewonnenen Bereich eine bedeutende Niederlage: in Jugoslawien stellte sich die bereits als Besitzerin der Monopolmacht regierende kommunistische Partei gegen die weiteren Beschränkungen ihrer eigenen Souveränität durch Stalin. Sie bewahrte mit Erfolg die Existenz ihres Staates in einer Position außerhalb des sowjetischen Machtblocks. Das sozialpolitische System in Jugoslawien entfaltete sich seit 1948 selbständig, und manche seiner Wesenszüge bildeten sich anders als in dem Sowjetsystem. Die sowjetische offizielle Ideologie lehnte es deshalb ab, seinen sozialistischen Charakter anzuerkennen und bezeichnete es als ein »faschistisch-imperialistisches« System. Dennoch lieferte das jugoslawische System einen praktischen Beweis der möglichen Existenz eines kommunistisch orientierten, aber trotzdem anderen Systems, als es das sowjetischer Art ist. Der Konflikt zwischen der UdSSR und Jugoslawien im Jahre 1948 war so in Wirklichkeit der erste offene Ausbruch der Krise des Sowjetsystems.
In den übrigen Ländern des entstehenden Sowjetblocks häufen sich ebenfalls die Anzeichen der Krise: die ökonomische Entwicklung kopierte dort die sowjetische Art der Industrialisierung. In industriell bereits viel entwickelteren Ländern wie in der Tschechoslowakei zerstörte dies die traditionelle Wirtschaftsstruktur. In den überwiegend landwirtschaftlichen Ländern (Ungarn, Polen und anderen) schuf es eine Krisenspannung insbesondere zwischen der einseitig beschleunigten Entwicklung der Schwerindustrie und der gewaltsamen Unterdrückung der Entwicklung der Landwirtschaft. Die politische Krise entstand dort hauptsächlich

durch den Import des sowjetischen Massenterrors, der vor allem die Bestrebungen nach nationaler Unabhängigkeit und nach Souveränität der »volksdemokratischen« Staaten unterdrückte. Trotz des entscheidenden Stabilisierungseffektes des Sieges im Krieg befand sich also das Sowjetsystem acht Jahre danach an der Schwelle einer inneren Krise nicht nur in der UdSSR, sondern in allen Ländern Europas, in denen es erst unlängst installiert wurde.

2. Versuche zur Bewältigung der inneren Krise des Sowjetsystems in den Jahren 1953-1964

Man kann die Zeitspanne der rund zehn Jahre nach dem Tode Stalins als eine Zeit bezeichnen, in der schrittweise und in verschiedenem Ausmaß alle grundlegenden Koppelungen des sozialpolitischen Systems sowjetischen Typs, die im vorhergehenden Text in acht Hauptpunkten charakterisiert wurden, in eine Krise gerieten. Vom abstrakten Gesichtspunkt kann man das Hauptproblem dabei als Widerspruch zwischen dem totalitären Wesen der politischen Macht (ihren Ansprüchen bezüglich der totalen Kontrolle der gesamten gesellschaftlichen Bewegung) und der Dynamik der modernen industriellen Gesellschaft kennzeichnen, die ein größeres Maß autonomen Verhaltens aller gesellschaftlicher Subjekte erfordert, als dieser Typ der politischen Macht im Interesse seiner Erhaltung zulassen kann.
Auf der Basis dieser allgemeineren Züge der damaligen Krise der Sowjetsysteme entstanden im Osten und im Westen, auf der Grundlage marxistischer und nichtmarxistischer Konzeptionen, Hypothesen und politische Vorstellungen, nach denen man eine Entwicklung zur Konvergenz sowjetischer und westlicher sozialpolitischer Systeme als der beiden verschiedenen Formen der modernen industriellen Gesellschaft erwarten könnte[5]. Die tatsächliche Entwicklung in den folgenden Jahrzehnten bestätigte ähnliche Hypothesen nicht; die Bedeutung einiger sehr allgemeiner Züge der Krise der Sowjetsysteme nach dem Tode Stalins wurde dabei offensichtlich überschätzt.
Bei einer rückblickenden historischen Analyse zeigt sich die ökonomische, soziale und politische Wirklichkeit in den sowjetischen Systemen jener Zeit als ein sehr komplizierter und innerlich widersprüchlicher Zustand. Eine detailliertere historische Analyse jener Zeitspanne kann man natürlich im Rahmen dieser

Arbeit nicht durchführen; sie ist in der Fachliteratur zu finden[6]. Bei der nachträglichen kritischen Systemanalyse ist es jedoch notwendig, die Vieldeutigkeit und die Widersprüchlichkeit der damaligen Krise der Sowjetsysteme in einem viel größeren Maße zu respektieren, als es zahlreiche Analysen aus den sechziger Jahren taten. Man muß auch vermeiden, die besondere historische Form der Systemkrise in einigen Ländern (z. B. in Ungarn, in der Tschechoslowakei, in Polen) als eine nur systembedingte Erscheinung aufzufassen, die sich auch unter anderen Bedingungen in anderen Ländern, insbesondere in der UdSSR selbst, wiederholen muß. Mit allen diesen Vorbehalten ist es nach unserer Ansicht möglich, aus dem damaligen Verlauf der Krise der Sowjetsysteme einige allgemeine Schlußfolgerungen zu ziehen, die auch für die Gegenwart und die Zukunft dieser Systeme Bedeutung haben.

Vom Gesichtspunkt der Intensität und des Ausmaßes der Krisenerscheinungen und auch vom Gesichtspunkt des verschiedenen Vorgehens der politischen Macht bei ihrer Bewältigung kann man die Zeit nach Stalins Tod in drei zeitliche Phasen aufteilen:

1953 – 1956: vom Tode Stalins bis zum XX. Parteitag der KPdSU und seinen Folgen in Polen und in Ungarn;

1957 – 1961: vom Sieg der Chruschtschow-Gruppe in der sowjetischen Führung bis zu der Verkündung des »Programms der KPdSU«;

1962–1964: von der Zeit, als die Linie Chruschtschows eine neue Opposition innerhalb der herrschenden Elite herausforderte, bis zum Sturz Chruschtschows und bis zu den ersten politischen Schritten der siegreichen Opposition.

Als eine besondere und selbständige historische Episode, die jedoch den Gipfelpunkt der sogenannten reformkommunistischen Orientierung zur Krisenbewältigung darstellt und deshalb auch eine allgemeinere Bedeutung besitzt, verbleibt der Versuch zur Reform des Systems in der Tschechoslowakei im Jahr 1968, der außerhalb dieser Aufteilung steht.

Wir werden versuchen, kurz aufzuzeigen, welche Bedeutung für die Entwicklung der sozialpolitischen Systeme sowjetischer Art diese verschiedenen Phasen hatten, welche Änderungen in der inneren Entwicklung erreicht wurden. Über Veränderungen vom Gesichtspunkt internationaler Zusammenhänge wird später selbständig gesprochen werden.

Für den Ablauf der Entwicklung in der ersten Phase (1953 – 1956) war von entscheidender Bedeutung, daß das Ende der langjährigen persönlichen Diktatur Stalins in der UdSSR und bis Ende des Jahres 1956 in den anderen Staaten des Sowjetblocks zu keinem massenweisen Widerstand gegen das System seitens der beherrschten sozialen Schichten führte. Außer vereinzelter Aufstände in den Konzentrationslagern in der UdSSR und außer dem Aufstand in Ostberlin im Juni 1953 kam es zu keiner Revolte gegen das System »von unten«. Die Ursachen dafür kann man im Rahmen dieser Arbeit nicht analysieren. Für wichtig erachten wir jedoch den sozialpsychologischen Faktor: nach den dreißigjährigen Erfahrungen mit dem stalinistischen System war keine soziale Schicht in der Gesellschaft vorhanden, die bereit gewesen wäre, einen offenen Konflikt mit diesem System mit geringer Hoffnung auf einen Sieg einzugehen.

Das ermöglichte es, daß die Initiative bei der Bewältigung der erwarteten Krise des Systems von seiner Machtelite übernommen wurde. Eine solche Initiative gab es tatsächlich sehr bald. Sie dämpfte so von Anfang an die soziale Spannung, denn sie rief praktisch bei allen beherrschten sozialen Schichten die Hoffnung auf schrittweise Veränderungen »von oben« hervor. In dieser Richtung wirkte eine ganze Reihe kleiner Schritte der politischen Führung[7]. Die entscheidende Rolle spielte jedoch die wesentliche Beschränkung des politischen Massenterrors in den ersten Monaten nach Stalins Tod.

Der Mechanismus des politischen Massenterrors und der damit verbundene Polizeiapparat wurde zu jener Stelle des gesamten Systems, an der sich die Krise schnell und offen kundgetan hat. Seit den dreißiger Jahren bedrohte dieser Mechanismus sehr spürbar die Interessen aller sozialer Schichten ohne Ausnahme, einschließlich der Machtelite des Sowjetsystems selbst. Die Gruppen, die den Polizeiapparat in seiner stalinistischen Form beherrschten, stellten eine gefährliche Kraft auch für alle übrigen Gruppen der Machtelite dar: für die politische (Partei-)Bürokratie, für die staatliche und wirtschaftliche Bürokratie und auch für die Armee. Gleichzeitig war es deutlich, daß derjenige, der die Position des Polizeiapparats als eines »Staates im Staate« brechen wird, einen außerordentlich starken Konsens aller sozialer Schichten in der Gesellschaft gewinnen würde.

Der erste Schritt, der eine wesentliche Bedeutung für den weiteren Ablauf der Krise des stalinistischen Systems hatte, war also die Abschaffung der selbständigen und übergeordneten Position des Polizeiapparats: diesen Schritt führte der Parteiapparat in Verbindung mit allen Gruppen der Machtelite durch[8]. Der Mechanismus des politischen Terrors als einer der Pfeiler des gesamten politischen Systems wurde damit nicht aufgehoben; er wurde jedoch so weit der »kollektiven Führung«, das heißt dem Zentrum der absoluten Macht und dem Parteiapparat unterstellt, daß er nicht in entscheidender Weise die Interessen einer Gruppe der Machtelite beschränken konnte. In der Praxis hörte die polizeiliche Verfolgung großer Bevölkerungsgruppen aus politischen Gründen auf. Man begann offiziell die bisherige Praxis des Terrors zu kritisieren, und die gröbsten Formen der Verletzungen gültiger Gesetze durch die Polizei verschwanden.

Die Folgen dieses Schrittes blieben jedoch in Wirklichkeit nicht darauf beschränkt, was sich die Machtelite zuvor von ihm versprach. Alle Schichten der beherrschten Gesellschaft spürten die Beschränkung des politischen Terrors auch als ein Signal von Veränderungen, die auch für sie einen größeren Raum bei der Geltendmachung ihrer eigenen Interessen im Sowjetsystem bilden sollten. Die Schwächung des politisch-polizeilichen Terrors schuf so eine der wichtigsten Voraussetzungen, daß sich die bislang unterdrückten Widersprüche und der Krisenzustand in allen Bereichen des gesellschaftlichen Lebens überhaupt offenbaren konnten. Dazu kommt es auch seit der Mitte des Jahres 1953 immer offenkundiger.

In der wirtschaftlichen und sozialen Sphäre gelingt es der politischen Führung, in dieser Phase der Entwicklung die grundlegenden Widersprüche zu dämpfen, die zur Destabilisierung des Systems führen könnten: es kommt zur Veränderung der ökonomischen Präferenzen (schnelleres Wachstum der Leicht- und Konsumgüterindustrie; größere ökonomische Anreize zur Entfaltung der kollektivisierten Landwirtschaft) und zu Anzeichen einer Wende bei der Lohn- und Sozialpolitik zugunsten breiter Bevölkerungsschichten; das streng zentralisierte System des administrativen Dirigierens der Wirtschaft, insbesondere der Kolchosen, beginnt sich in konkreten Fragen zu lockern[9]. Es besteht zwar kein Zweifel, daß man damit keineswegs die systembedingten Ursachen der Krisenerscheinungen im ökonomischen und sozialen Bereich eliminiert; die sozialen Folgen dieser Krisenerscheinungen werden jedoch trotzdem in der Praxis wirksam gedämpft. Die Widersprüche in diesem Bereich bringen keinen starken Widerstand der beherrschten sozialen Gruppen gegen das System hervor. Die Arbeiter und die Kolchosbauern nehmen insgesamt das

Vorgehen der politischen Macht als Zeichen einer Besserung ihrer Lage. In diesen Schichten wird während dieser Phase die soziale Unzufriedenheit nicht größer.
Anders ist es jedoch in der Sphäre des politischen und auch kulturellen oder, genauer gesagt, des geistigen Lebens der sowjetischen Gesellschaft. Hier zeigt sich immer klarer, daß neben dem Mechanismus des politisch-polizeilichen Terrors auch andere grundlegende Koppelungen des Systems in eine Krise geraten sind: die Informationsisolierung, die offizielle Ideologie in ihrer Rolle als Bindeglied des gesamten Systems, welches seine Legitimität nachweist und eine Logik schafft, die seine Praxis rechtfertigt, und in diesem Zusammenhang dann auch die bisherige Auffassung von der »führenden Rolle« der kommunistischen Partei. In der Politik und der Kultur im breiten Sinne des Wortes rief die Beschränkung des politischen Terrors völlig notwendig das klare Bewußtsein vom *systemimmanenten Zusammenhang* dieses Terrors mit dem politischen System hervor, noch bevor sich die politische Führung entschloß, eine ähnliche Frage überhaupt zu stellen. Die politisch aktive Intelligenz stellte in dem Sowjetsystem nach dem Tode Stalins jene soziale Schicht dar, die das Problem der systembedingten Zusammenhänge in diesem Sinne am markantesten verspürte und auch begann, dieses Problem am genauesten auszudrücken[10]. Die Beziehung zwischen der Intelligenz und der politischen Macht gewann hier deshalb am schnellsten die Form eines Konflikts, in dem das Machtzentrum die politische Initiative verlor. Ein nicht geringer Teil der Intelligenz ist jedoch direkt oder indirekt Teil der Machtelite des sowjetischen Systems und auch ihr restlicher Teil, insbesondere in der Wissenschaft und der Technik, besitzt für das Funktionieren des Systems eine außerordentliche Wichtigkeit. Auch deshalb war dieser Konflikt in der Entwicklung der Krise des Sowjetsystems bedeutsamer, als es angesichts der untergeordneten Position scheinen würde, die der Intelligenz die offizielle sowjetische Ideologie und in vieler Hinsicht auch die Praxis der politischen Bürokratie zugewiesen hat.
Gerade dieser Konflikt wurde zu einem der bestimmenden Faktoren, die von Anfang an dazu führten, daß die Krise nach dem Tode Stalins als systembedingte Krise begriffen wurde. Das trug auf der einen Seite zur Radikalisierung der Konfliktstandpunkte bei. Auf der anderen Seite hat es jedoch bereits in dieser Phase der Entwicklung die Endlösung des Konflikts im voraus bestimmt: die Forderungen nach einer radikalen Systemveränderung *vereinigten*

sich nicht mit einem starken sozialen Druck der Arbeiter und der Kolchosbauernschaft.

Der zweite bestimmende Faktor, der in dieselbe Richtung wirkte, auch wenn teilweise aus völlig entgegengesetzten Beweggründen, war die Bestrebung des Parteiapparats, d. h. seiner neuen Führungsgarnitur mit Chruschtschow an der Spitze, die Systemkrise so zu bewältigen, daß im Endergebnis »die führende Rolle der kommunistischen Partei« gestärkt würde. Der politische Inhalt dieser Konzeption der Krisenbewältigung wurde erst in der weiteren Entwicklungsphase nach dem Jahr 1956 sichtbar; wir werden also diese Konzeption detaillierter erst in diesem Zusammenhang charakterisieren. Hier soll nur vermerkt werden, daß diese Konzeption des Parteiapparats notwendigerweise die Rolle der kommunistischen Ideologie in den Vordergrund stellte: damit stimmte sie formell überein, jedoch geriet sie gleichzeitig meist in Konflikt mit den Forderungen, die der politisch aktive Teil der Intelligenz in derselben Richtung formulierte. Infolgedessen erhielten in der Praxis die grundlegenden systembedingten Widersprüche sehr oft die Form von Streitigkeiten um ideologische Dogmata. Sie waren in dieser Form praktisch unlösbar.

Diese Situation spitzte sich außerordentlich nach dem XX. Parteitag der KPdSU im Februar 1956 zu. Auf diesem Parteitag wurden einerseits zum ersten Male offiziell gewisse ideologische Folgerungen aus den bisherigen pragmatischen Veränderungen des politischen Kurses abgeleitet. Andererseits wurde dort in der nichtöffentlichen Rede von N. S. Chruschtschow in einem bisher nie dagewesenen Ausmaß offiziell nicht nur der Polizeiterror, sondern der gesamte Stil der politischen Führung seit dem Ende der dreißiger Jahre verurteilt. Stalin persönlich wurde als Despot charakterisiert[11]. Die Ursachen, weshalb es gerade auf diesem Parteitag dazu kam und weshalb Chruschtschow persönlich den Komplex der bisher gedämpften Probleme auf diese Weise zuspitzte, waren verschiedenartig. Sie schließen bestimmt auch das Ringen von Gruppen und Personen um Machtpositionen ein. Drei politische Hauptziele des Schrittes von Chruschtschow sind jedoch offenkundig: er bemühte sich, Kräfte, vor allem einen Teil der Machtelite, zu schwächen und zu diskreditieren, die die bereits durchgeführten Veränderungen zur Krisenbewältigung für ausreichend hielten; er bemühte sich, durch seinen radikalen Schritt sich selbst und seine politische Gruppe an die Spitze der Entwicklung zu bringen, die Gesamtposition des Parteiapparats als eine

Kraft zu stärken, die entschieden eine Rückkehr zum stalinistischen Terror ablehnt; er bemühte sich, den Einfluß der radikalen Kritik des Systems vor allem aus den Reihen der Intelligenz dadurch zu schwächen, daß er sich selbst und den Parteiapparat als Hauptkraft, die fähig ist, Systemänderungen durchzuführen, vorstellte.

Die tatsächlichen Auswirkungen des XX. Parteitags der KPdSU übertrafen jedoch bei weitem diese Absichten. Innerhalb einiger Monate herrschte in der UdSSR und in den übrigen Ländern des Sowjetblocks eine Atmosphäre der politischen Diskussion, deren Ablauf sich der Kontrolle der Zentren der politischen Macht und ihrer Apparate entwand. In dieser Diskussion wurde offensichtlich, daß die im Gang befindliche Krise systembedingt war; zum Gegenstand der Kritik wurden die grundlegenden Koppelungen des sowjetischen sozialpolitischen Systems – von der »führenden Rolle« der kommunistischen Partei über ihre offizielle Ideologie bis zu den ökonomischen und sozialen Verhältnissen. Die Streitigkeiten über diesen Umkreis von Problemen waren selbstverständlich in Inhalt und Form stark durch das vorhandene politische System determiniert; dennoch griffen sie auch in ihren offiziellen institutionellen Formen um sich herum – sie ergriffen selbst die kommunistische Partei, mit damals in der UdSSR über 7 000 000 Mitglieder, die Gewerkschaften, die Jugendorganisationen u. a. Selbst in den Apparaten, deren Aufgabe die Aufsicht über die gesellschaftliche Bewegung war, vom Parteiapparat bis zum Zensurapparat, kam es oft zu Spaltungen. Allgemein war die Sicherheit über die Kriterien verlorengegangen, nach denen die Aufsicht durchgeführt werden sollte. Gemeinsam mit dem offensiven Aufmarsch radikalkritischer Strömungen unter der Intelligenz ermöglichte es dies, daß sich eine Zeitlang auch in der offiziellen Presse (besonders in den kulturpolitischen Zeitschriften) kritische Ansichten verbreiten konnten, die die ursprünglichen Absichten des Parteiapparats und Chruschtschow selbst weit überstiegen.

Der XX. Parteitag der KPdSU schuf so unabhängig von den Absichten seiner Regisseure eine neue politische Situation. Deren hauptsächliche Folge war, daß der Gedanke von der *Notwendigkeit der Veränderung* des sozialpolitischen Systems de facto auch durch die offizielle Macht als richtig anerkannt wurde. Es handelte sich aber darum, *welche Veränderungen und auf welche Weise* tatsächlich durchgeführt werden sollten.

In den oft ideologischen Streitigkeiten über diese Frage kam es im

Jahr 1956 zum Zwiespalt innerhalb der Apparate und der Strukturen, aber auch innerhalb der gesamten kommunistischen Partei und auch innerhalb der Gesellschaft: man kann hier ungefähr von zwei grundlegenden Strömungen sprechen, von denen die eine als »konservativ« und die andere als »progressiv« bezeichnet wird. Ihr Konflikt - inhaltlich natürlich immer verschieden je nach dem konkreten Gegenstand des Streites - bestimmte die Bewegung innerhalb des sowjetischen Systems einige weitere Jahre hindurch.
In den ersten Monaten nach dem XX. Parteitag der KPdSU kam es in der UdSSR zu praktisch-politischen Veränderungen, die weiterhin, ohne Rücksicht auf die Eindämmung, ihre Bedeutung auch für die weitere Entwicklung des Systems behielten. Es wurde die offizielle massenhafte Rehabilitierung der Opfer des politischen Terrors, hauptsächlich aus der Zeit seit dem Ende der dreißiger Jahre, durchgeführt. Es wurde eine Gesetzesreform, insbesondere der Strafgesetzgebung, begonnen. Das Prinzip der Respektierung der Gesetze, das heißt die Überordnung rechtlicher Normen der zweckmäßigen Gewaltanwendung, wurde sowohl durch die offizielle Ideologie, wie auch in der Praxis systematisch unterstützt. Dieser Prozeß führte zwar nie zur Umwandlung des Sowjetstaats in einen Rechtsstaat, aber er überstieg dennoch den Rahmen des Kampfes gegen den massenweisen Polizeiterror. Die Machtwillkür wurde in allen Bereichen des gesellschaftlichen Lebens, von der Wirtschaft bis zur Kultur, im Vergleich mit der Vergangenheit viel wirksamer dem Prinzip der Einhaltung der Gesetze untergeordnet. Die Rolle der Rechtsordnung im Prozeß der Leitung und der Verwaltung wuchs.
Bald nach dem XX. Parteitag der KPdSU wurde durch ein neues Gesetz die beinahe der Leibeigenschaft gleichkommende Position der Arbeiter und Angestellten in sowjetischen Betrieben aufgehoben: die Verletzung der Arbeitsdisziplin wird aus der Kompetenz der Strafgerichte herausgenommen; es wird mit vielen Einschränkungen eine gewisse Freizügigkeit der Arbeitskräfte garantiert. Es kommt zur Verbesserung der materiellen Lage der am schlimmsten situierten Bevölkerungsgruppen, beispielsweise durch die Erhöhung minimaler Altersrenten, zur Herabsetzung der Arbeitszeit für Jugendliche auf sechs Stunden täglich u. ä. In den breiten sozialen Schichten verstärkt das alles das Vertrauen zum reformerischen Vorgehen »von oben« und es schwächt die soziale Spannung, die zu Angriffen gegen das System in der Form von Massenstreiks, Demonstrationen u. ä. führen würde.

In der UdSSR gelang es im Herbst 1956, an dieser Grenze den Anprall gesellschaftlicher Kritik zum Stillstand zu bringen. Die für das Funktionieren des gesamten Systems unerläßlichen wichtigen Koppelungen und Mechanismen wurden nirgends in einem solchen Maße erschüttert, daß die offiziellen politischen Strukturen, insbesondere der Parteiapparat die tatsächliche Entscheidung darüber, welche Veränderungen weiterhin durchgeführt werden sollen und in welcher Weise, nicht in den Händen behalten hätten. Diese Entscheidungen gingen niemals in die Hände der »Massen« über – weder im Rahmen der Gesellschaft noch im Rahmen der Mitgliedschaft der kommunistischen Partei.

In zwei Ländern des Sowjetblocks, in Polen und in Ungarn, gelang diese Kontrolle jedoch nicht. Über die Bedeutung der Ereignisse in diesen Ländern im Herbst 1956 werden wir noch in anderen Zusammenhängen ausführlicher sprechen, bei der Analyse der reformkommunistischen Konzeption der Krisenbewältigung des Sowjetsystems und bei der Analyse internationaler Zusammenhänge mit dieser Krise. An dieser Stelle sei nur bemerkt, daß es in beiden Ländern als direkte Folge der innenpolitischen Entwicklung nach dem XX. Parteitag der KPdSU zur Bedrohung der weiteren Existenz des sozialpolitischen Systems sowjetischen Typs gekommen war. In beiden Ländern stellte sich massenweise die Arbeiterbewegung in der Form von Streiks hinter die Forderung der Systemänderung. Auf dem Lande kam es zum Zerfall der kurz zuvor gewaltsam gegründeten Bauerngenossenschaften. Der hauptsächliche Widerstand war in beiden Ländern gegen die Unterdrückung der nationalen und der staatlichen Souveränität durch die Sowjetunion gerichtet.

In Polen wurde bewaffnete Gewalt zur Unterdrückung der Streiks im Juni 1956 in Posen eingesetzt. Die Situation mündete jedoch schließlich nicht in eine allgemeine bewaffnete Unterdrückung revoltierender sozialer Kräfte: das reformkommunistische Programm der neuen politischen Führung versprach solche Veränderungen des Systems, die in der gegebenen Lage den notwendigen Konsens gewannen. In Ungarn spitzte die Starrheit der kommunistischen Führung (E.Gerö) zuerst die Lage so zu, daß es zu bewaffneten Konflikten kam. Die Führung rief dann die sowjetische Armee zur Hilfe. Erst in dieser Situation wurde die Führung ausgetauscht (I. Nagy) und erreichte den Konsens der Bevölkerung auf der Basis eines Programms, welches jedoch durch die Führung der UdSSR abgelehnt wurde (Koalitionsregierung einiger politi-

scher Parteien und Neutralität Ungarns). Die sowjetische militärische Intervention restaurierte dann das sozialpolitische System sowjetischer Art.
Die Folgen der Entwicklung in Polen und in Ungarn beeinflußten gegen Ende des Jahres 1956 natürlich auch den weiteren Verlauf der Krisenentwicklung in den übrigen Ländern des Sowjetblocks einschließlich der UdSSR. Politische und soziale Kräfte, die durch den XX. Parteitag der KPdSU in völlige Defensive verdrängt worden waren, gingen nun zur Offensive über. Die durch Chruschtschow repräsentierte politische Strömung wurde durch die ungewollten Folgen ihres eigenen Handelns verängstigt. Chruschtschow bewies zwar durch die militärische Intervention in Ungarn, daß auch er die Mittel des Massenterrors dort nicht ablehnt, wo es sich um die Bedrohung der Machtinteressen der UdSSR handelt. Die gegen das Sowjetsystem revoltierenden sozialen Kräfte in Ungarn einschließlich der oppositionellen Arbeiterschaft wurden von Chruschtschow als Kräfte der »Konterrevolution« bezeichnet, und der Apparat des militärisch-polizeilichen Terrors wurde dagegen als Kraft der »sozialistischen Revolution« ausgegeben. Trotz alledem wurde die tatsächliche Position Chruschtschows innerhalb der Machtelite der UdSSR derart labil, daß ihm im Juni 1957 die Absetzung von der Machtposition des Chefs des Parteiapparats drohte.
Zusammenfassend kann gesagt werden: Die hauptsächliche politische Strömung in der UdSSR, die unter der Führung von Chruschtschow gegen Ende des Jahres 1956 innerhalb der Machtelite die Garantie der Veränderungen des stalinistischen Systems darstellte, orientierte sich damals vor allem auf die praktische Sicherstellung der *Grenzen* dieser Veränderungen. Diese Grenzen sind durch die Forderung gezogen, daß *sich keine Veränderung der wirksamen Kontrolle des Zentrums der absoluten Macht und des Parteiapparats entwinden darf.*
Innerhalb der folgenden fünf Jahre (1957–1961), die man als die zweite bedeutende Phase im Prozeß der Krisenbewältigung des sowjetischen Systems erachten kann, verliefen nacheinander (und teilweise parallel) drei hauptsächliche Prozesse:
1. gruppenweiser (und persönlicher) Kampf um die höchste Machtposition innerhalb der Machtelite und im institutionellen System;
2. Reformen in der praktischen Leitungstätigkeit, insbesondere im Bereich der Wirtschaftsleitung, der Industrie und der Landwirt-

schaft, die teilweise begannen, auch eine der grundlegendsten Koppelungen des Sowjetsystems zu betreffen, nämlich die Verschmelzung der politischen und der ökonomischen Macht und die vollständige Unterordnung der Ökonomik unter die politischen Präferenzen;
3. Versuch zur Bildung einer neuen ideologischen Konstruktion, welche die bisherigen Änderungen logisch erklären und die Entwicklung des sozialpolitischen Systems für die nächsten zwanzig Jahre programmieren sollte (»Programm der KPdSU« aus dem Jahre 1961).

Es ist nicht notwendig, den ersten dieser Prozesse im Rahmen der Zusammenhänge dieser Arbeit detaillierter zu beschreiben. Das Ergebnis des Gruppen- und persönlichen Kampfes war der Sieg der politischen (Partei-)Bürokratie und die Unterordnung des staatlichen und wirtschaftlichen Apparats und der Armee unter den Parteiapparat. Chruschtschow festigte seine persönliche Position und vereinigte in seinen Händen wiederum, wie in den früheren Zeiten Stalin, die Funktionen des Parteichefs und des Regierungsvorsitzenden.

Der zweite Hauptprozeß dieser Phase hatte offensichtlich die größte Bedeutung für die Krisenbewältigung des gesamten sozialpolitischen Systems in der UdSSR: Es handelt sich um die Änderungen im System der Leitung der Wirtschaft. Nach außen hin äußerten sich diese Änderungen vor allem als Umbau organisatorischer Strukturen: statt der Hierarchie in jedem Industriezweig (Betrieb-Trust-Fachministerium) wurde eine Struktur auf territorialer Basis gebildet (Betriebe aller Zweige auf einem bestimmten Territorium – Volkswirtschaftsrat für dieses Territorium). Statt einiger Dutzend Fachministerien verblieben zentrale Fachministerien nur für einige Zweige (chemische Industrie, sogenannter »mittlerer Maschinenbau«, der auch die Rüstungsindustrie versteckte, Transport, Energie und Außenhandel). Alle anderen Zweige wurden durch territoriale Organe geleitet, genannt »Volkswirtschaftlicher Rat«. Insgesamt waren es rund 100 auf dem Gebiet der UdSSR; in den kleineren Republiken entsprach ihr Territorium den Grenzen der nationalen Republik, in den größeren ungefähr den Grenzen des mittleren administrativen Gliedes, der sogenannten Region (»Oblast«).

Im Einklang mit dieser neuen Organisationsstruktur änderte sich auch das Vorgehen im staatlichen Planungswesen: Das zentrale Planungsorgan sollte sich auf langfristige volkswirtschaftliche

Planung konzentrieren (Sicherstellung gewisser Proportionen in der Volkswirtschaft), während die laufende Planung (konkrete Aufgaben für einzelne Betriebe im Rahmen eines Jahres) in die Kompetenz der territorialen Volkswirtschaftsräte überging.
Obwohl diese organisatorische Dezentralisierung die für das Sowjetsystem bezeichnende Verschmelzung der politischen und der wirtschaftlichen Macht und die einseitige Unterordnung ökonomischer Prozesse unter die Präferenzen der Politik direkt nicht veränderte, da sie nicht das System der Plankennziffern suspendierte, welches bürokratisch detailliert war und weder die Interessen der Verbraucher und des Marktes noch die objektiven Wertrelationen respektierte, bedeutete sie jedoch in Wirklichkeit viel mehr als nur eine Veränderung von Organisationsformen.
Vom politischen Gesichtspunkt schwächte sie vor allem den Einfluß der Bürokratie, konzentriert in den zentralen administrativen Organen. Sie stärkte vielmehr den Einfluß des mittleren Gliedes der leitenden Strukturen, welches zwar auch Bürokratie, und zwar insbesondere die politisch-parteiliche beinhaltete, aber gleichzeitig setzte es sich teilweise aus der eher technokratischen Schicht zusammen: Managergruppe mit technischer und ökonomischer Fachbildung. Die Dezentralisierung erhöhte gleichzeitig die Einflußmöglichkeiten der Leitung einzelner Betriebe, ihrer Direktoren und der technischen Führung.
Zwar wurden die grundlegenden Probleme der Wirtschaftsleitung im Sowjetsystem nicht gelöst und verblieben im Bereich akademischer und ideologischer Streitigkeiten darüber, ob die Produktion auch während des Sozialismus eine Warenproduktion sei; ob und was für eine Rolle der Markt haben darf; in welchem Maße sich die Preise nach den objektiven ökonomischen Relationen richten sollen usw. Doch begann man nach der Dezentralisierung leitender Strukturen auch diese grundsätzlichen Fragen anders als zuvor zu beurteilen, und zwar überall zugunsten einer größeren Bedeutung für die tatsächlichen örtlichen Interessen, also auch die Interessen der Verbraucher. Die neuen Organisationsstrukturen ermöglichten es eher, daß der Druck der real vorhandenen verschiedenartigen Interessen in der Gesellschaft stärker wirkte, auch wenn die administrativ-direkte Leitung der gesamten sowjetischen Ökonomik erhalten blieb. Daß die Dezentralisierung tatsächlich diese Tendenz brachte, das beweisen unter anderem die damaligen Kritiken seitens des Zentrums. Schon einige Monate nach der Verwirklichung der Dezentralisierung beginnt der Kampf gegen die

»lokalen Interessen«, die die »gesamtgesellschaftlichen Interessen« schädigen[12].

Auch im Bereich der Kolchoslandwirtschaft kam es in dieser Entwicklungsphase zu wesentlichen Veränderungen: Es wurden die sogenannten staatlichen Traktorenstationen aufgelöst, die seit der Zeit der Kollektivierung eines der Hauptinstrumente der direkten Vorherrschaft der politischen Macht über die Kolchosen darstellten. Die Landwirtschaftsmaschinen waren Eigentum dieser Stationen und nicht der Kolchosen. Über die Anwendung der landwirtschaftlichen Technik entschieden eigentlich nicht die Kolchosen. Den Traktorenstationen war gleichzeitig ein administrativ-politischer Apparat angeschlossen, der die Kolchosen überwachte. Dieses gesamte System des einschränkenden Dirigierens der Kolchosen wurde im Jahre 1958 aufgehoben und die landwirtschaftliche Technik ging in das Eigentum der Kolchosen über. Dabei veränderte sich gleichzeitig das System des Einkaufs landwirtschaftlicher Produkte von den Kolchosen durch den Staat in der Richtung, die die Einnahmen der Kolchosen erhöhte und teilweise die landwirtschaftliche Produktion materiell stimulierte.

Einen Bestandteil der Reform bildete auch die etwas veränderte Position der Gewerkschaften. Die Gewerkschaften blieben selbstverständlich weiter dem Parteiapparat voll untergeordnet. Sie gewannen jedoch gewisse Rechte in der Beziehung zur Betriebsleitung: es erhöhte sich die Bedeutung der Kollektivverträge, insbesondere im Bereich sozialer Fragen und Arbeitsbedingungen; die Gewerkschaftsorganisationen erhielten das Recht der Teilnahme an der Lohnbildung; ohne ihre Einwilligung war es unmöglich Arbeitskräfte einzustellen oder zu entlassen, und sie hatten auch ein Konsultativrecht bei Verhandlungen über Ernennungen von Mitarbeitern in die Führungsfunktionen des Betriebs. Als die grundlegende Form der Tätigkeit wurden sogenannte Produktionsberatungen eingeführt; sie beschränkten sich zwar überwiegend auf Fragen des technisch-produktiven Charakters, im Vergleich mit der Vergangenheit bedeuteten sie dennoch eine gewisse Form der »Teilnahme der Werktätigen an der Wirtschaftsleitung«. Seit 1959 beginnt dann der durch den Parteiapparat organisierte Prozeß der »Übertragung staatlicher Funktionen« an die Gewerkschaftsorgane: insbesondere Fragen der sozialen und Gesundheitspflege, der Organisation der Freizeit und Probleme der Arbeitsgesetzgebung werden auch formell in die Kompetenz der Gewerkschaften übertragen. Es ist selbstverständlich, daß dieser Prozeß in Wirklichkeit auch die »Verstaatlichung« der Gewerkschaften bedeutet, denn in den Gebieten, in denen sie staatliche Funktionen übernahmen, bilden sie bürokratische Apparate und benutzen administrative Methoden. Die Gewerkschaftsbürokratie bezog jedoch dadurch gleichzeitig im System sowjetischer Strukturen eine bedeutendere und selbständigere Position in der Beziehung zur staatlichen und wirtschaftlichen Bürokratie.

Auch diese Position der Gewerkschaften sollte natürlich gleichzeitig der »Stärkung der führenden Rolle der Partei« dienen. In eventuellen Konflikten zwischen den Gewerkschaften und der Wirtschaftsbürokratie bezog die Parteibürokratie die Rolle des Richters. Die Stärkung des Parteiapparats, welche die gesamte Reorganisierung der Wirtschaftsleitung zweifelsohne brachte, war jedoch zum Schluß auch zweischneidig. Die mittleren und niedrigeren Kader des Parteiapparats, derer Rolle gewachsen war, schlossen in der Praxis eher eine Allianz mit mittleren und niedrigeren Kadern der Wirtschaftsbürokratie und der Technokratie als mit ihren übergeordneten Chefs aus dem Parteiapparat. So entstand einer der Faktoren, der schließlich zwar half, das sozialpolitische System zu stabilisieren, der aber gleichzeitig auch dazu beitrug, die Zeitspanne der Experimente »von oben« zu beenden und Chruschtschow selbst abzusetzen.

Ähnlich wie die Einschränkung des politischen Massenterrors und die neue Position des Polizeiapparats das Sowjetsystem nicht in einen demokratischen Rechtsstaat verwandelten, überwanden die Reformen Chruschtschows im Bereich der Wirtschaftsleitung keineswegs das System der administrativen und direktiven Leitung sowjetischer Ökonomik mit allen ihren ernsthaften Widersprüchen. Beides ermöglichte jedoch, die soziale Spannung und die sozialen Folgen der weiter andauernden systembedingten Widersprüche herabzusetzen. Die Reform der Wirtschaftsleitung gemeinsam mit der größeren Präferenz der Produktion der Konsumwaren und der landwirtschaftlichen Produktion seitens des Zentrums der politischen Macht legten darüber hinaus die Grundlage für die hauptsächliche Stütze der späteren Stabilisierung des Systems: für die Entfaltung der *Konsumorientierung* in der sowjetischen Gesellschaft.

Der dritte Hauptprozeß, zu dem es in den Jahren 1957-1961 kam - der Versuch einer neuen ideologischen Programmierung der Entwicklung des Sowjetsystems -, hatte für die Krisenbewältigung eine völlig andere Bedeutung, als ihm seine Schöpfer beimaßen.

Das markanteste Ergebnis dieses Versuchs ist das »Programm der KPdSU«, gebilligt durch den XXII. Parteitag im Jahre 1961[13].
Die offizielle sowjetische Ideologie, deren Hauptdogmata seit Mitte der zwanziger Jahre durch Stalin formuliert wurden, hörte in der Systemkrise auf, ihre integrierende Funktion zu erfüllen. Diese Ideologie gab für einzig möglich und richtig auch solche politischen Vorgangsweisen aus, die selbst das Zentrum der politischen Macht nach dem Tode Stalins ausdrücklich ablehnte. Die einzelnen neuen Schritte, mit denen die politische Macht die Systemkrise bewältigen wollte, konnte man nicht logisch mit der alten Ideologie vereinen. Es entstand also die politische Notwendigkeit, die offizielle Ideologie zu »renovieren«.
Das neue »Programm der KPdSU«, welches diese Aufgabe lösen sollte, ging von der traditionellen Basis der offiziellen sowjetischen Ideologie aus: das sozialpolitische System der UdSSR wurde zum Produkt einer »sozialistischen Revolution« und zur Inkarnation »der wissenschaftlichen Theorie des Marxismus-Leninismus« erklärt. Die durch poststalinistische Politik abgelehnten Züge der Wirklichkeit wurden als »Deformationen« des im Grunde richtigen Systems erklärt. Die Vergangenheit des Systems wurde als eine abgeschlossene Entwicklungsphase deklariert: ab jetzt begänne die neue historische Epoche, »der entfaltete Aufbau des Kommunismus«.
Die Hauptziele, die die Ideologie des Marxismus-Leninismus für die »höhere Phase des Kommunismus« traditionsgemäß aufstellte, wurden aus der unbestimmten Zukunft in die nächsten Jahrzehnte übertragen: im Jahre 1980 wird die sowjetische Gesellschaft bereits in der höheren Phase des Kommunismus leben – das war das Hauptversprechen des neuen Programms. Als Wesenszüge dieser »höheren Phase des Kommunismus« führte die neue Ideologie eine Mischung charakteristischer Merkmale der modernen industriellen Gesellschaft westlichen Typs, des sozialpolitischen Sowjetsystems in seiner poststalinistischen Form und einiger Vorstellungen von Marx und Lenin über die kommunistische Gesellschaft an.
Insgesamt war für dieses »Programm der KPdSU« bezeichnend, daß es dort, wo es große Veränderungen des gegenwärtigen Zustandes versprach, wenig glaubwürdig und unrealistisch war; dort, wo es glaubwürdig und realistisch war, versprach es keine großen Veränderungen. Das offenbarte sich vor allem in zwei hauptsächlichen Sphären des gesellschaftlichen Lebens, die das Pro-

gramm betraf: das Wirtschaftswachstum als Grundlage des materiellen Wohlstandes auf der einen und die politische Freiheit der Menschen auf der anderen Seite.

Der traditionelle kommunistische Grundsatz »Jeder nach seinen Fähigkeiten, jedem nach seinen Bedürfnissen« sollte entsprechend dem Programm im wesentlichen innerhalb von zwanzig Jahren verwirklicht werden. Man sprach zwar nur über »vernünftige Bedürfnisse« (ohne nähere Erläuterung), aber konkret wurde den Sowjetbürgern ein höheres materielles Lebensniveau als in den USA versprochen. Voraussetzung für die Erreichung dieses Ziels war der Aufbau der »materiell-technischen Grundlage des Kommunismus«: konkret bedeutete dies die Durchführung der technischen Revolution in der Produktion, wie sie sich in der damaligen Zeit bereits in den entwickelten kapitalistischen Staaten abzeichnete, bei der die Automatisierung der Produktion und der Steuerungsprozesse die Haupttendenz bildete.

In Begriffen und in dem Wortschatz sowjetischer Ideologie drückte das »Programm der KPdSU« einen Teil der Wirklichkeit aus: Die UdSSR war im Begriff, die Entwicklungsphase des extensiven Wirtschaftswachstums zu beenden. Sie stand vor demselben Problem wie andere industrielle Länder – das weitere intensive Wirtschaftswachstum sicherzustellen.

Statt des gesamten Komplexes tatsächlicher wirtschaftlicher, wissenschaftlich-technischer, sozialer, politischer und kultureller Probleme, die diese neue Entwicklungsphase wirklich neu bildete, löste jedoch das »Programm der KPdSU« meist ideologische Pseudoprobleme. Konkrete Wirtschaftsaufgaben, die es stellte und deren Erfüllung das »Einholen und Überholen« der entwikkeltsten kapitalistischen Länder sicherstellen sollte, im Tempo, in der Gesamthöhe der Produktion sowie pro Kopf der Bevölkerung, waren für die UdSSR völlig unrealistisch, und diese fehlende Realität konnte nachgewiesen werden[14].

Weil dieses Programm die hauptsächlichen Wirtschaftsziele nicht auf der Basis einer rationellen Analyse tatsächlicher Bedürfnisse und Möglichkeiten sowjetischer Wirtschaft festlegte, sondern unter dem Druck ideologisch-politischer Forderungen, geriet natürlich die gesamte Reformpolitik Chruschtschows in einen ernsthaften Widerspruch zu den tatsächlichen Bedürfnissen der Gesellschaft. Im Grunde genommen unternahm die politische Macht wie unter Stalin den Versuch, *ihre ideologischen Präferenzen* der ökonomischen und sozialen Realität *aufzuzwingen,* was zu einer neuen Krise führen mußte.

Im Bereich der »Entfaltung der Freiheit« aller Mitglieder der kommunistischen Gesellschaft versprach das »Programm der KPdSU« keine unglaubwürdigen konkreten Umwälzungen. Die bereits vollzogenen politischen Veränderungen, die hauptsächlich in der Einstellung des politischen Massenterrors beruhten, wurden ideologisch mit der These ausgedrückt, nach der die »Epoche der Diktatur des Proletariats« in der UdSSR beendet sei und der sowjetische Staat zu einem »Staat des gesamten Volkes« werde. Die seinerzeitige These Stalins, daß der »Klassenkampf« im Sozialismus nicht nur andauert, sondern sich proportional zu den Erfolgen des Sozialismus verschärft, wurde definitiv aufgegeben. Nach der neuen Ideologie beruhte der Wesenszug der sowjetischen Gesellschaft in der »Annäherung verschiedener Klassen und Schichten der Werktätigen«, die die Grundlage für die Entfaltung der »Demokratie des gesamten Volkes« schuf. Die Hauptaufgabe dieser Demokratie war sicherzustellen, daß »gesamtgesellschaftliche Interessen« zur Geltung gebracht werden, denen »Teilinteressen« (sozialer Gruppen, lokale Interessen u. ä.) nicht übergeordnet werden dürfen.

Das Programm kehrte zu der klassischen marxistischen These über das »Absterben des Staates« im Kommunismus zurück und versprach, daß sich die »Demokratie des gesamten Volkes« schrittweise in eine »kommunistische gesellschaftliche Selbstverwaltung« entwickeln wird. Die Konkretisierung dieser Perspektive war jedoch sehr nebelhaft; man sprach über die »Übernahme staatlicher Funktionen durch gesellschaftliche Organisationen«, beispielsweise durch die Gewerkschaften, über gesamtnationale Diskussionen über Gesetzesentwürfe, über die Möglichkeit eines Plebiszits bei der Annahme wichtiger Gesetze u. a. – aber es wurde beispielsweise überhaupt nicht die Perspektive der Selbstverwaltung der Arbeiter in sowjetischen Betrieben formuliert.

Die »führende Kraft« aller Veränderungen auf dem Weg zum Kommunismus blieb die kommunistische Partei; statt zur »Avantgarde der Arbeiterklasse« wurde sie jedoch zur »Vorhut des gesamten Volkes« erklärt. Man betonte die Entfaltung der Demokratie innerhalb der Partei und auch die Rotation der Funktionäre nach Ablauf einer gewissen Zeitspanne, die »Prinzipien des demokratischen Zentralismus« blieben jedoch gültig. Unstreitig blieb, daß die Partei endgültig über alle Probleme des »Weges zum Kommunismus« entscheidet und daß die Entwicklung in jedwedem Bereich unter ihrer totalen Kontrolle ablaufen muß.

Diese ideologische Konzeption konnte in ihrer Gesamtheit in Wirklichkeit keine solche Rolle spielen, wie es sich ihre Schöpfer vorstellten: sie konnte weder alle Schichten der herrschenden Elite, noch der beherrschten Gesellschaft »mobilisieren und vereinen«. Statt eine praktisch wirksame Integrierungskraft zu werden, blieb die neue ideologische Konzeption die Grundlage für bereits vorhandene Interessenwidersprüche.

Vom Gesichtspunkt sozialer Kräfte, die die Systemkrise durch *Stabilisierung* grundlegender vorhandener Koppelungen und Mechanismen des Systems in jener ihrer Form, die sie nach den Reformen bereits hatte, bewältigen wollten, war das »Programm der KPdSU« keine geeignete Grundlage. Trotz aller Bestrebungen, weitere Änderungen im System einzuschränken und sie der Kontrolle der Partei unterzuordnen, bot dieses Programm dennoch die Möglichkeit, die Reformexperimente fortzusetzen; seine unrealistischen Wirtschaftsziele, verbunden mit solchen allgemeinen Formulierungen wie: »die Wissenschaft muß zur Produktionskraft werden«, konnten sogar direkt zu weiteren Reformexperimenten anregen – ebenso wie die nebelhaften Formulierungen über die zukünftige »kommunistische Gesellschaftsselbstverwaltung«. Dieses Programm reproduzierte im Grunde genommen in einer neuen Form die zweideutige Wirkung der marxistischen Ideologie: Diese Ideologie war auf der einen Seite ein Instrument zur Rechtfertigung der Machtpraxis des Systems, auf der anderen Seite konnte sie jedoch durch die Gesamtvision grundlegend anderer Verhältnisse in der »höheren Phase des Kommunismus« auch zum Instrument werden, das vorhandene System zu zerstören. Ähnlich wie im Namen der offiziellen Ideologie die Praxis Stalins zur »Deformation« erklärt wurde, konnte auch eine jede andere Praxis einmal in der Zukunft im Namen der »richtigen Auslegung« offizieller ideologischer Postulate des »Programms der KPdSU« verurteilt werden.

Vom Gesichtspunkt sozialer Kräfte, die die vorhandene Krise im Gegenteil durch eine folgerichtige Durchsetzung der *systembedingten Änderungen* bewältigen wollten, war jedoch das »Programm der KPdSU« ebenfalls keine genügende Grundlage: es beinhaltete zu viele konkret formulierte Grenzen für eine solche Änderung der entscheidenden Koppelungen und Mechanismen des Systems. Bestrebungen nach radikalen Veränderungen der ökonomischen oder politischen Verhältnisse konnten auf seiner Basis leicht für »parteifeindlich« mit allen praktischen Folgen erklärt werden.

Vom Gesichtspunkt *aktueller Interessen breiter sozialer Schichten* der Sowjetgesellschaft rief das »Programm der KPdSU« bestimmt keinen Widerstand hervor. Gleichzeitig war es kein wirksames Instrument irgendeiner wirklichen »Mobilisierung der Aktivität der Massen«. Es blieb für diese Schichten eher gleichgültig. Seine Versprechungen großer Änderungen waren entweder unglaubwürdig oder allzu nebelhaft; beides war bereits eine traditionelle Eigenschaft der offiziellen sowjetischen Ideologie. Deshalb riefen die Veränderungen in dieser Ideologie ein breiteres gesellschaftliches Interesse eher dort wach, wo sich hinter ihnen einleuchtende konkrete Konflikte verbargen, als dort, wo sie die »historischen Perspektiven« betrafen.

Durch die Annahme des »Programms der KPdSU« erreichte man also nicht nur keine Einheit der verschiedenen Standpunkte zur Systemkrise. Nach seiner Annahme kam es im Gegenteil zu einer Vertiefung der Konflikte, und sie wurden dann in Wirklichkeit unabhängig von ihm gelöst.

Im Verlaufe weiterer drei Jahre (1962–1964) formierte sich gegen Chruschtschow und seine Krisenbewältigungs-Konzeption eine sehr starke Opposition innerhalb der Machtelite. Die Hauptursachen können allgemein folgendermaßen zusammengefaßt werden:

Die Reformpolitik Chruschtschows erreichte zwar einen sehr starken und massenweisen sozialen Konsens, aber Chruschtschow selbst bemühte sich immer grundsätzlich, daß jedweder Druck auf die politische Macht »von unten« unter der Kontrolle des Parteiapparats blieb. Sowohl seine Politik wie auch seine persönliche Machtposition stützte er auf den Parteiapparat, und erst durch dessen Vermittlung auch auf andere soziale Kräfte.

Durch seine eigenen politischen Schritte – und zwar insbesondere seit dem Ende des Jahres 1962 – rief er jedoch den Widerstand des Parteiapparates hervor. Im Zusammenhang mit der weiteren Reorganisierung der Leitung der Landwirtschaft stellte er sich gegen einen beträchtlichen Teil des Parteiapparats auf dem Niveau der Bezirke (Rayon). Diese territorial-administrative Einheit war traditionsgemäß in der Struktur der UdSSR – bezüglich der staatlichen und auch der parteilichen Linie – das grundlegende Glied des Apparats für die Leitung und Beherrschung der Kolchosen.

Chruschtschow wollte jedoch die Leitung landwirtschaftlicher Produktion rationalisieren und führte als grundlegende Institution die landwirtschaftlichen Verwaltungen ein. Ihre Ausrichtung sollte mehr technokratisch als administrativ sein. Die bisherigen Bezirksausschüsse der Partei mit ihrem Apparat (in der UdSSR etwas mehr als 3500 Bezirke) wurden durch seine Reform abgeschafft und durch Parteiausschüsse der landwirtschaftlichen Verwaltungen (ungefähr 1700 auf dem gesamten Territorium der UdSSR) ersetzt. Bald danach versuchte Chruschtschow noch einen weiteren Schritt durchzuführen: im Einklang mit seiner Konzeption der Partei als einer Organisation, die im vollen Umfang die Verantwortung für »den Aufbau des Kommunismus« übernimmt, bei dem nach seinem Programm die Fragen der rationellen Produktionsorganisation in den Vordergrund gestellt wurden, begann er eine Reform des Parteiapparats entsprechend dem Produktionsprinzip. Die Organe und der Apparat der Partei sollten in zwei Teile aufgegliedert werden: für Industrieleitung und für die Leitung der Landwirtschaft.

Für den Parteiapparat – insbesondere in seinem mittleren und niedrigeren Glied – bedeutete dies jedoch faktisch den Verlust seiner bisherigen Position des absoluten Herrschers auf seinem Territorium. Während bisher im Rahmen der einzelnen Gebiete das Parteisekretariat eine örtliche Analogie des allmächtigen Politbüros darstellte und der Parteisekretär der »örtliche Chruschtschow« (und früher beinahe der »örtliche Stalin«) war, bedeutete diese Reform, daß die niedrigeren territorialen Parteiorgane eher eine Managerinstitution wurden, die vor allem für den Gang der Wirtschaftstätigkeit verantwortlich sein sollten. Dieses Aspekts der Reorganisierung des Parteiapparats war sich Chruschtschow nicht nur bewußt, sondern er strebte ihn an. Der allzu große Machtzuwachs des mittleren Gliedes im Apparat (in den Regionen), der durch seine vorherigen organisatorischen Änderungen hervorgerufen worden war, als er mit Hilfe dieses Apparats den Machteinfluß der Zentralorgane der Wirtschaftsbürokratie schwächte, erschien ihm nun gefährlich für die Sicherstellung »gesamtgesellschaftlicher Interessen und Bedürfnisse«. Die Möglichkeit, wirksam weiterhin die lokalen Interessen gegen die Absichten des Zentrums durchzusetzen, erklärte er zur Hauptgefahr für den »Aufbau des Kommunismus«. Im Jahre 1963 versuchte er deshalb, gemeinsam mit der angeführten Reorganisierung des Parteiapparats noch einen besonderen Kontrollapparat zu errichten. Dessen

Aufgabe war es, die Einhaltung zentraler Richtlinien zu überwachen. Er wurde mit außerordentlichen staatlichen wie auch parteilichen Befugnissen ausgestattet und »Kommission der staatlichen und parteilichen Kontrolle« genannt. Diese besondere Institution sollte teilweise auch dem übrigen Parteiapparat übergeordnet werden.

Das alles führte dazu, daß sich im Parteiapparat – der stärksten und eigentlich der einzigen Machtstütze von Chruschtschow und seiner praktischen Reformmaßnahmen – gegen seine Linie eine starke Opposition bildete. Selbstverständlich versuchte diese Opposition, sich mit anderen bereits früher unzufriedenen Gruppen der Machtelite zu verbünden: mit jenem Teil der Wirtschafts- und Staatsbürokratie, die schon mit den früheren Reorganisierungen der leitenden Apparate nicht einverstanden war. Schließlich verbanden sich diese oppositionellen Strömungen mit den Kräften des Polizeiapparats, die zwar keine Rückkehr zur Position »Staat im Staate« anstrebten, aber »Gleichberechtigung« mit anderen Gruppen der Machtelite. Aus spezifischen Gründen, die überwiegend mit der Außenpolitik zusammenhingen, schloß sich der Opposition gegen Chruschtschow auch ein einflußreicher Teil der sowjetischen Generalität (des Kommandos der Streitkräfte) an.

Aber das gesamte Problem erschöpft sich nicht in den gegensätzlichen Interessen verschiedener Gruppen der Machtelite. Anfang der sechziger Jahre begannen sich in der sowjetischen Wirtschaft die negativen Folgen der unrealistischen Volkswirtschaftspläne, wie auch der spürbaren, aber gleichzeitig ökonomisch mangelhafter Eingriffe in die bisherigen leitenden Strukturen zu häufen. Statt eindeutiger Wirtschaftserfolge beim »Aufbau der materialtechnischen Grundlage des Kommunismus« erschienen Anzeichen eines Krisenzustands. Es kam auch zu Kundgebungen der Unzufriedenheit »von unten«[15a]. Grundlegende Ursache war das Überspannen ökonomischer Möglichkeiten infolge der Vorherrschaft voluntaristischer, politisch-progandistischer Einflüsse bei der Leitung der Wirtschaft. Die Art, mit der sich Chruschtschow persönlich bei der Entfesselung verschiedener »Kampagnen« engagierte, die die unerreichbaren Wirtschaftserfolge sicherstellen sollten, beispielsweise die Urbarmachung der Steppen in Kasachstan, der Maisanbau u. a., erleichterte es darüber hinaus sehr, daß die sichtbaren Mißerfolge der Wirtschaft nach solchen Kampagnen gegen ihn persönlich ausgenützt wurden.

Chruschtschow konzentrierte Anfang der sechziger Jahre in seinen Händen eine völlig außerordentliche persönliche Macht. Es war leicht, hier auf ähnliche Tendenzen hinzuweisen, die als »Persönlichkeitskult« bei Stalin verurteilt worden waren. Die starke persönliche Macht, die Chruschtschow einige Male erfolgreich zur Liquidierung ihm unbequemer Mitglieder der »kollektiven Führung« benutzte, spielte offensichtlich eine wesentliche Rolle bei der Vereinigung seiner engsten (und für ihre Karrieren ihm verpflichteten) Kollegen in dem Machtzentrum – dem Politbüro und dem Parteisekretariat.

Im Oktober 1964 vereinten sich alle oppositionellen Strömungen so weit, daß die »kollektive Führung« einfach Chruschtschow aus ihrer Mitte ausschloß: er wurde aller seiner Funktionen enthoben und in Pension geschickt. In der offiziellen Verlautbarung darüber wurde ihm vor allem vorgehalten, daß er die Politik der Partei und des Staates als eine Mischung untereinander nicht koordinierter »übereilter Beschlüsse und nicht durchdachter, von der Praxis getrennter Entschlüsse und Taten« handhabte[15b]. Wie in dem Sowjetsystem geläufig, kam es bald nach seinem Sturz zur Säuberung seiner Anhänger in allen Apparaten – soweit sie nicht bereit waren, sich zu der neuen siegreichen Koalition an der Macht zu gesellen, oder wenn diese Koalition sie in ihre Dienste nicht aufnehmen wollte.

Über die Ursachen und Folgen des Sturzes von Chruschtschow im Bereich der internationalen Politik werden wir später sprechen. Bezüglich der innenpolitischen Lage in der UdSSR und auch in den Ländern des Sowjetblocks bedeutete der Sturz von Chruschtschow viel mehr als nur eine personelle Änderung in der Führung. Es war der Machtantritt einer neuen Allianz von Kräften innerhalb der Machtelite, deren Programm darauf beruhte, alle *weiteren Experimente zu beenden und eine Stabilisierung zu erreichen,* und zwar innerhalb aller grundlegender Koppelungen und Mechanismen des sowjetischen sozialpolitischen Systems.

Der Wesenszug der politischen Atmosphäre der Jahre 1956 – 1964, der in der offiziellen Anerkennung der Notwendigkeit der Reformen des Systems beruhte, hörte auf, die politische Atmosphäre nach dem Oktober 1964 zu bestimmen. Der Wesenszug der neuen politischen Atmosphäre war die offizielle Überzeugung, daß die Reformen beendet seien und es sich nun darum handele, mit welchen Maßnahmen und wie das gesamte System stabilisiert werden soll, wie es effektiver werden soll und fähig, zweckmäßig zu funktionieren.

Die Organisationsreformen Chruschtschows aus den Jahren 1962 bis 1964, die den Parteiapparat betrafen, wurden alle sofort nach der Absetzung Chruschtschows rückgängig gemacht. Im Laufe der Jahre 1965 – 1966 kam es dann zu markanten Berichtigungen (teils auch zur völligen Aufhebung) jener Reorganisationen und Reformen, die den übrigen Gruppen der neuen Allianz unbequem waren.

Das Zentrum der absoluten Macht, das Politbüro des Zentralkomitees der Partei, wurde unter dem neuen Chef des Parteiapparats L. I. Breschnew schrittweise zum direkten Vertretungsorgan für die Hauptschichten der Machtelite: die staatliche Bürokratie, die Wirtschaftsbürokratie, die Armee, den Polizeiapparat. Repräsentanten aller dieser Gruppen wurden seine Mitglieder. Gemeinsam mit ihnen (zahlenmäßig beinahe in Parität) tagen dort die Repräsentanten des Parteiapparats, deren Teil gleichzeitig auch die politischen Führungen wichtiger Unionsrepubliken vertritt.

Diese so sichtbare Stabilisierung innerhalb der Machtelite ist auch der Ausdruck der relativen Stabilisierung innerhalb des gesamten sowjetischen Systems, das heißt der Beendigung der Krisenentwicklung nach dem Tode Stalins. Das Funktionieren des so stabilisierten Systems behandelt jedoch das nächste Kapitel dieser Arbeit.

3. Reformkommunistische Konzeptionen der Krisenbewältigung im sowjetischen System und der Versuch zu ihrer Realisierung in der Tschechoslowakei 1968

Unter dem Begriff reformkommunistische Konzeptionen verstehen wir in diesem Zusammenhang nur gewisse *politische* Konzeptionen qualitativer Veränderungen des sowjetischen Systems, die in der Zeit seiner poststalinistischen Krise innerhalb offizieller politischer Strukturen (vor allem innerhalb der regierenden kommunistischen Parteien) der Länder des Sowjetblocks entstanden und mit ihrem Inhalt die Grenzen der offiziellen Politik von Chruschtschow überschritten. Nicht einmal in dieser engen Abgrenzung der Bedeutung handelte es sich um eine einzige und inhaltlich völlig einheitliche Konzeption, sondern um die Gruppierung einiger ideologisch-politischer Strömungen, derer manchmal auch wichtige Differenzierung wir in dieser allgemeinen Analyse nicht beachten.

Die reformkommunistische Konzeption im angeführten Sinne ist dabei jedoch nur ein historisch konkreter, einzelner Fall der allgemeinen Erscheinung – nämlich der inhaltlich sehr verschiedenen Interpretierung der Theorie von Marx und der kommunistischen Ideologie. Zum allseitigen Begreifen ihres Inhalts, wie auch aller ihrer politischen Bedeutungen und Zusammenhänge wäre es deshalb notwendig, sie im Zusammenhang der Entwicklung des sozialistischen Denkens und der politischen Formen der Arbeiterbewegung nicht nur im Rahmen der Länder des Sowjetblocks, sondern mindestens im Rahmen des gesamten Europas zu untersuchen, sowie in den historischen Zusammenhängen der Zeitspanne mindestens seit der Spaltung dieser Bewegung in die kommunistische und die sozialistische (sozialdemokratische) Strömung. Alle diese Fragen überschreiten den Rahmen dieser Arbeit. Auch die Zusammenhänge der reformkommunistischen Konzeption mit der Entwicklung der antistalinistischen Opposition innerhalb der KPdSU seit den zwanziger Jahren, die oft sehr bedeutend sind, bleiben abseits unserer Analyse des Problems.
Wenn wir also von diesen historischen Einflüssen abstrahieren, dann erscheinen für die Bildung und die Entfaltung der reformkommunistischen Konzeption innerhalb der Länder des Sowjetblocks nach dem Tode Stalins als entscheidend die folgenden Faktoren:
Vor allem war es die praktische Existenz eines anderen, von dem sowjetischen Modell abweichenden sozialpolitischen Systems in Jugoslawien. Dieses System, durch die offizielle sowjetische Ideologie unter Stalin als ein Produkt des »Verrats am Sozialismus« und der Restauration des Kapitalismus ausgegeben und im politischen Sinne als »Faschismus« bezeichnet, wurde bereits im Jahre 1955 durch Chruschtschow offiziell als eine mögliche Variante des »Aufbaus des Sozialismus« anerkannt. Der Besuch Titos in Moskau im Sommer 1956 schuf sogar eine politische Atmosphäre, in der Jugoslawien die Rolle des Beraters der UdSSR bei der Bewältigung der Krise des Sowjetsystems zu spielen begann. Das sozialpolitische System in Jugoslawien, das sogenannte jugoslawische Modell des Sozialismus, unterschied sich damals von der stalinistischen Form des Sowjetsystems in vielen grundlegenden Koppelungen und Mechanismen. Beurteilt nach den Wesenszügen, durch die wir das sowjetische System charakterisieren, handelt es sich vor allem um folgende grundsätzliche Unterschiede:
Es gibt hier keine volle Verschmelzung der politischen und der

ökonomischen Macht. Das jugoslawische System der »Selbstverwaltung der Produzenten« bildet vor allem in der Sphäre ökonomischer Verhältnisse (in der Produktion und in der Aufteilung) eine andere Position der ökonomisch tätigen Subjekte (der sozialistischen Betriebe – aber im Endergebnis auch der Konsumenten): alle diese Subjekte besitzen einen unvergleichlich größeren Raum für ein autonomes Verhalten als im sowjetischen System. Die politische Macht kann zwar sehr wirksam auch diesen Raum beschränken (durch ökonomische und außerökonomische Mittel), aber sie muß dennoch in der ökonomischen Macht im Grunde eine partnerschaftliche, relativ selbständige gesellschaftliche Kraft anerkennen. In der jugoslawischen Landwirtschaft gibt es kein System der Genossenschaften vom Typ sowjetischer Kolchosen; es entfalten sich dort verschiedene Formen der Kooperation privater Bauern – über die Maschinengenossenschaften bis zu den Konsumgenossenschaften, aber die politische Macht ist hier von der ökonomischen Macht abgesondert.

Im jugoslawischen Modell gibt es infolgedessen und auch infolge der anderen Stellung Jugoslawiens, das von dem Sowjetblock isoliert war, in den auswärtigen ökonomischen Beziehungen eine wesentlich andere Beziehung zwischen dem Plan und dem Markt als in dem sowjetischen Modell. Der zentrale Plan ist ein Instrument der politischen Macht, seine Absichten können jedoch nicht durch bloßes administratives Diktieren der Forderungen des Planes durchgesetzt werden: die ökonomischen Subjekte haben ein solches Maß der Unabhängigkeit von der politischen Macht, daß die Beziehungen zwischen ihnen einen unabhängigen inneren Markt bilden. Der Plan muß auf das Verhalten der sozialistischen Betriebe mit Hilfe der Regulierung ökonomischer Marktmechanismen wirken (und nicht einfach durch ihre Ausschaltung).

Diese unterschiedlichen Koppelungen zwischen der politischen und der ökonomischen Macht bilden die Basis für systembedingte Unterschiede auch in anderen Bereichen gesellschaftlicher Verhältnisse. Die Abhängigkeit verschiedener sozialer Schichten und Gruppen und in vieler Hinsicht auch der Einzelpersonen von der politischen Macht ist kleiner, der Anteil ihres autonomen Verhaltens an ihrer endgültigen sozialen Position ist größer. Obwohl auch in dem jugoslawischen Modell alle wichtigen Machtpositionen und alle Schlüsselpunkte im politischen Entscheidungsprozeß voll unter der Kontrolle der monopolistisch herrschenden kommunistischen Partei stehen, haben dennoch andere Institutionen (von den Organen der »Selbstverwaltung der Produzenten« bis zu den Interessenorganisationen) größere Möglichkeiten, ihre eigenen Interessen zur Geltung zu bringen und zu verteidigen. Auch die organisatorische Zentralisierung des Entscheidungsprozesses ist infolgedessen kleiner. Im Vergleich zum Sowjetsystem handelt es sich hier um ein System der dezentralisierten Entscheidungen.

Der Anspruch der »führenden Position« der marxistischen Ideologie wurde im Grunde offiziell ähnlich formuliert wie in dem sowjetischen System. Weil jedoch einerseits die jugoslawische Variante dieser Ideologie (der »Titoismus«) selbst die Forderung der »Selbstverwaltung der Produzenten« und die Überwindung des »staatlich-bürokratischen Sowjetsystems« beinhaltete, und auf der anderen Seite bei den gegebenen ökonomischen und sozialen Verhältnissen notwendigerweise auch das Ausmaß der Informationsisolierung im Sinken begriffen ist, war das Endergebnis wesentlich anders als in dem Sowjetsystem. Die offizielle Ideologie bildet hier keine unüberwindbaren Hindernisse beispielsweise in der wissenschaftlichen Forschung. Sogar im Bereich der Sozialwissenschaften gibt es Kontakte mit der westlichen (»bourgeoisen«) Forschung; ähnlich ist es auch im Bereich der Kultur und des Lebensstils. Im Zusammenhang mit allen diesen Unterschieden ist auch die Position des Mechanismus der politisch-polizeilichen Aufsicht über die Gesellschaft abweichend: ein solcher Mechanismus wirkt zwar, aber sein Gesamteinfluß im System ist schwächer als in der UdSSR nach dem Jahre 1956.

Das jugoslawische Modell des Sozialismus wurde in einem kleinen Lande verwirklicht, ohne Großmachtambitionen und -möglichkeiten; für seine Existenz mußte es den Preis des Zerwürfnisses mit der UdSSR mit sehr schweren wirtschaftlichen (und teilweise auch politischen) negativen Folgen bezahlen. Im Bereich internationaler Beziehungen suchte deshalb dieses System die Lösung in der Position außerhalb der militärisch-politischen Blöcke. Das Sowjetsystem war von seinem Gesichtspunkt weder ein Vorbild für innenpolitische noch für außenpolitische Beziehungen zwischen dem »Kapitalismus und dem Sozialismus«. Die jugoslawische Kritik war im Gegenteil die erste Kritik seitens eines durch Kommunisten beherrschten Staates, die das Sowjetsystem als aggressiv bezeichnete, seine Ziele als hegemoniale und imperiale Ziele. Später wurde dann in Jugoslawien zum ersten Male durch eine herrschende kommunistische Partei auch die

Frage »über die Möglichkeit der Kriege zwischen sozialistischen Staaten« analysiert.

Obwohl also bei Vergleichen mit den Systemen der pluralistischen politischen Demokratie westeuropäischen Typs das jugoslawische System ebenso wie das sowjetische als die Monopoldiktatur einer politischen Partei und in vieler Hinsicht auch als Polizeistaat erscheint, stellt es gleichzeitig in vielen wichtigen Richtungen ein *qualitativ anderes System* dar, als die Systeme sowjetischen Typs. Es ist begreiflich, daß die Unterschiede eine große Rolle bei der Kritik des sowjetischen Systems spielen: sie betreffen nämlich gerade jene grundlegenden Systemkoppelungen und -mechanismen, die nach dem Tode Stalins in eine offene Krise gerieten. Der jugoslawische Einfluß war dabei am größten in den Ländern, in die das Sowjetsystem erst nach dem Kriege übertragen worden war. In diesen Ländern waren Bedingungen vorhanden, die für eine Entwicklung geeignet waren, die in mancherlei Hinsicht derjenigen in Jugoslawien ähnlich war, und bis zum Jahre 1948, bis zu dem Zerwürfnis zwischen der UdSSR und Jugoslawien, äußerte sich dies markant auch in der Praxis. Nach der Exkommunizierung Jugoslawiens durch Stalin kam es zur breiten gewaltsamen Unterdrückung aller ähnlichen Tendenzen; der politische Terror traf dann auch die Kader der kommunistischen Parteien in diesen Ländern (Prozesse der Jahre 1949 – 1952). Nach der »Rehabilitierung« Titos durch Chruschtschow wuchs der Einfluß des jugoslawischen Modells außerordentlich stark[16].

Aber der Einfluß Jugoslawiens bildete bei der Formung der reformkommunistischen Konzeption in den Jahren nach dem Tode Stalins bei weitem nicht den einzigen Impuls. Hauptkraft bei der Formulierung dieser Konzeption war die kommunistische Intelligenz der einzelnen Länder. In diesem Milieu kamen begreiflicherweise die historischen, wirtschaftlichen, sozialen, politischen und kulturell-zivilisatorischen Traditionen und Einflüsse eines jeden Landes, wie auch die viel breiteren ideellen Einflüsse auch aus der westeuropäischen kommunistischen und auch sozialistischen Bewegung zur Geltung. Die kommunistische Intelligenz leistete in den verschiedenen Phasen der Entwicklung einen spezifischen Beitrag bei der Bildung der reformkommunistischen Konzeption. So war in Ungarn insbesondere der Einfluß der Lukács-Schule in der marxistischen Philosophie, in Polen hingegen besonders der Einfluß der Theoretiker im Bereich der politischen Ökonomie und Soziologie spürbar. Die theoretische Kritik, die für die reformkommunistischen Politik eine ideelle Grundlage bildete, überschritt dabei vielfach nicht nur die Grenzen, die in der UdSSR für Systemreformen gezogen wurden, sondern auch die politischen Grenzen, die selbst die entstehende reformkommunistische Politik bewahren wollte. Die Repräsentanten dieser *theoretischen* Kritik fanden sich deshalb oft auch nach einem teilweisen Sieg der *politischen* reformkommunistischen Konzeption wiederum in der Rolle einer oppositionellen Kraft[17].

Die politischen reformkommunistischen Konzeptionen kamen innerhalb der regierenden kommunistischen Parteien in den Ländern des Sowjetblocks bei der Bewältigung der Systemkrise in den Jahren 1956 - 1968 im Grunde auf zweierlei Art zur Geltung:

In allen Ländern des Blocks einschließlich der UdSSR bildeten sie, insbesondere in der Entwicklungsphase 1956-1964, eine »halblegale«, Druck ausübende Kraft in der Gestalt einer noch im Rahmen offizieller Strukturen geduldeten extremen Meinungsströmung; ihre Träger beherrschten jedoch in der Regel nicht das Zentrum der politischen Macht.

In Ungarn und in Polen im Jahre 1956 und 1968 und in der Tschechoslowakei wurden diese Konzeptionen für eine Zeitlang zum entscheidenden Faktor auch im Zentrum der politischen Macht. Sie kamen so direkt bei der Krisenbewältigung zur Geltung.

In diesen drei Fällen war jedoch die Bedeutung der reformkommunistischen Konzeption für die tatsächliche Bewältigung der Systemkrise sehr verschieden,

In Ungarn spielten die politischen Kräfte, die diese Konzeption vertraten, eine einflußreiche Rolle. Sie übten Druck auf die damalige ungarische politische Führung (Rákosi - Gerö) aus und trugen zu ihrem Sturz bei. In führende Funktionen kamen jedoch ihre Repräsentanten erst in einem Zeitpunkt, als die grundlegenden Koppelungen des Systems bereits durch den Massenwiderstand »von unten« zerstört waren (teilweise handelte es sich um bewaffnete Aktionen gegen die Polizei) und als in den Ablauf der Entwicklung die sowjetischen Militäreinheiten eingriffen. Die Kräfte der reformkommunistischen Konzeption hatten hier also praktisch keine Möglichkeit, die Systemänderungen irgendwie vorzubereiten und nach ihren Vorstellungen zu realisieren: sie mußten einfach auf den gegebenen Zustand reagieren. Diese ihre politische Reaktion erreichte zwar den Konsens der revoltierenden sozialen Kräfte, aber sie konnte den weiteren tatsächlichen Ablauf der Ereignisse nicht bestimmen. Die drei Systemänderungen, auf die sie sich

stützte – die Bildung eines Zentrums der Macht als einer Koalition mehrerer politischer Parteien, die Einführung des Systems der »Selbstverwaltung der Produzenten« in der Industrie und die Auflösung der landwirtschaftlichen Genossenschaften vom Kolchostyp auf dem Lande, der Austritt Ungarns aus dem Bündnis des Warschauer Paktes und Erklärung der Neutralität Ungarns –, bedeuteten vom Gesichtspunkt der sowjetischen politischen Führung unannehmbare Bedingungen. Diese bewertete im Einverständnis mit den übrigen Partei- und Staatsführungen im Sowjetblock und auch mit der grundlegenden Unterstützung der übrigen entscheidenden Kräfte in der kommunistischen Bewegung[18] solche Systemänderungen als den »Untergang des Sozialismus und den Sieg der Konterrevolution«, unterdrückte den massenweisen Widerstand durch die Sowjetarmee und brachte in Ungarn eine Gruppe an die Macht, die im Grunde eine Position mit Änderungen vertrat, wie sie auch in der UdSSR durchgeführt wurden (J. Kádár). In Polen wurde W. Gomulka zum Repräsentanten der reformkommunistischen Konzeption im Oktober 1956. Die Systemänderungen, die unter seiner Führung damals teilweise durchgeführt, aber hauptsächlich für die Zukunft versprochen wurden, gingen über die Änderungen der Ära Chruschtschows in der UdSSR insbesondere in den folgenden Punkten hinaus:
– Die Forderung, daß man das »polnische Modell des Sozialismus« erst entwickeln müsse, und daß dessen Wesenszüge nicht an das sowjetische Modell gebunden seien, wurde zum offiziellen Standpunkt; in der politischen Praxis war die Beseitigung der als Agentur sowjetischer Interessen diskreditierten Parteiführung von der Macht die wichtigste Folge dieser Neuorientierung. Insbesondere die Änderung im Armeekommando, welches dem sowjetischen Marschall polnischen Ursprungs Rokosowski entzogen wurde und in die Hände der polnischen Generalität überging, spielte dabei eine große Rolle. Ein größerer Raum wurde für das nationale Selbstbewußtsein und die antirussische Kritik frei.
– Im Bereich wirtschaftlicher und sozialer Verhältnisse strebte man im Grunde eine Entwicklung in der Richtung des jugoslawischen Modells an: Arbeiterräte in sozialistischen Betrieben und die Einstellung der gewaltsamen Kollektivierung in der Landwirtschaft, begleitet vom Zerfall bereits gebildeter Genossenschaften vom Kolchostyp; in der Wirtschaftsführung sollten neue Beziehungen zwischen dem Plan und dem Markt, die Dezentralisierung usw. zur Geltung kommen.

– Das Zentrum der politischen Macht ließ die Belebung der politischen Aktivität nichtkommunistischer Parteien, insbesondere der traditionellen Bauernpartei zu und garantierte der katholischen Kirche eine gewisse Autonomie.
– Die Informationsisolierung und das ideologische Monopol vom Sowjettyp wichen einer Entfaltung der Freiheit des Wortes und der Presse in einem bisher in den Ländern des Sowjetblocks nie dagewesenen Ausmaß.
– Innerhalb der kommunistischen Partei wurde durch innere Demokratisierung ein breiter Raum für die weitere Bildung der reformkommunistischen Entwicklungskonzeption frei.

Im Laufe der weiteren Jahre verließen jedoch Gomulka und die durch ihn repräsentierte politische Führung die reformkommunistische Konzeption, und die Systemänderungen wurden im Grunde auf dasselbe Niveau reduziert, wie es durch Chruschtschow in der UdSSR verwirklicht wurde. Die Kollektivierung der Landwirtschaft wurde allerdings niemals durchgeführt. Es verblieb ein gewisser Raum für die Autonomie der Kirche und auch die äußeren Formen der polnischen nationalen Unabhängigkeit wurden unangetastet belassen. Nach dem Sturz von Chruschtschow wurde jedoch die Führung unter Gomulka zur Stütze jener Kräfte in der UdSSR, die sich auf den Abbau vieler Reformen Chruschtschows orientierten. Im Lauf des Jahres 1968 stellte sich diese Führung aktiv hinter die Unterdrückung der Reformentwicklung in der Tschechoslowakei. In Polen selbst setzte Gomulka 1968 sowjetische Methoden des politischen Terrors gegen die Gesellschaftskräfte ein, die die tschechoslowakische Reform unterstützten; bei dieser Gelegenheit beseitigte er aus den offiziellen politischen Strukturen auch jene Anhänger der reformkommunistischen Orientierung, die ihm 1956 zur Macht verhalfen.

Die Analyse der Ursachen dieser Entwicklung in Polen geht über den Rahmen dieser Arbeit hinaus. Vermerken wir aber, daß Polen so zum ersten Land im Sowjetblock wurde, in dem für die weitere Entwicklung die reformkommunistische Konzeption tief diskreditiert wurde, weil sie nicht durch äußere Kräfte wie in Ungarn und später in der Tschechoslowakei besiegt wurde, sondern ihre ursprünglichen Repräsentanten sie nur als eine Taktik zur Festigung des Systems des Sowjettyps ausnützten.

Die größte Bedeutung für das Verständnis der reformkommunistischen Konzeption bei der Krisenbewältigung im Sowjetsystem hat der Versuch des »Prager Frühlings« 1968. Dieser Versuch wurde zwar auf der einen Seite durch völlig spezifische Bedingungen in der Tschechoslowakei bedingt und hat deshalb seinen besonderen Charakter[19]. Auf der anderen Seite besaß man schon die Erfahrungen mit den reformerischen Veränderungen des Sowjetsystems von Chruschtschow, wie auch die Erfahrungen der reformkommunistischen Versuche in den Nachbarländern und ebenso die Erfahrungen der weiteren Entwicklungsphase in Jugoslawien. Von diesem Gesichtspunkt ist also der tschechoslowakische Reformkommunismus eine verallgemeinernde Konzeption. Sie ist für die Qualität und den Umfang der Systemänderungen, die man in ihrem Rahmen programmieren konnte, bedeutender als die anfängliche Form des Reformkommunismus 1956.

Die tschechoslowakische Form der reformkommunistischen Konzeption entwickelte sich unter Bedingungen, in denen keine gewaltsame Eruption dieses Systems drohte; im Gegenteil: In den Jahren 1964-1967 war dieses System in gewisser Hinsicht stabilisiert. Es überwand die schwersten Auswirkungen der Wirtschaftskrise des Jahres 1963 und erreichte eine Minderung der politischen Spannung durch eine beträchtliche Liberalisierung. Die Reformkonzeption konnte so langfristig vorbereitet werden. Sie ging weit über den Rahmen von Änderungen hinaus, die die Entwicklung während der Ära Chruschtschows in den Sowjetsystemen verzeichnete. Es war ein Versuch, *alle grundlegende Koppelungen* im sozialpolitischen System sowjetischen Typs in einem so großen Umfang zu ändern, daß diese Änderungen in ihrer Zusammenfassung die *Aufhebung des totalitären Charakters* der politischen Macht und die Perspektive der Entfaltung eines pluralistischen politischen Systems auf der Basis nichtkapitalistischer ökonomischer und sozialer Verhältnisse bedeuten mußten.

Der tschechoslowakische Versuch zu einer Änderung des Sowjetsystems verlief auf zwei verschiedenen Ebenen – inmitten offizieller politischer Strukturen, wie auch außerhalb dieser, als eine Bewegung verschiedener sozialpolitischer Kräfte (symbolisch gesagt: er verlief also parallel sowohl »von oben« wie auch »von unten«). Die folgende Charakteristik stützt sich auf Konzeptionen, die sich innerhalb der offiziellen Strukturen bildeten und gibt deshalb nicht die Widersprüchlichkeit der damaligen tatsächlichen Entwicklung wieder, die im Rahmen der Einwirkung »von unten« auf verschiedene Weise die eigentliche reformkommunistische Konzeption überragte und mit ihr nicht identisch war. Sie stützt sich darüber hinaus auf jene Form der reformkommunistischen Konzeption, die in offiziellen (bereits gebilligten oder wenigstens in Vorbereitung befindlichen[20]) politischen Dokumenten ihren Ausdruck fand. Der Inhalt dieser Dokumente stellte üblicherweise bereits einen gewissen Kompromiß dar, der auch die Standpunkte konservativer politischer Gruppen widerspiegelte, die in Wirklichkeit nicht über den Rahmen der Reformen Chruschtschows hinausgehen wollten. Das betraf sowohl den ökonomischen wie auch den politischen Bereich.

Mit allen diesen Vorbehalten kann man schematisch die reformkommunistische Konzeption in der Tschechoslowakei des Jahres 1968 in einigen Punkten zusammenfassen. Aus ihnen geht hervor, daß sie in ihrer Tragweite die Reformpolitik Chruschtschows weit hinter sich ließ. In der Gegenüberstellung zu den wesentlichen Zügen des Sowjetsystems ergab sich:

1. Die völlige *Verschmelzung der politischen und ökonomischen Macht,* wie sie im Sowjetsystem charakteristisch ist, *sollte* durch eine grundlegende Wirtschaftsreform *überwunden werden.* Zum grundlegenden Glied des sozialistischen Wirtschaftssystems sollte »der Betrieb als selbständiges, vom Staate abgesondertes ökonomisches Subjekt, das in den Bindungen der Marktwirtschaft wirken wird, dem Druck des Wirtschaftswettbewerbes ausgesetzt«, werden. Es wurde die Existenz großer Staatsbetriebe (Energie, Rohstofförderung, Transport u. ä.), autonomer Nationalbetriebe, genossenschaftlicher Betriebe und kleiner Privatbetriebe (im wesentlichen im Dienstleistungssektor) vorausgesetzt. Das Zentrum der ökonomischen Macht, d. h. auch das Planungszentrum, sollte grundsätzlich eine andere Funktion als im Sowjetsystem haben: durch seine Vermittlung sollte die politische Macht nicht die Regulierungsfunktionen des Marktes und des Kapitals ersetzen, sondern »mit Hilfe ökonomischer Regeln und Instrumente auch des gesamtgesellschaftlichen Planes den allgemeinen Rahmen der Betriebsentscheidungen« bilden und grundsätzlich indirekt, also nicht durch Machtdirektiven und Autonomiebeschränkungen, in der Richtung wirken, daß die autonomen Wirtschaftssubjekte in der Praxis im Einklang mit politischen Präferenzen handelten. Dort, »wo die Präferenzen sozialer oder humaner Werte notwendig sind, wie es bei Lebensumwelt, Kultur usw. der Fall ist«, sollte dieses Zentrum vor allem Wirtschaftsbarrieren gegen den unerwünschten Druck der Marktinteressen u. ä. bilden[21].

Zur Grundform der Leitung sozialistischer Betriebe sollten die Organe der Betriebsselbstverwaltung werden. Angesichts jugoslawischer Erfahrungen sah man jedoch in diesen Organen kein Allheilmittel, weder für die Wirtschaftsentfaltung noch für die politische Demokratie[22].

Mit der Durchführung dieser Reformen würde ein relativ breiter Raum für das *autonome Verhalten* ökonomischer Subjekte entstehen, die dabei Subjekte verschiedener Formen des kollektiven Eigentums bleiben würden. Im Rahmen dieses Raumes wäre dabei die politische Macht von der wirtschaftlichen Macht getrennt, ähnlich wie in dem System des Privateigentums: innerhalb dieses Raumes wäre das Verhalten der Menschen als »Bediensteten«, also im Lohnarbeitsverhältnis, einem *anderen* Subjekt untergeordnet (dem Betrieb und den Organen der wirtschaftlichen Regulierung) als ihr Verhalten als »Staatsbürger«. Die Produktionskollektive und andere soziale Kollektive, gebildet im Rahmen der ökonomischen Gesellschaftsverhältnisse, würden so eine relativ autonome Existenzgrundlage erhalten, unabhängig vom Willen und den direkten Direktiven der politischen Macht. Dadurch würden sich jedoch qualitativ auch die Beziehungen verändern, die wir als außerordentliche Abhängigkeit der sozialen Position gesellschaftlicher Gruppen und Einzelpersonen von der politischen Macht charakterisierten: gemeinsam mit der ökonomischen Basis der Autonomie würde auch die soziale Autonomie entstehen, notwendig für das Funktionieren des pluralistischen politischen Systems. Die soziale Differenzierung würde dabei weiterhin aus den kollektiven Eigentumsformen entspringen.

2. *Die Konzentration der Macht* in den Händen des Apparats der kommunistischen Partei und die Zentralisierung der Entscheidungsprozesse überwanden die Reform durch einen ganzen Komplex von Eingriffen in die institutionalen Strukturen sowjetischen Typs:

Die Reform hat die *Existenz der Zentren der absoluten Macht* auf dem Boden der kommunistischen Partei *abgeschafft.* »Die Politik der Partei geht von der Forderung aus«, – stand im Aktionsprogramm der KPTsch, – »daß es in dem gesamten Staatsmechanismus zu keiner allzugroßen Konzentration der Macht in einem Gliede, in einem Apparat oder bei einer Einzelperson kommt.« Dieses Programm formulierte auch die Grundsätze, die dies garantieren sollen: es handelte sich im wesentlichen um einen Komplex von Prinzipien der Gewaltenteilung, der Unabhängigkeit der Gerichte und weitere Prinzipien, die in dem Modell des Rechtsstaats westeuropäischen Typs bekannt sind. Alle Organisationen des politischen Systems (von den Gewerkschaften bis zu den Interessenorganisationen) sollten eine selbständige Position, insbesondere in dem Sinne haben, daß ihre Funktionäre nicht von außen eingesetzt werden sollten (durch den Parteiapparat), sie sollten eine tatsächlich freiwillige Mitgliedschaft als Grundlage haben und sich bei ihrem eigenen organisatorischen Aufbau sowie bei der Bildung ihrer Entscheidungen durch einen Komplex demokratischer Grundsätze leiten lassen.

Die Frage, wie die kommunistische Partei ihre Monopolstellung aufgeben sollte, die es unmöglich macht, bei den Wahlen eine oppositionelle politische Alternative zur Geltung zu bringen, wurde jedoch durch die reformkommunistische Konzeption nicht im Sinne des Pluralismus politischer Parteien gelöst. Die nichtkommunistischen politischen Parteien konnten auch im Falle der Bildung neuer Parteien nur im Rahmen der Institution der sogenannten Nationalen Front wirken, die als ein Ganzes die »führende Zelle« der kommunistischen Partei anerkennen sollte. Mit dieser Beschränkung der Autonomie sollten jedoch zum Unterschied vom sowjetischen System auch andere politische Parteien und ebenso andere politische Organisationen der Nationalen Front (Gewerkschaften, Organisationen genossenschaftlicher Bauern, der Jugend, der Frauen, Verbände, die einige Gruppen der Intelligenz organisierten, große Interessenorganisationen usw.) die Position von Partnern der regierenden kommunistischen Partei haben. Es handelte sich im Grunde um den Versuch, die kommunistische Partei zwar nicht dem politischen Druck auszusetzen, der sie von der Macht vertreiben könnte, aber gleichzeitig bis zu dieser Grenze den Druck auch opponierender sozialer Kräfte zuzulassen. Es handelte sich also um keine pluralistische politische Demokratie westeuropäischen Typs, aber es war gleichzeitig nicht mehr das sowjetische politische System. Die Perspektiven der tatsächlichen Entwicklung in dieser Frage, die die Reform geöffnet hätte, waren bestimmt widersprüchlich und sie werden im Bereich theoretischer Hypothesen bleiben, denn die gewaltsame Unterdrückung der gesamten Reform ermöglichte es nicht, sie in der Praxis zu überprüfen[23].

Fest steht jedoch, daß nicht nur entsprechend dem Programm der Reform, sondern auch in der Praxis einige Monate kein Zentrum absoluter Macht in Gestalt des Politbüros und des Sekretariats der

Partei mehr vorhanden war: diese Machtorgane behandelten zwar in der Praxis weiterhin verschiedene Fragen ohne Rücksicht auf die Grenzen, gezogen durch die Gewaltenteilung und die rechtlichen Kompetenzen, aber in Wirklichkeit konnten sie ihre Entscheidungen nicht mehr einfach mit Hilfe von Direktiven und Befehlen durchsetzen. Auch die durch viele Beschränkungen eingeengte Autonomie anderer Institutionen – von den staatlichen bis zu den gewerkschaftlichen – war so groß, daß im Falle eines Konflikts das kommunistische Machtzentrum außerhalb der kommunistischen Partei den Weg des Übereinkommens und des Kompromisses suchen mußte.

Diese Veränderungen hoben auch die Zentralisierung des Entscheidungsprozesses in jener Form auf, wie sie im Sowjetsystem vorhanden ist.

3. Die grundlegenden Änderungen im Bereich ökonomischer und politischer Verhältnisse brachten es mit sich, daß die Reform auch die *übrigen hauptsächlichen Koppelungen* des sozialpolitischen Systems sowjetischen Typs veränderte: der Mechanismus des politisch-polizeilichen Terrors wurde praktisch vollständig ausgeschaltet, die Informationsisolierung überwunden und man begann, institutionelle Formen einer wirksamen Rückkoppelung zwischen der politischen Macht und der Gesellschaft zu bilden. Eine entscheidende Bedeutung für diese Entwicklung hatte in der Tschechoslowakei die *Freiheit des Wortes und der Presse.*

Die Abschaffung der Zensur (zuerst die faktische, später auch die rechtlich verankerte) machte aus den Massenmedien (Fernsehen, Rundfunk und der Presse) den bedeutendsten Mechanismus für die gesamte politische Bewegung im Lande: es kam hier zur Vereinigung und zur Konfrontation der Reformmaßnahmen »von oben« mit dem starken und widersprüchlichen Druck gegen das Sowjetsystem »von unten«. Das brachte auf der einen Seite sehr oft schwierige Situationen für die reformkommunistische politische Führung, auf der anderen Seite beschleunigte es jedoch ungewöhnlich den gesamten Prozeß der Änderung des Systems. Die Tatsache, daß es unmöglich geworden war, diesen Prozeß durch innere Kräfte anzuhalten und den Fortbestand des Systems des sowjetischen Typs sicherzustellen, war größtenteils das Ergebnis dieser Freiheit des Wortes und der Presse. Der Druck »von unten« wirkte auf diese Weise gewiß nicht weniger stark als Massendemonstrationen, Streiks oder Aufstände in den Nachbarländern im Jahre 1956. Er machte die Mechanismen der totalen Kontrolle durch das Zentrum

der absoluten Macht unwirksam. Jedoch führte er nicht zu Konflikten des gleichen Typs wie organisierte Demonstrationen der Bevölkerungsmassen: er erleichterte Übereinkommen und Kompromisse und bildete anstelle einer Atmosphäre sofortiger Konfrontation eine Atmosphäre dauerhafter politischer Diskussion über verschiedene Lösungsmöglichkeiten. Es ist begreiflich, daß in dieser Situation auch ein weiterer Wesenszug des Sowjetsystems unwirksam wurde – der Vorrang der Monopolideologie und die Unterdrückung kritischer und oppositioneller Ideen.
Die wirksamen Rückkoppelungen zwischen der politischen Macht und der Gesellschaft wurden während der Reformmonate vor allem mit Hilfe der Presse und der öffentlichen Meinung erreicht. Das Reformprogramm beinhaltete zwar auch die Forderung, diese Rückkoppelungen in verschiedenen Formen zu institutionalisieren, beginnend mit einem neuen Wahlsystem bis zu dem neuen Versammlungs- und Vereinigungsrecht[24]. Diese institutionalisierten Formen wurden in der Praxis jedoch noch nicht gebildet und die hauptsächliche Rückkoppelung bildeten die Massenmedien – mit allen daraus beträchtlichen Nachteilen für die Stabilisierung des bereits demokratischen (nicht des alten sowjetischen) Systems. Unter anderem auch aus diesem Grunde wird der »Prager Frühling« bis heute oft als eine »Revolution der Worte« und überwiegend als eine Angelegenheit der Intellektuellen beurteilt. Das verzerrt die tatsächliche Bedeutung der programmatischen, wie auch der bereits verwirklichten Systemänderungen in der Tschechoslowakei des Jahres 1968.
Das Reformprogramm wollte auch die Verbindung des Systems der Selbstverwaltung in den Betrieben mit dem System politischer Vertretungsorgane von den Bezirksnationalausschüssen bis zum Parlament. Es sollten Vertretungskörperschaften mit zwei Kammern entstehen, von denen die eine Kammer aus Abgeordneten gebildet werden sollte, die durch die Selbstverwaltung in den Betrieben gewählt werden sollten. Die Konzeption der Reform verfolgte damit zwei Hauptziele: sie wollte die Repräsentanten der Selbstverwaltung aus den hauptsächlichen Bereichen, aus der Industrie, der Landwirtschaft, dem Gesundheitswesen, dem Schulwesen und der Kultur in die staatlichen Vertretungsorgane einbeziehen und damit erreichen, daß über Probleme, die bei politischen Entscheidungen diese Bereiche direkt betreffen, diejenigen entscheiden, die »geleitet werden sollen«; das zweite Ziel war, die Tendenz zur Entstehung eines politischen Systems mit mehre-

ren Parteien dadurch zu bremsen, daß eine reale Möglichkeit geboten wurde, wichtige Entscheidungen zu beeinflußen ohne politische Parteien einzuschalten. In diesen Konzeptionen spiegelte sich teilweise der Einfluß des jugoslawischen Modells wider, aber als Ganzes sollte sich das politische System auch von diesem Modell durch größere institutionale Garantien für den Pluralismus im politischen Bereich unterscheiden[25].

Im Verlauf der acht Monate des »Prager Frühlings« kamen jedoch diese institutionalen Formen praktisch nicht zustande. Die Selbstverwaltungen in den Betrieben bildeten sich zwar noch 1969, man versuchte aber nicht mehr, eine Verbindung zu den politischen Entscheidungsorganen herzustellen. Mitte dieses Jahres wurden sie aufgelöst.

Wenn wir den Versuch zur Änderung des Systems sowjetischen Typs in der Tschechoslowakei 1968 beurteilen wollen, ist es notwendig, ohne Rücksicht auf die schließliche Niederlage anzuerkennen, daß dies *im Rahmen des Sowjetblocks der folgerichtige Versuch zu einer Systemänderung* war, ausgeführt von reformkommunistischen Kräften. Es besteht kein Zweifel darüber, daß es in der Tschechoslowakei nicht mehr zur Restauration des sozialpolitischen Systems sowjetischer Art gekommen wäre, hätten die Armeen des Warschauer Pakts diesen Versuch nicht gewaltsam beendet. Das bedeutet selbstverständlich nicht, daß der weitere Entwicklungsprozeß nicht ernsthafte wirtschaftliche, soziale und politische Schwierigkeiten und Widersprüche hervorgerufen hätte. Man kann auch nicht behaupten, daß die reformkommunistische Konzeption selbst dabei keine Änderungen durchgemacht hätte. Wollte die kommunistische Partei sich in der Position der regierenden Partei in dem Sinne, in dem sie selbst die eigene Reform vorlegte, halten, so wäre sie wahrscheinlich ab Herbst 1968 gezwungen gewesen, den Einfluß sozialpolitischer Kräfte, die eine Überschreitung politischer Grenzen ihres Programms anstrebten, zu beschränken, und zwar auch mit Machtmitteln. Das hätte Konflikte hervorgerufen, die auch zu einer rückläufigen Bewegung hätten führen können. Es scheint jedoch wahrscheinlich, daß der Widerstand gegen die reformkommunistische Konzeption nicht eine solche soziale Kraft erreicht hätte, daß diese Konzeption in den Wesenszügen nicht hätte durchgesetzt werden können.

Auch in diesem Falle wäre es jedoch eine Konzeption von Veränderungen des sozialpolitischen Systems gewesen, die eine *neue dynamische Entwicklung des Systems öffnete*. Der Erfolg einer so konzipierten Reform hätte den nicht gewaltsamen und schrittweisen *Untergang* des sozialpolitischen Systems sowjetischen Typs bedeutet, seine schrittweise qualitative Änderung. Die Frage, die bis heute oft gestellt wird – ob nämlich die Systeme der sowjetischen Art reformiert werden können –, wurde hier bereits in der Andeutung durch die praktische Entwicklung beantwortet: Durch Reformen kann man unter gewissen Bedingungen den Prozeß auch solcher Änderungen ihrer grundlegenden Systemkoppelungen beginnen, die schrittweise zur Bildung sozialpolitischer Systeme neuer Qualität führen würden.

Die reformkommunistische Konzeption zur Krisenbewältigung im Sowjetsystem war also in Wirklichkeit keine Konzeption, die imstande gewesen wäre, dieses System zu *stabilisieren*, zumindest wie sie in der Praxis in den Sowjetsystemen im Laufe der ersten Hälfte der siebziger Jahre ausgesehen hatte. Da diese Konzeption in der Tschechoslowakei zu einem Zeitpunkt kam, in dem die UdSSR, wie auch die anderen Länder des Sowjetblocks schon die Beendigung der Experimente und die Konsolidierung des Systems in dem Zustand der erreichten teilweisen Änderungen anstrebten, mußte sie den Widerstand der Machteliten im gesamten Sowjetblock gegen sich mobilisieren. Besonders stark war dieser Widerstand in den beiden Nachbarstaaten, deren Führungen sich durch eine mögliche tschechoslowakische »Ansteckung« direkt bedroht fühlten – in Polen und in der DDR.

Dieser innenpolitisch motivierte Widerstand im Sowjetblock verband sich mit dem Widerstand gegen die tschechoslowakische Reform, der aus Befürchtung vor einer Bedrohung der sowjetischen Hegemonie und aus der Angst vor den internationalen Folgen des Erfolgs dieser Reform wuchs. Deshalb wurde sie militärisch unterdrückt.

Durch die militärische Intervention der UdSSR mit einer eher symbolischen Teilnahme der Armeen Polens, der DDR, Bulgariens und Ungarns im August 1968 endet so im Rahmen des gesamten Sowjetblocks definitiv die Zeitspanne, in der Wege zur Bewältigung der Krise des stalinistischen Systems in einer Weise gesucht wurden, die auch zur qualitativen Änderung grundlegender Koppelungen des sozialpolitischen Systems des sowjetischen Typs überhaupt hätten führen können, das heißt zur Abschaffung des totalitären Charakters der politischen Macht in diesen Systemen.

In mancher Hinsicht tatsächlich geändert, aber in den grundlegenden systembedingten Koppelungen stabilisiert, überdauerte das sozialpolitische System des sowjetischen Typs die fünfzehnjährige Zeitspanne nach dem Tode Stalins. Die weiteren beinahe fünfzehn Jahre seiner relativen Stabilisierung bedeuteten im Gegenteil eine Krise der reformkommunistischen Konzeption seiner Änderung: der Einfluß dieser Konzeption als eines Faktors der praktischen Politik sank immens ab.

Auch die Anziehungskraft des jugoslawischen »Modells des Sozialismus« verminderte sich in den Ländern des Sowjetblocks. Obwohl die positiven Unterschiede im wirtschaftlichen und politischen Bereich im Vergleich mit dem Sowjetsystem andauern, sind dennoch auch Widersprüche und Probleme offensichtlich, die in den beiden Typen der Systeme gleich sind. Weder durch eine tatsächliche Entfaltung der jugoslawischen Wirtschaft noch durch die Ausmaße politischer Freiheiten bildete das sozialpolitische System in Jugoslawien einen Zustand, der in den Ländern des Sowjetblocks mit der Anziehungskraft eines Ideals wirken würde. Im Rahmen dieser Arbeit kann man nicht den Anteil analysieren, den an diesem Ergebnis vielleicht die systemabweichenden Züge des jugoslawischen Modells haben. Wahrscheinlich sind die Hauptursachen des gegenwärtigen Zustands im Gegenteil einige systembedingte Züge, die in den beiden Systemen identisch sind. Es bleibt jedoch die Tatsache, daß es in den Ländern des Sowjetblocks weder innerhalb der Machtelite noch auf der Seite der beherrschten sozialen Kräfte der Gesellschaft irgendwelche bedeutendere politische Strömungen gibt, die den Ausweg für eine weitere Entwicklung der Sowjetsysteme in ihrer Anpassung an das jugoslawische »Modell des Sozialismus« sehen würden.

Der politische Einfluß der reformkommunistischen Orientierung verstärkte sich hingegen nach 1968 in der kommunistischen Bewegung Westeuropas; das wird im Zusammenhang mit den internationalen Faktoren der Krise der Sowjetsysteme behandelt werden.

KAPITEL II
Relative Stabilisierung sowjetischer Systeme in den 70er Jahren. Der Zusammenbruch stabilisierender Mechanismen in Polen 1980

1. Ökonomische und soziale Stützen relativer politischer Stabilisierung

Seit der zweiten Hälfte der 60er Jahre verläuft die wirtschaftliche Entwicklung im gesamten Sowjetblock, d. h. in den Ländern, die im Rahmen des Rates der Gegenseitigen Wirtschaftshilfe (RGW) vereint sind, bis Mitte der 70er Jahre insgesamt günstig. Nach dem Jahre 1975 beginnen sich zwar bereits schrittweise zahlreiche Wirtschaftschwierigkeiten anzuhäufen, aber die Anzeichen eines Krisenzustandes erscheinen markanter erst Ende der 70er und Anfang der 80er Jahre. Wenn wir das Wachstum des produzierten Nationaleinkommens in den RGW-Ländern verfolgen, kann man diese Wirtschaftsentwicklung sehr anschaulich beobachten[26]:

Entwicklung des produzierten Nationaleinkommens im RGW in den Jahren 1956–1980

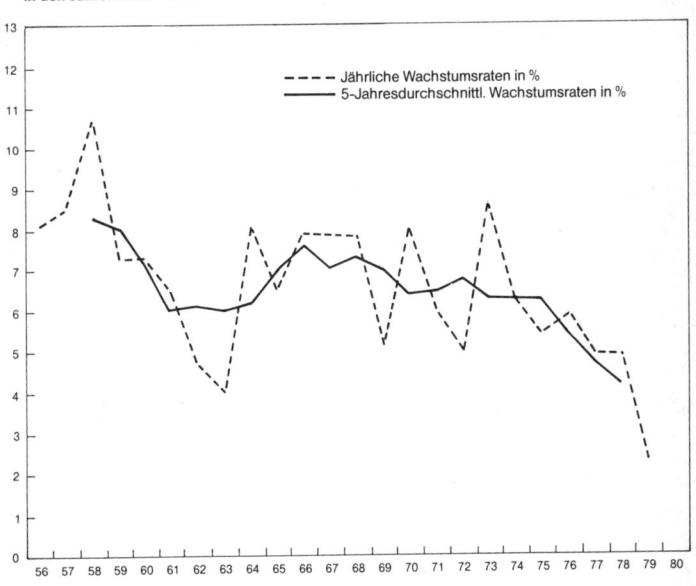

- - - - Jährliche Wachstumsraten in %
——— 5-Jahresdurchschnittl. Wachstumsraten in %

Im Rahmen dieser Arbeit können die ökonomischen Ursachen dieser Entwicklung, die in der Fachliteratur untersucht wurden, nicht analysiert werden[27].
Allgemein wurde jedoch diese günstige Entwicklung durch drei Hauptfaktoren getragen: Die Investitionswelle vom Ende der 50er und Anfang der 60er Jahre, die unrealistisch die Wirtschaftsmöglichkeiten der Sowjetsysteme überschätzte und zuerst zum Absinken des Wachstums führte, wirkte sich seit der zweiten Hälfte der 60er Jahre günstig aus: neue Kapazitäten wurden in Betrieb genommen[28]. Positiv machten sich auch die Teilreformen der zentralistischen direktiven Leitung der Wirtschaft bemerkbar, die bis zur Hälfte der 70er Jahre fortgesetzt wurden; positiv wirkten die Wirtschaftsbeziehungen zwischen dem Osten und dem Westen, insbesondere bis zur Rezession im Westen 1974-1975[29].
Obwohl auch in dieser Entwicklungsphase die systembedingten Hindernisse einer dynamischen Entwicklung industrieller Gesellschaft nicht verschwanden, vor allem das Fehlen einer intensiven Wirtschaftsentwicklung, gestützt auf das Wachstum der Arbeitsproduktivität, auf technische Innovationen usw., trat die Wirtschaft sowjetischen Typs in ein neues Entwicklungsstadium. Man kann es als die Entfaltung der *Konsumorientierung* in modernen industriellen Gesellschaften bezeichnen. Die Hauptfaktoren, bekannt aus westlicher industrieller Gesellschaft seit der Mitte der 50er Jahre, kommen mit einer rund zehnjährigen Verspätung auch in den Gesellschaften sowjetischen Typs zur Geltung. Zwar tritt beim Vergleich dieser Gesellschaften mit entwickelten industriellen Ländern des Westens offenkundig ihre Rückständigkeit bezüglich der Menge, des Sortiments und auch des technischen Niveaus der Waren, die auf dem Markt den Konsumenten angeboten werden, hervor. Doch kann man beim Vergleich der Entwicklungsetappe vor und nach 1965 innerhalb der Sowjetsysteme selbst dennoch einen bedeutenden qualitativen Unterschied beobachten
Das Wachstum des materiellen Lebensniveaus, beginnend mit der Versorgung mit Nahrungsmitteln, über industrielle Waren für kurzfristigen Konsum bis zu Erzeugnissen wie Kühlschränke, Waschmaschinen, Fernsehapparate, Personenautos und zur markanten Besserung der früher katastrophalen Wohnungslage ist in dieser Entwicklungsphase eine unbestreitbare Tatsache. In den verschiedenen Ländern des Sowjetblocks ist selbstverständlich das tatsächliche Lebensniveau sehr unterschiedlich. Das, was ein

Bürger der UdSSR als eine Verbesserung erachtet, würde in der DDR oder in der Tschechoslowakei zu Unzufriedenheit und Kundgebungen führen. Die Einwohner eines jeden Landes im Sowjetblock fassen jedoch im Vergleich zu ihrer eigenen Vergangenheit in dieser Entwicklungsphase die wirtschaftliche Entwicklung als aufsteigend auf. Ihr materielles Lebensniveau, gemessen an der eigenen Erfahrung, ist nicht nur erträglich, sondern besser als in der Vergangenheit.

Der Komplex *sozialer Sicherheiten*, die traditionsgemäß durch Sowjetsysteme gewährt werden: Verschwinden der Arbeitslosigkeit, staatliche Gesundheitspflege und Altersversicherung, eine gewisse Höhe sozialer und kultureller Dienstleistungen, spielt in dieser Entwicklungsphase ebenfalls eher eine größere Rolle als in der Vergangenheit. Das Niveau der sozialen Dienste steigt zwar langsam, aber stetig in der Mehrheit der Länder des Sowjetblocks. Etwa bis zur Hälfte der 70er Jahre gibt es im Sowjetblock, mit Ausnahme von Polen 1970, keine bedeutende Unzufriedenheit breiter Bevölkerungsschichten mit der Wirtschaftslage; auch später, als sich die Unzufriedenheit bereits äußert (wiederum Polen 1976; Arbeiterstreiks in Rumänien und in einigen Gebieten der UdSSR) bildet die Wirtschaftslage noch keine Basis für eine sozialpolitische Systemkrise. Im Gegenteil – das Wirtschaftswachstum ermöglicht im Laufe der 70er Jahre diesen Systemen insgesamt eine politische Stabilisierung.

Der Mechanismus dieser Stabilisierung scheint in den allgemeinen Zügen dem Mechanismus ähnlich zu sein, der die westeuropäische industrielle Gesellschaft gegen Ende der 50er Jahre stabilisierte: Konformismus und Adaptierung gegenüber dem bestehenden System gewähren dem einzelnen und den sozialen Gruppen sichtbare materielle Vorteile. In den sowjetischen Systemen ist jedoch auch während der Zeit des größten Wirtschaftswachstums die Konsumorientierung der Bevölkerung dauerhaft an einen Markt gebunden, der Mangelerscheinungen aufweist.

Scheinbar schließen sich diese beiden Züge der Entwicklung gegenseitig aus. Gemessen an der Realität westlicher Gesellschaften würde es plausibel scheinen, daß ein Markt mit Mangelerscheinungen zu Massenstimmungen führt, die kritisch gegen das vorhandene System gerichtet sind. In der sowjetischen Realität kommt es zu wesentlich anderen Folgen. Der Markt mit Mangelerscheinungen führt dazu, daß es in vielen Fällen für den Verbraucher nicht genügt, genug Geld zu haben: er muß darüber hinaus in irgendeiner Weise gegenüber den anderen Konsumenten bevorzugt werden. Diese besitzen ebenfalls genug Geld – weil der Markt mit Mangelerscheinungen einfach außerstande ist, die gesamte kauffähige Nachfrage zu befriedigen. Das Geld bleibt also eine unerläßliche Voraussetzung. Nur so ist beispielsweise die materielle Stimulierung im Arbeitsprozeß allgemein gesichert. Außerdem müssen aber andere Anreize eingesetzt werden, die eine Bevorzugung des einen in der Konkurrenz mit anderen Konsumenten darstellen.

Grundsätzlich gibt es in den sowjetischen Gesellschaften dazu zwei Möglichkeiten: die Positionierung von Einzelpersonen oder sozialen Gruppen in gewissen *informellen* Strukturen und Beziehungen, die ihnen Vorteile auf dem Markt gegenüber den übrigen Konsumenten verleiht; oder die offizielle Besserstellung, die man mittels eines vorteilhaften *politischen Statuts* sowohl von einzelnen als auch von gewissen sozialen Gruppen erreicht.

Die informellen ökonomisch-sozialen Strukturen und Verhältnisse bilden in den Gesellschaften sowjetischen Typs eine sogenannte »zweite«, nichtoffizielle Wirtschaft: dies ist der durch die offizielle politische Macht zwar nicht anerkannte, in der Praxis jedoch tolerierte Markt der Erzeugnisse und der Markt der Arbeit. Außerhalb der Planungsmacht der staatlichen Wirtschaftsleitung kommt es hier zum Tausch von Erzeugnissen, vor allem derer, die auf dem offiziellen Markt Mangelware sind, und auch zum Tausch von Arbeitstätigkeiten, am häufigsten der qualifizierten Handwerkerarbeit, aber auch sonstiger Tätigkeiten. In dieser nichtoffiziellen Ökonomik in den Sowjetsystemen werden verschiedene Elemente vereint: das Element des »schwarzen Markts«, der Spekulation und der Korruption, die in jeder administrativ geleiteten Mangelwirtschaft, etwa im Krieg, blüht; das Element des privaten (winzigen) Unternehmertums im Bereich der Kleinproduktion, der Dienstleistungen und des Handels; und schließlich das für den sowjetischen Typ der Wirtschaft spezifische Element: der »sozialistische Sektor« (das Material und die Arbeitszeit) wird privat genützt und die Planungsvorschriften werden seitens staatlicher und genossenschaftlicher Betriebe zur Befriedigung ihrer eigenen Interessen und Bedürfnisse umgebogen.

Es gibt keine verläßlichen statistischen Angaben und Wirtschaftsanalysen, die den Umfang und die tatsächliche Wirtschaftsbedeutung dieser nichtoffiziellen Ökonomik in den Ländern des Sowjetblocks aufzeigen würden; auf der Basis von Teiluntersuchungen[30] und aus Beobachtungen der Praxis kann man schätzen, daß rund 40 Prozent oder auch mehr der wirtschaftlich tätigen Bevölkerung in irgendeiner Weise an wirtschaftlichen Tätigkeiten in diesem Umkreis ökonomisch-sozialer Beziehungen direkt teilnehmen. Die Position der einzelnen und sozialer Gruppen – beispielsweise bestimmter Professionen wie der Maurer, Installateure, Automechaniker, aber auch der Ärzte u. a. – in diesen Beziehungen ist für sie sehr wichtig und gibt ihnen Vorteile als Konsumenten. Im Bereich der nichtoffiziellen Ökonomik werden zum beträchtlichen Teil die Erzeugnisse und Tätigkeiten (Dienstleistungen) verteilt oder umverteilt, die auf dem offiziellen Markt Mangelware sind.

Vom Gesichtspunkt offizieller Strukturen und Koppelungen des sowjetischen ökonomischen und sozialpolitischen Systems ist die Bedeutung der nichtoffiziellen Ökonomik widersprüchlich. Auf der einen Seite erschwert ihr Vorhandensein das störungsfreie Funktionieren offizieller Strukturen. Auf der anderen Seite stellt jedoch die nichtoffizielle Ökonomik einen *Stabilisierungsfaktor* des Systems dar: sie sichert das Funktionieren in vielen Bereichen, in denen die offiziellen Strukturen dazu außerstande sind. Sie mindert schließlich soziale Spannungen, die sonst anwachsen würden, und sie gibt gleichzeitig breiten Gruppen der Bevölkerung die Möglichkeit, ihre privaten Lohn- und Konsuminteressen im Rahmen des vorhandenen Systems zu befriedigen. Die nichtoffizielle Ökonomik ist deshalb in den sowjetischen Systemen auf der einen Seite unablässig Gegenstand propagandistischer Angriffe als eine Erscheinung, die »dem Sozialismus fremd« und »unmoralisch« ist u. ä., auf der anderen Seite wird sie jedoch in der Praxis toleriert. Im Vergleich mit den 50er Jahren entfaltete sie sich in den folgenden Jahrzehnten außerordentlich, und in der Stabilisierungsphase der Sowjetsysteme stieg ihre Bedeutung unentwegt.

Mit ihrer Teilnahme an den Strukturen nichtoffizieller Ökonomik paßt sich jedoch ein beträchtlicher Teil der Gesellschaften sowjetischen Typs in Wirklichkeit auch an das offizielle sozialpolitische System, dessen organischen Bestandteil und direkte Frucht die nichtoffizielle Ökonomik bildet, an.

Materielle Bedürfnisse und Interessen, die zu einem Widerstand gegen das Sowjetsystem führen würden, wenn sie unbefriedigt blieben, werden wenigstens teilweise und in manchen Fällen sogar außerordentlich vorteilhaft in dieser Sphäre befriedigt. Sie führen zu keinem aktiven Widerstand gegen das gesamte System.

Die zweite grundlegende Art, einen Konsumenten unter den Bedingungen des sowjetischen Mangelmarkts zu bevorzugen, ist der politische Status: verschiedene soziale Gruppen und Schichten, von bestimmten gehobenen Berufen bis zur Machtelite als sozialer Gruppe und die zu ihnen gehörenden Einzelpersonen werden durch die politische Macht zielbewußt privilegiert. Sie haben einen höheren politischen Status als andere Gruppen. Die schreiendste Art solcher Privilegien ist der parasitäre Verbrauch der höheren Schichten der Machtelite, der staatlichen und der Parteibürokratie, der Polizei und der Armeeoffiziere. Er ist gesichert sowohl durch höhere Einkommen, wie auch durch besondere organisatorische Maßnahmen, von der Zuteilung von Wohnungen über Auslandsreisen bis zu Sonderverkaufsstellen von Mangelwaren usw. In Wirklichkeit gibt es jedoch bei weitem nicht nur diese auffälligsten Formen politischer Präferenz.
Die entscheidende Rolle für die Konsumorientierung als politischen Stabilisierungsfaktor spielt im Gegenteil die gegensätzliche Möglichkeit: die Möglichkeit, im Bereich des materiellen Lebensniveaus Leute zu *diskriminieren*, deren politischer Status »negativ« ist. Die Privilegien, die aus politischen Gründen der Machtelite gewährt werden, sind für die große Mehrheit der Gesellschaft sowieso praktisch unerreichbar. Ein jeder von dieser Mehrheit kann jedoch durch Diskriminierung betroffen werden, wenn sein politischer Status unter das Niveau des erforderten »Mindestsolls« absinkt. Damit dies nicht geschieht, erfordert das Sowjetsystem nicht allzu viel - es genügt die passive Loyalität ihm gegenüber, die Annahme der »Spielregeln«, die das System erfordert: keine aktive Form der Nichtübereinstimmung, die Teilnahme an verschiedenen für den »Durchschnittsbürger« bestimmten Formen des Rituals der politischen Loyalität (Mitgliedschaft in offiziellen Organisationen, Teilnahme an Wahlen sowjetischen Typs, äußere Billigung der offiziellen-ideologisch politischen Kundgebung der Macht usw.).
Wer jedoch diese Grundregeln verletzt, und zwar insbesondere zum wiederholten Male oder in einer markanteren Form, riskiert den Ausschluß aus dem Umkreis derer, die überhaupt eine Chance haben, an den materiellen Bezügen der Konsumgesellschaft sowjetischen Typs teilzunehmen. Seine arbeitsmäßige Einreihung und die offiziellen Möglichkeiten werden auf einer so niedrigen Stufe bleiben, daß er damit weder für sich noch für seine Familie das statistisch durchschnittliche Lebensniveau auf dem

allgemeinen Mangelmarkt wird sichern können; ihm wird üblicherweise auch der Zutritt in die Sphäre der nichtoffiziellen Ökonomik versperrt bleiben. Denn in seinem Falle würde man alles als eine strafbare Handlung beurteilen, was bei anderen toleriert wird; in Grenzfällen können auch seine grundlegenden sozialen Sicherheiten gefährdet werden. Er wird beispielsweise arbeitslos, obwohl es Arbeitslosigkeit als soziale Erscheinung in dem System nicht gibt.

Nur das System ist fähig, so direkt, folgerichtig und organisiert jeden einzelnen zu treffen, und die Mechanismen der Konsumgesellschaft dadurch mit den Interessen der politischen Macht zu vereinen. Dazu ist die völlige Fusionierung der politischen und der ökonomischen Macht notwendig. Gleichzeitig braucht man dazu einen umfangreichen Apparat der politisch-polizeilichen Aufsicht über die gesamte Gesellschaft, der alle einzelnen Fälle von Verletzung der »Spielregeln« der politischen Loyalität feststellen kann und gegen die Handelnden wirksam vorgeht. Die Systeme sowjetischen Typs verfügen voll über diese beiden Voraussetzungen auch in ihrer poststalinistischen Form.

Unter Bedingungen einer ruhigen Entwicklung, ohne bedrohliche Eruptionen und unter der Voraussetzung, daß das ökonomische Wachstum gesichert ist, funktionieren diese Beziehungen zwischen der Konsumorientierung breiter Schichten sowjetischer Gesellschaft und der politischen Stabilisierung des sozialpolitischen Systems insgesamt kontinuierlich: sie sichern die passive Loyalität und teilweise auch die aktive Unterstützung des Systems in den entscheidenden sozialen Schichten. Der Apparat der politisch-polizeilichen Aufsicht wird nur gegen zahlenmäßig kleine Gruppen aktiver oppositioneller Kräfte in Gang gebracht, beispielsweise gegen die »Dissidenten« der 70er Jahre in der UdSSR und anderen Ländern des Sowjetblocks. Seine wirklichen Möglichkeiten, auch im großen gesellschaftlichen Ausmaß einzugreifen, bleiben verborgen.

Diese Möglichkeiten äußern sich jedoch, sobald die Stabilität des Systems durch einen Widerstand stärkerer sozialer Kräfte bedroht wird. Ein anschauliches Beispiel dafür bildet die Zeitspanne der »Normalisierung« der Verhältnisse in der Tschechoslowakei nach der sowjetischen Militärintervention in den Jahren 1970-1971. In dieser Zeitspanne wurden rund 250 000 Personen (mit den Mitgliedern ihrer Familien also rund eine Million) ökonomisch und beruflich von einer Degradierung auf niedrigere und niedrigste

Stufen der professionell-sozialen Einstufung deshalb betroffen, weil ihr politischer Status infolge ihrer Unterstützung der Reformpolitik im Jahre 1968 »negativ« geworden war. Bei der Gesamtzahl der Bevölkerung von rund 14 Millionen bedeutete dieses, daß in der nächsten Umgebung jeder Familie ein »abschreckendes Beispiel« für die anderen da war. In sozialen Schichten ursprünglich mittlerer oder höherer sozialer Einstufung war jedoch die Dichte dieser Beispiele größer, unter sozialen Gruppen mit niedrigerer sozialer Einstufung war sie im Gegenteil markant kleiner.

Die Restauration des sozialpolitischen Systems sowjetischen Typs wäre in der Tschechoslowakei ohne den Eingriff fremder Armeen unmöglich gewesen. Diese Restauration konnte jedoch in dieser Form nur unter der Voraussetzung verwirklicht werden, daß der Mechanismus, der die passive Loyalität gegenüber dem restaurierten System mit der Konsumorientierung breiter Bevölkerungsschichten verbindet, wirksam funktionierte. Die offene polizeiliche und gerichtliche Gewalt spielte in diesem Prozeß nur eine zusätzliche Rolle – und nur eine völlig vernachlässigbare Rolle spielte die prosowjetische ideologische Überzeugung eines kleinen Teils der Funktionäre und Mitglieder der kommunistischen Partei (schätzungsweise 15-20 Prozent der Kommunisten).

Die Entwicklung in Polen erwies, daß gerade die Verquickung der Konsumorientierung mit der politischen Loyalität gegenüber dem System die grundlegende Voraussetzung relativer Stabilisierung der Sowjetsysteme in den 70er Jahren war, ebenso anschaulich wie in der Tschechoslowakei. Der Zusammenbruch dieses Mechanismus bildete die Hauptursache des Zerfalls des gesamten Systems. Detaillierter werden diese Fragen im abschließenden Teil dieses Kapitels behandelt werden.

Insgesamt kann also festgestellt werden, daß die ökonomischen und sozialen Verhältnisse, die in den Sowjetsystemen in den Jahren 1965 – 1975 gebildet wurden, nachweislich eine wirksame Stütze der Systemstabilisierung unter folgenden Bedingungen bilden:

1. Das Wirtschaftswachstum muß dauerhaft ein solches Lebensniveau und einen Umfang des materiellen privaten und sozialen Verbrauchs der Mehrheit der Bevölkerung sichern, daß es von ihrem subjektiven Gesichtspunkt für erträglich erachtet wird, wenn sie es mit der vergangenen Erfahrung vergleichen; gleichzeitig muß diese Mehrheit hoffen, daß sich im Rahmen des vorhandenen Systems ihr Lebensniveau nicht verschlechtert.

2. Relativ kleine soziale Gruppen, die durch ihre Tätigkeit aktiv die Stabilität und die Reproduktion des sozialpolitischen Systems sichern, vor allem die Machtelite als soziale Schicht und für das System objektiv wichtige professionelle Gruppen müssen direkt und markant gegenüber den übrigen Verbrauchern bevorzugt werden.
3. Für einen beträchtlichen Teil der ökonomisch tätigen Bevölkerung ist die Möglichkeit vorhanden, Konsumpräferenzen in der Sphäre der nichtoffiziellen Ökonomik zu erreichen.
4. Gruppen und Einzelpersonen, die potentielle Träger der aktiven Opposition gegen das vorhandene sozialpolitische System sind, müssen systematisch und spürbar ökonomisch und beruflich diskriminiert werden.
Völlig grundlegende Bedeutung hat selbstverständlich die erste Bedingung. Aber für das wirksame Funktionieren der ökonomisch sozialen Stützen der Stabilisierung sowjetischer Systeme ist es notwendig, daß alle diese vier Hauptbedingungen gleichzeitig und in gegenseitiger Interaktion wirken. Während der politisch-administrative Apparat die vierte Bedingung ohne Schwierigkeiten sicherstellen kann, indem er in die Verteilung eingreift und – dritte Bedingung – die nichtoffizielle Ökonomik toleriert, kann die wichtigste erste Bedingung in der gegenwärtigen Situation der Sowjetsysteme auf die Dauer nicht ohne ernsthafte Schwierigkeiten und Krisen sichergestellt werden.
Die Ursachen, die zu diesen wirtschaftlichen Schwierigkeiten und Krisen notwendigerweise führen, sind *systembedingt* und sie können ohne qualitative Veränderungen des Systemcharakters nicht beseitigt werden. Dazu verweisen wir auf die entsprechende Literatur[31]. Mit einigen wichtigen Aspekten dieser Problematik werden wir uns noch im Schlußkapitel befassen, im Zusammenhang mit den Entwicklungsperspektiven sowjetischer Systeme.
Wir können wenigstens auf einige Hauptwidersprüche verweisen. Weil die politische Macht sowjetischen Typs seit den 60er Jahren sich auf die Konsumorientierung der Gesellschaft als wichtigsten sozialen Faktor stützte und sich bemühte, die Stabilisierungsfaktoren westlicher industrieller Gesellschaften, das heißt des gegenwärtigen Kapitalismus nachzuahmen, schuf sie zwar eine relativ wirksame, aber innerlich tief widersprüchliche Basis ihrer eigenen Existenz.
Die Konsumorientierung und ihre sozialen Folgen im Lauf der 70er Jahre hielten den totalitären Charakter der sowjetischen poli-

tischen Macht aufrecht und qualitativ unverändert. In der Beziehung zur Wirtschaft bedeutet dies, daß die völlige Verschmelzung der politischen und ökonomischen Macht andauert; sie ist in den Händen eines einzigen souveränen Subjektes konzentriert und zentralisiert, in den Händen der Zentren der absoluten Macht, gebildet auf dem Boden der kommunistischen Partei durch die Verwachsung der Partei-, Staats-, Wirtschafts-, Militär- und Polizeimaschinerie. Damit dieser Charakter der politischen Macht aufrechterhalten werden kann, müssen notwendigerweise weiterhin die politisch-machtmäßigen Präferenzen gegenüber den ökonomischen (wertmäßigen) Beziehungen Vorrang haben. Der ökonomische Reproduktionsprozeß ist als Instrument einem anderen Ziel unterstellt – der Reproduktion der vorhandenen politisch-machtmäßigen Struktur.

Aus diesem Grunde überschritten die ökonomischen Reformen in Sowjetsystemen in den Jahren 1956 – 1980 niemals gewisse Grenzen: es blieb die zentralistische administrativ-direktive Weise der Planung und der Leitung der Wirtschaft bestehen. Die Rolle des Markts in dem ökonomischen Reproduktionsprozeß ist weiterhin begrenzt, so daß die Marktmechanismen die Funktion der Rückkoppelung nicht erfüllen. Die Antwort auf die Frage, was, wie und für wen produzieren, wird durch die Bedürfnisse des Markts, also der Konsumenten nicht so sehr beeinflußt, daß dies dem Zentrum der politischen Macht markante Schwierigkeiten bereiten würde. Für die Wirtschaft werden politische Präferenzen ausschließlich nach den eigenen politisch machtmäßigen Interessen festgelegt. Die Bedürfnisse und die Interessen der Verbraucher spielen so im Reproduktionsprozeß der Ökonomik sowjetischen Typs nur die Rolle eines unterordneten Faktors. Gleichzeitig ist jedoch das gesamte System wissentlich bestrebt, sich eben auf die Konsumorientierung der Gesellschaft zu stützen. Langfristig gesehen verstärkt es so notwendigerweise den grundlegenden Widerspruch: je mehr es diese Konsumorientierung fördert, um so markanter werden die mit ihm verbundenen sozialen Kräfte in Widerspruch mit dem vorhandenen politisch machtmäßigen System und dem ihm dienenden Mechanismus der Planung und der Leitung der Wirtschaft geraten.

Die Krisen, die aus dieser systemimmanenten Spannung entstehen, müssen jedoch nicht notwendigerweise den Zusammenbruch des gesamten Systems bedeuten. Das Sowjetsystem besitzt riesige, anderen Systemen unerreichbare Möglichkeiten der

Manipulation der Gesellschaft, auch der Manipulation der Verbraucher. Die besondere Verbindung der Konsumgesellschaft mit dem Mangelmarkt vergrößert diese Manipulationsfähigkeiten noch. Dennoch bleibt die Tatsache, daß die ökonomischen und sozialen Stützen der Sowjetsysteme, die in den letzten Jahrzehnten gebildet wurden, zu neuen Systemkrisen und zur Notwendigkeit ihrer Bewältigung führen werden. Die Stabilisierung, die in den 70er Jahren erreicht wurde, kann nur als relativ und zeitweilig bewertet werden.

2. Relative Stabilisierung offizieller politischer Strukturen

Nach den Erfahrungen der Entwicklungsphase 1956 – 1964 und besonders markant nach der Erfahrung mit dem »Prager Frühling« 1968 orientierte sich die Machtelite in allen Ländern des Sowjetblocks darauf, die Träger kritischer und gegenüber dem Sowjetsystem latent oppositioneller Tendenzen aus den offiziellen politischen Strukturen des Systems auszuschließen. Die Erfahrung dieser Elite machte die Bestrebungen zur Systemänderung als gefährlichsten destabilisierenden Faktor aus, die legal von verschiedenen Gruppen und Fraktionen in offiziellen Institutionen des Systems getroffen wurden: innerhalb kommunistischer Parteien, innerhalb des politischen und wirtschaftlichen Apparats und auch innerhalb offizieller Institutionen, deren Aufgabe im Sowjetsystem in der Bildung der öffentlichen Meinung besteht (in der Presse, in kulturellen Institutionen u. ä.).
Der Sieg der Konsolidierungslinie wurde deshalb stets durch Säuberungen innerhalb aller offizieller politischer Strukturen begleitet. In der Mehrheit der Länder – einschließlich der UdSSR – verlief dieser Prozeß eher in einer unauffälligen Form: nach dem Sturz von Chruschtschow wurden in aller Stille zuerst in führenden Positionen und dann auch in niedrigeren Gliedern offizieller Strukturen Hunderte von Funktionären abgelöst. Nachher wurde einige Jahre lang schrittweise der Prozeß der Veränderung des politischen Kurses fortgesetzt, begleitet durch notwendige personelle Veränderungen. Soweit es jedoch in dieser Zeitspanne zu einer ernsthafteren Krise des Systems kam, erreichte die Säuberung offizieller Strukturen dramatische Formen einmaliger Aktionen.
So gab es 1968 in Polen eine umfangreiche Säuberung in den Rei-

hen der regierenden Partei, aus der Tausende Mitglieder, die reformkommunistisch orientiert waren, ausgeschlossen wurden. Diese Säuberung wurde offen unter antisemitischen Losungen geführt. Besonders im ideologischen Bereich wurde infolge dieser Säuberung praktisch die legale Äußerung reformkommunistischer Tendenzen unmöglich. Einen außerordentlich großen Umfang erreichte die Säuberung in der Tschechoslowakei nach der Niederlage der Reformpolitik des Jahres 1968: an die 500 000 ihrer Mitglieder wurden aus der kommunistischen Partei ausgeschlossen (rund ein Drittel der Gesamtzahl), die alle selbstverständlich auch aus den bisherigen beruflichen Positionen beseitigt wurden, soweit diese ihre Positionen irgendeine Beziehung zur Tätigkeit offizieller politischer Strukturen hatten.

Im Bereich der Massenmedien, in kulturellen und wissenschaftlichen Institutionen wurde nach 1964 im gesamten Sowjetblock in verschiedener Intensität, aber systematisch Druck ausgeübt, so daß potentielle Träger oppositioneller und kritischer Tendenzen der Möglichkeit beraubt wurden, die öffentliche Meinung zu beeinflussen, oder überhaupt in diesem Bereich zu arbeiten. Es wurde ein Verbot der publizistischen Tätigkeit, der Lehr- oder wissenschaftlichen Arbeit, der aktiven künstlerischen Tätigkeit usw. gegenüber einer außerordentlich großen Zahl von Menschen ausgesprochen. Im Falle der Tschechoslowakei kam es zu Arbeitsentlassungen und zu Berufsverboten in einem außerordentlichen Ausmaß: in manchen wichtigen Institutionen wurden zwischen 50 bis 70 Prozent ihrer bisherigen Mitarbeiter entlassen.

Anfang der 70er Jahre kann man im Rahmen des gesamten Sowjetblocks (bei gewissen Unterschieden zwischen den einzelnen Ländern) die Situation so charakterisieren, daß die gegenüber dem politischen System kritischen und latent oppositionellen Kräfte völlig *aus den offiziellen politischen Strukturen verdrängt wurden*. Dadurch haben sich diese Strukturen im gewissen Sinne stabilisiert, ohne daß die tatsächlichen Widersprüche beseitigt wurden, die schon früher ihre Stabilität störten. Diese Widersprüche konnten sich künftighin innerhalb der offiziellen Strukturen entweder überhaupt nicht mehr oder wenigstens nicht mit Gewicht äußern und zur Geltung bringen. Dadurch ist das Selbstbewußtsein der Machtelite gewachsen und das spielte auch eine Stabilisierungsrolle.

Weil diese Stabilisierung offizieller politischer Strukturen um den Preis der Nichtbeachtung gesellschaftlicher Widersprüche erreicht wurde, bedeutete sie gleichzeitig die Herabsetzung ihrer Fähigkeit, beizeiten auf das Anwachsen dieser Widersprüche zu reagieren. Die ohnedies nicht große Fähigkeit offizieller politischer Strukturen, besonders der kommunistischen Parteien selbst, gesellschaftliche Widersprüche zu spüren und intern verschiedene Alternativen des Vorgehens bei ihrer Lösung zu suchen, sank bedeutend ab, in manchen Fällen hörte sie praktisch auf.

Weil die Träger kritischer und oppositioneller Tendenzen nicht durch stalinistische Formen des politischen Terrors der Einkerkerung und der physischen Liquidierung unterdrückt wurden, bedeutete dieser Prozeß gleichzeitig auch die Entstehung einer zuvor in den Sowjetsystemen unmöglichen Erscheinung: es entstanden – wenigstens andeutungsweise und in kleinem Ausmaß – die ersten Versuche eines *öffentlichen Wirkens* kritischer und oppositioneller Kräfte *außerhalb* der offiziellen Strukturen. Diese Erscheinung wird als »Dissidentenbewegung« bezeichnet. Ihre hauptsächlichen Formen – die sogenannte »Samisdat«-Literatur, mit Schreibmaschine geschriebene Texte, verbreitet in gewissen Kreisen der Bevölkerung, verschiedene Diskussionskreise und insbesondere Gruppen, die öffentlich die Respektierung von Bürgerrechten in den Ländern des Sowjetblocks fordern – verbreiteten sich in den Jahren der Stabilisierung der Sowjetsysteme in ungewöhnlicher Weise (im Vergleich mit der Vergangenheit). Im Rahmen dieser Bewegung begann eine große Zahl von Leuten zu wirken, die früher innerhalb offizieller politischer Strukturen um Reformen bestrebt waren. Insgesamt haben zwar diese Formen kritischer und oppositioneller Aktivität außerhalb offizieller Strukturen in gegenwärtigen Sowjetsystemen nur sehr begrenzte Möglichkeiten. Sie erreichen nur kleine Umkreise, vorwiegend aus den Reihen der Intelligenz und der Jugend. Ihre Bedeutung ist eher moralisch und politisch als machtmäßig. Sie signalisieren jedoch trotzdem die Tendenz, welche sie als Folgen der Bestrebung zur Stabilisierung offizieller politischer Strukturen durch Verdrängung kritischer Kräfte außerhalb ihres Rahmens festigt. Für die Entwicklung in Polen 1980-1981 hatten diese Keimformen der Opposition außerhalb der offiziellen Strukturen schließlich eine sehr reale politische Bedeutung, als das System »von unten« unter Druck geriet.

In ähnlicher Weise wie die offiziellen politischen Strukturen wurde in den Sowjetsystemen im Laufe der 70er Jahre auch die *offizielle Ideologie* stabilisiert. Bei der Stabilisierung dieser Systeme wirkte störend, was wir bereits im Zusammenhang mit der Entwicklung in der UdSSR in den Jahren 1956-1964 erwähnten, konkret im Zusammenhang mit dem »Programm der KPdSU« aus dem Jahre 1961: die offizielle sowjetische Ideologie, der »Marxismus-Leninismus«, konnte unter gewissen Umständen nicht nur Instrument der Festigung, sondern auch der Destabilisierung des Sowjetsystems werden. Diese Ideologie verteidigte traditionsmäßig, markant unter Lenin, potentiell aber auch unter Stalin und wiederum markant unter Chruschtschow die vorhandene Praxis im Namen zukünftiger Ziele. Diese zukünftigen Ziele wurden in der Form ideologisch-theoretischer Hypothesen und Vorstellungen über die kommunistische Gesellschaft formuliert. Formell anerkanntes Kriterium der Richtigkeit der praktischen Politik war grundsätzlich letztendlich der Einklang der Praxis mit den ideologisch-theoretischen Vorstellungen. Im Namen dieser Vorstellungen war es möglich, im gewissen Maße Änderungen der politischen Praxis zu fordern; obwohl solche Möglichkeiten immer sehr beschränkt waren, wurde dennoch prinzipiell zugegeben, daß die kommunistische Theorie der kommunistischen Politik als Richtschnur zu stehen hat.

Diese Situation behinderte oft ein pragmatisches Vorgehen in der Politik – manchmal mit Ergebnissen, die für die Stabilisierung des Systems wünschenswert, ein anderes Mal jedoch nicht wünschenswert waren. Nicht einmal vom Gesichtspunkt der Systemveränderung war diese Situation eindeutig: auch für diese Veränderung bildete sie gewisse Grenzen. Sie zwang der Wirklichkeit ideologische Schemata auf. Grundsätzlich könnte also die Überwindung dieser engen Verbindung zwischen der Politik und der kommunistischen Ideologie auch der Demokratisierung der Sowjetsysteme dienlich sein.

Der latente Widerspruch zwischen der offiziellen sowjetischen Ideologie und der Realität des Systems wurde jedoch nicht durch die Entideologisierung der Politik gelöst. Vielmehr wurde die »wissenschaftliche Theorie« vollständig politisiert. Im Interesse der Stabilisierung sowjetischer Systeme entwickelte sich im Laufe der 70er Jahre ihre offizielle Ideologie zur Ideologie des »realen Sozialismus«: zum Kriterium der Richtigkeit der ökonomischen und sozialpolitischen Praxis wurde die »reale Existenz« gewisser Erscheinungen. Die theoretischen und ideologischen Konzeptionen und Hypothesen, die dem Status quo der Sowjetsysteme

gegenstehen, wurden einfach als dem »real existierenden Sozialismus« widersprechend deklariert – und deshalb als illusorisch, utopisch und eventuell überhaupt antisozialistisch und konterrevolutionär erklärt. Die offizielle sowjetische Ideologie entwickelte sich so nach dem Vorbild des klassischen Modells des konservativen ideologischen und apologetischen Denkens. Das gnoseologische wie das programmatische Element wurden im Vergleich mit der Vergangenheit noch mehr unterdrückt und dem apologetischen Bedürfnis völlig untergeordnet. Das führt unerläßlich zu hauptsächlich zwei Folgeerscheinungen:
– Im gesellschaftlichen Bewußtsein der Menschen in den Sowjetsystemen wird die offizielle Ideologie faktisch überhaupt nicht mehr als Instrument zur Erkenntnis der Wirklichkeit und zur Programmierung ihrer Entwicklung wahrgenommen. Sie ist ein Ritual, ein Komplex von Anweisungen und »Merkmalen«, mit denen die politische Macht ein bestimmtes Verhalten von den Menschen fordert und Abweichungen davon bestraft[32].
– Der gnoseologische Prozeß und die Versuche zur Programmierung der weiteren Entwicklung der sozialen Wirklichkeit befreien sich in immer größerem Maße vom Einfluß der offiziellen Ideologie. Sie gehen von einer völlig anderen Basis aus, als vom »Marxismus-Leninismus«. Die im Grunde positive Bedeutung dieser Tatsache wird jedoch im entscheidenden Maße dadurch entwertet, daß innerhalb offizieller Strukturen (nicht nur der politisch machtmäßigen, sondern auch der kulturellen, wissenschaftlichen, im Schulwesen u. a.) dem Prozeß der Erkenntnis und der Programmierung weiterhin sehr wirksam und gewaltsam Grenzen gesetzt werden, die durch die konservativ-apologetische offizielle Ideologie festgelegt werden.
Aber die Sowjetsysteme erreichten ebenso wie in der institutionellen Sphäre im Bereich ihrer offiziellen Ideologie auch ein ungewolltes Ergebnis: Die kritischen und oppositionellen Strömungen suchen markanter nach einem Ausweg in ideologischen Orientierungen, die völlig unabhängig von der offiziellen Ideologie sind. Für mögliche Systemänderungen hat dies jedoch sowohl positive wie auch manche negative Folgen[33].
Die *institutionellen Formen* der politischen Systeme sowjetischen Typs machten insgesamt in der Etappe der relativen Stabilisierung keine bedeutenden Änderungen durch: alle systemimmanente Koppelungen wurden aufrechterhalten. Innerhalb politischer Systeme sowjetischen Typs ist weiterhin eine *doppelte institutio-*

nelle Struktur vorhanden: die eine, die formell einige demokratische Grundsätze garantieren soll und institutionell teilweise in den Konstitutionen und Gesetzen verankert ist. Gleichzeitig ordnet sich eine zweite Struktur, die durch keine Verfassungsnormen reguliert ist, in Wirklichkeit die erste Struktur völlig unter.
Die gegenwärtige Form der ersten, formell demokratisierten Struktur sowjetischer Systeme ist in der neuen Verfassung der UdSSR aus dem Jahre 1977 ausgedrückt. Der Text dieser Verfassung bezeichnet den »Sowjetstaat – einen Staat neuen Typs« als das »Hauptinstrument zum Aufbau des Sozialismus und Kommunismus«. Die Verfassung deklariert weiter, daß »die führende und lenkende Kraft der sowjetischen Gesellschaft, der Kern ihres politischen Systems, der staatlichen und gesellschaftlichen Organisationen« die kommunistische Partei ist, die »für das Volk da ist und dem Volke dient« und deren Tätigkeit einen »planmäßigen, wissenschaftlich begründeten Charakter« hat. Zum Unterschied von den vorhergehenden sowjetischen Verfassungen wird hier darüber hinaus festgelegt, daß »alle Parteiorganisationen im Rahmen der Verfassung der UdSSR wirken« (Artikel 6); weil jedoch in diesem Rahmen keine Regel, keine Abgrenzung der Beziehungen zwischen der Partei und den anderen Institutionen, noch irgendwelche rechtlich formulierte Möglichkeiten der Kontrolle der Partei vorhanden sind, bedeutet dieser Artikel der Verfassung nichts als eine verbale Deklaration.
Entsprechend der Verfassung der UdSSR scheint es, als ob der Sowjetstaat keine weiteren Organe als die Sowjets verschiedener Stufen und die Regierung hätte: die Verfassung behandelt überhaupt keine weiteren Organe (mit Ausnahme des Kapitels über die Gerichte und die Prokuratur). Der gesamte riesige Apparat der Staatsverwaltung und der Apparat der Wirtschaftsleitung ebenso wie der Polizeiapparat und die Armee existieren eigentlich außerhalb der Verfassung. Nicht einmal ihre grundlegendsten Beziehungen zur Gesellschaft, untereinander und gegenüber den verfassungsmäßigen Institutionen werden durch Verfassungsnormen in irgendeiner Weise reguliert. Die Struktur, die entsprechend der Verfassung den »Sowjetstaat« darstellt – das heißt die Struktur der gewählten Vertretungsorgane (der Sowjets) aller Stufen und der durch sie gebildeten kollektiven Organe der Exekutive (Regierung der Republiken und der gesamten Föderation) –, bildet jedoch in Wirklichkeit weiterhin – ebenso wie in den Zeiten Stalins – keine tatsächliche Struktur der politischen Macht. Die tatsächlich ent-

scheidende Struktur bilden auch weiterhin die Zentren der absoluten Macht, die »auf dem Boden der Partei« existieren und das Ergebnis der Verwachsung der Spitzen der Machtapparate der Partei, der Staats- und Wirtschaftsverwaltung, der Polizei und der Armee darstellen. Nicht einmal andeutungsweise werden in der neuen Verfassung der UdSSR weiterhin Mechanismen erwähnt, die eine Kontrolle der Gesellschaft gegenüber diesen entscheidenden Strukturen der Macht und ihren riesigen Apparaten ermöglichen würden. Die Verfassung der UdSSR aus dem Jahre 1977 wurde so zum Ausdruck der Stabilisierung des Sowjetsystems, die auf der Basis der völligen Verwerfung der Bestrebungen um Systemänderungen erreicht wurde, welche im verschiedenen Maße in den Jahren 1956 - 1968 zur Geltung gebracht wurden. Diese Verfassung kennt auch den Begriff der Organe der »gesellschaftlichen Selbstverwaltung« überhaupt nicht, weder in der Produktion, noch in irgendeiner anderen Sphäre, die entsprechend dem »Programm der KPdSU« von Chruschtschow aus dem Jahre 1961 etwa 1980 die Mehrheit staatlicher Funktionen im Sowjetsystem übernehmen sollten[34].

Einen politisch bedeutenderen Unterschied im Vergleich mit den früheren sowjetischen Verfassungen stellen am ehesten diejenigen Formulierungen der neuen Verfassung dar, welche die Rechte einzelner Bürger betreffen. Zum ersten Male wird hier in der sowjetischen Verfassung über »die Achtung der Persönlichkeit« der Bürger als über eine Pflicht des Staates gesprochen und auch darüber, daß »die Verfolgung wegen Kritik verboten ist« und daß Personen (jedoch nicht mehr Institutionen), die dies verletzen, »zur Verantwortung gezogen werden« (Artikel 49). Obwohl es sich um eine Bestimmung deklarativer Art handelt, kann man ihre Bedeutung angesichts der Formen des Polizeiterrors, die in der stalinistischen Phase der Entwicklung des Sowjetsystems herrschten, nicht völlig übersehen.

Zahlreiche soziale Rechte sowjetischer Bürger, die in der Verfassung aus dem Jahre 1977 verhältnismäßig detailliert erläutert werden, werden als verfassungsmäßige Pflicht des Staates, um die ausdrücklich angeführten sozialen Bedürfnisse der Bürger Sorge zu tragen, festgelegt. Alle diesbezüglichen Artikel der Verfassung (Artikel 40 - 46) werden nach der gleichen Schablone konstruiert: »Die Bürger der UdSSR haben das Recht auf (Arbeit, Erholung, Gesundheitsschutz, materielle Sicherstellung im Alter und während der Krankheit, auf eine Wohnung, Bildung und Benutzung kultureller Errungenschaften)... Dieses Recht wird dadurch gesichert, daß« (der Staat eine Politik durchführt, die das Wachstum der Produktionskräfte sichert, ebenso die Entfaltung von Erholungs- und Gesundheitseinrichtungen, verschiedene Formen sozialer Versicherung, den Aufbau von Wohnungen, die Entfaltung des Schulwesens und kultureller Einrichtungen, die allen zugänglich sind).

Diese Artikel der sowjetischen Verfassung bringen also in keiner Weise in das Sowjetsystem Elemente eines Rechtsstaates. Sie deklarieren nur als eine verfassungsmäßige Pflicht eine solche Orientierung politischer Präferenzen, die die Entfaltung der Konsumgesellschaft mit Elementen des »sozialen Wohlstandsstaates« kombiniert. Es ist die deklarierte verfassungsmäßige Pflicht des Staates, die Sorge um die grundlegenden Bedürfnisse der Bürger zu tragen. Die sowjetischen Bürger bleiben dabei auch gemäß der Verfassung in der Position des *Objektes der Fürsorge* der staatlichen Politik. Es werden keine verfassungsmäßigen Voraussetzungen für ihre Stellung als Subjekt im Prozeß der Bildung dieser Politik geschaffen.

Die grundlegenden subjektiven Rechte werden dabei durch die Verfassung nicht nur für die Einzelpersonen nicht abgegrenzt, sondern nicht einmal für die hauptsächlichen kollektiven Subjekte in der Gesellschaft sowjetischen Typs: für den »sozialistischen« Produktionsbetrieb (staatlichen oder genossenschaftlichen), für das örtliche Kollektiv (Gemeindekollektiv) u.ä.

In der Sphäre der tatsächlich entscheidenden Machtstrukturen, die außerhalb der durch die Verfassung regulierten institutionellen und rechtlichen Verhältnisse bestehen, kam es in den Jahren der relativen Stabilisierung sowjetischer Systeme ebenfalls zu Veränderungen: obwohl bei ihnen die alten grundlegenden systemimmanenten Koppelungen andauern, gibt es auch genügend neue Elemente, die sowohl von der Zeit unter Stalin, wie auch von der Zeit der Jahre 1956 – 1968 abweichen.

Die wichtigsten Institutionen im Rahmen dieser Strukturen bilden die monopolistisch regierenden *kommunistischen Parteien*, in einigen Ländern unter dem Namen von »Arbeiter-« oder »Vereinigter Arbeiter-« und ähnlicher Parteien.

In den Jahren der Stabilisierung der Sowjetsysteme wuchsen die Parteien zahlenmäßig weiter. Diese Tendenz begann markant in den Jahren nach Stalins Tod. In der UdSSR hatte die kommunistische Partei 1953 kaum 7 Millionen Mitglieder, in der Zeit der

Absetzung Chruschtschows bereits rund 12 Millionen. Gegenwärtig hat sie 17,5 Millionen Mitglieder. In der Mehrheit der Länder des Sowjetblocks bewegt sich die Zahl der KP-Mitglieder zwischen 10 bis 15 Prozent der erwachsenen Bevölkerung.
Man kann nach zugänglichen Angaben schätzen, daß ungefähr 25 bis 30 Prozent ihrer Mitglieder Angehörige der sozialen Schicht der Machtelite sind, rund 40 Prozent Angehörige mittlerer sozialer Schichten, insbesondere aus den Reihen der Intelligenz, für die die Parteimitglieder praktisch die Bedingung der Ausübung ihres Berufs darstellt. Die restlichen 30 Prozent sind Arbeiter in der Industrie, dem Transport, den Dienstleistungen und in der Landwirtschaft, in der diese Gruppe offiziell »Genossenschaftsbauern« genannt wird[35]. Das zahlenmäßige Wachstum kommunistischer Parteien in den Jahren der Stabilisierung umfaßte alle diese Gruppen. Am stärksten fällt hier jedoch offensichtlich der Zuwachs der Mitglieder aus den Reihen der Träger solcher sozio-professioneller Rollen ins Gewicht, bei denen die Parteimitgliedschaft praktisch die Bedingung der Berufsausübung bildet. Der Anstieg hängt hier mit dem Wachstum der Zahl der Absolventen von Mittel- und Hochschulen aller Fächer zusammen.
Die regierenden kommunistischen Parteien in den Sowjetsystemen stellen jedoch keine politische Parteien im eigentlichen Sinne des Wortes dar, das heißt sie sind keine sozialen Organismen desselben Charakters und derselben Bedeutung wie die politischen Parteien in den traditionellen Systemen im Westen. Entsprechend ihren Statuten sind sie zwar »freiwillige Vereinigungen gleichgesinnter Menschen«, in Wirklichkeit werden sie nur in einer völlig unerheblichen Minderheit entsprechend der politisch-ideologischen Überzeugung gebildet: sie sind vor allem Vereinigungen der Träger gewisser sozio-professioneller Rollen, zu deren Ausübung die Mitgliedschaft in der Partei im Sowjetsystem entweder unbedingt notwendig ist, oder wo sie wenigstens bei der Ausübung des Berufs gewisse Vorteile bringt. Als solch besonderer sozialer Organismus erfüllt die Partei dann im politischen System sowjetischen Typs zwei gegenseitig verbundene, aber dennoch verschiedene Aufgaben: sie stellt den Machtapparat dar und gleichzeitig ist sie ein eigenartiger Mechanismus der Verbindung zwischen der politischen Macht und der durch sie beherrschten Gesellschaft. In diesem doppelten Sinne äußert sich auch ihre Funktionsrolle in dem System, die in der offiziellen Terminologie »führende Rolle der Partei« genannt wird.

Als *Machtapparat* verwirklichen die kommunistischen Parteien ihre »führende Rolle« in einigen Hauptrichtungen:
1. Im Rahmen dieser Parteien, auf dem Boden ihrer leitenden Organe und Apparate, werden Zentren der faktischen absoluten Macht gebildet. Im institutionellen Sinne des Wortes kann man als diese Zentren ungefähr (jedoch nicht ganz genau) die Präsidien und die Sekretariate der Parteiausschüsse bezeichnen – von dem mittleren Glied der administrativen Gebietsaufteilung (Bezirk, Rayon) bis zu dem gesamtstaatlichen Zentrum (Politbüro und Sekretariat des Zentralkomitees der Partei). Hier kommt es zur Vereinigung der Gipfelpositionen des parteilichen, staatlichen, wirtschaftlichen, polizeilichen und in höheren Gliedern auch des militärischen Apparats im »kollektiven Organ«. Es entscheidet, oder genauer gesagt, es kann im Bedarfsfall entscheiden über jedwede Frage, ohne Rücksicht auf den Grundsatz der Gewaltenteilung, auf fachliche Kompetenz und auf rechtliche Vorschriften.
2. Keine Entscheidung in einem staatlichen, wirtschaftlichen oder anderen Organ (einschließlich der Gewerkschaften und anderer Organisationen) kann gegen den Willen der Organe der kommunistischen Partei gebilligt oder realisiert werden. Die Parteiorgane besetzen auch die Funktionen, die das Verzeichnis sogenannter »Nomenklatur«-Stellen bilden; ohne ihre Billigung kann niemand eine solche Funktion ausüben; er kann von dieser Funktion auch nur auf Grund des Willens desselben Parteiorgans abberufen werden. Die Nomenklatur-Funktionen bilden in ihrem Komplex das Netz aller wichtigeren leitenden Positionen in allen Bereichen des gesellschaftlichen Lebens.
3. Die kommunistische Partei als Apparat der Macht konzentriert und koordiniert verschiedene Gruppen der Machtelite, insbesondere die politisch-parteiliche und staatliche Bürokratie, die Wirtschaftsbürokratie, die Polizei und die Armee, und sie löst eventuelle Interessenkonflikte zwischen ihnen. Die einzelnen Gruppen der Machtelite verlieren zwar dabei einen Teil ihrer Selbständigkeit. Sie müssen sich letzten Endes den »Interessen der Partei« unterordnen. Gleichzeitig gewinnen sie damit den sonst unerreichbaren Vorteil: sie sind Teilnehmer an der absoluten Macht der kommunistischen Partei. Die absolute Macht der kommunistischen Partei stellt die Macht der Machtelite als eines Ganzen dar. Sie wird unter der Voraussetzung ökonomischer und sozialer Verhältnisse sowjetischen Typs durch die Fähigkeit der Partei konstituiert, in der Praxis ein einheitliches Vorgehen aller Gruppen

dieser Elite zur Erreichung präferierter Ziele sicherzustellen. Würde irgendeine Gruppe der Elite sowjetischen Typs selbst die absolute Macht anstreben, würden sich die Interessen auch der anderen Gruppen gegen sie richten. Weder die Staatsbürokratie und die Wirtschaftbürokratie noch die Polizei oder die Armee können bei der Erlangung absoluter Macht einen genügenden Anteil der übrigen Gruppen der Elite an dieser Macht erreichen. Der Staats- und Wirtschaftsapparat, die Polizei und die Armee sind ihrem Charakter nach exklusive Organismen, während die kommunistische Partei ein universeller Organismus ist.
Eben diese Fähigkeit kommunistischer Parteien spielte die entscheidende Rolle im Prozeß der Bewältigung der Krise des Systems nach Stalins Tod. Obwohl ursprünglich (siehe Kapitel I/2) unter der Losung der Durchsetzung der »führenden Rolle der Partei« oft einseitig die Interessen der Parteibürokratie gegen die anderen Gruppen durchgesetzt wurden, fand diese Bürokratie nach dem Sturz Chruschtschows einen gangbaren praktischen Kompromiß, der das Gleichgewicht der Interessen verschiedener Gruppen der Machtelite sicherte. Das war eine der Hauptbedingungen der relativen Stabilisierung der Sowjetsysteme. Die kommunistischen Parteien können ihre »führende Rolle« jedoch nicht nur aus diesen Gründen erfolgreich spielen, sondern auch deshalb, weil sie nicht *nur* ein Machtapparat sind, sondern *gleichzeitig* auch ein besonderer Gesellschaftsorganismus. Diesen Charakter hat wiederum keiner der übrigen Machtapparate, weder der staatliche oder der wirtschaftliche noch der polizeiliche und militärische. Als spezifischer *Mechanismus der Verbindung* zwischen der politischen Macht und der durch sie beherrschten Gesellschaft sichert die Partei vor allem eine gewisse »zensurierte Rückkoppelung«: nur solche sozialen Interessen, die genügend Unterstützung innerhalb der kommunistischen Partei finden, besitzen die Möglichkeit, legal den Druck zugunsten ihrer Interessen auf die politische Macht sowjetischen Typs auszuüben, das heißt auf die Partei als den Apparat der Macht, auf die Zentren der absoluten Macht.
Wenn die Partei als Machtapparat ungefähr durch 25 – 30 Prozent ihrer Mitglieder personifiziert wird, dann bildet der Rest ihrer Mitgliedsbasis eben den spezifischen Mechanismus der Verbindung dieses Machtapparats mit der durch ihn beherrschten Gesellschaft. Vom rein quantitativen Gesichtspunkt könnte es also scheinen, daß die wachsenden Zahlen der Mitglieder der kommunisti-

schen Parteien auch die Möglichkeit einer besseren Rückkoppelung zwischen der Macht und der Gesellschaft bedeuten. In Wirklichkeit ist dem jedoch nicht so, und zwar aus zwei hauptsächlichen Gründen:
– Die Mitglieder kommunistischer Parteien bilden zwar einen Teil der beherrschten Gesellschaft, sie sind jedoch der Teil, der *am meisten konform* gegenüber dem sozialpolitischen System sowjetischen Typs ist, aus Gründen ihrer sozialen Position, die verbunden mit den Privilegien des Systems ist, oder aus anderen Gründen.
– Durch den Eintritt in die kommunistische Partei unterwirft sich dieser Teil der Gesellschaft einem besonderen Regime der Unterordnung und der Disziplin, den Prinzipien des sogenannten »demokratischen Zentralismus«. Sie verringern wesentlich seine praktische Möglichkeit auf die Partei als Machtapparat einen bedeutenden Druck im Sinne von Interessen auszuüben, die im Widerspruch mit dem Willen der Machtzentren und des Parteiapparats stehen würden.
In Wirklichkeit bedeutet deshalb die wachsende Zahl der Mitglieder kommunistischer Parteien in den Sowjetsystemen vor allem die Stärkung des Einflusses auf das Verhalten einer größeren Zahl von Menschen. Bis zur Niederlage der Reformtendenzen innerhalb kommunistischer Parteien war diese Situation noch nicht eindeutig: einer der wesentlichen Züge der Reformtendenzen war die Bestrebung, den Einfluß der Partei als eines gesellschaftlichen Organismus gegenüber der Partei als dem Apparat der Macht zu stärken. Es handelte sich dabei um einen ganzen Komplex von Problemen der innerparteilichen Demokratie. Die gesamte relative Stabilisierung der Sowjetsysteme erforderte jedoch das Gegenteil.
Weil die relative Stabilisierung der Sowjetsysteme gleichzeitig zielbewußt die Träger kritischer und potentiell oppositioneller Tendenzen aus den kommunistischen Parteien ausschloß, wurde die Entwicklung in dieser Richtung weiter verstärkt. Ähnlich wirkten auch die Veränderungen der offiziellen Ideologie kommunistischer Parteien: nicht einmal von den Mitgliedern dieser Partei wird heute in der Praxis die Überzeugung von der Richtigkeit der theoretischen Hypothesen von Marx gefordert, sondern nur die aktive Unterstützung der konservativen apologetischen Ideologie des »realen Sozialismus«.
Solange die relative Stabilisierung des gesamten sozialpolitischen Systems im »Ruhestadium« andauert, das heißt solange vor allem

die ökonomisch-sozialen Faktoren dieser Stabilisierung wirksam funktionieren, ist die völlige Vorherrschaft der Partei als des Machtapparats über der Partei als eines Sozialorganismus nicht immer gänzlich offenkundig. Im Moment der Systemkrise kommt es jedoch trotz des zahlenmäßig hohen Bestandes der Parteimitgliedschaft zum schnellen Zerfall. Von der Partei bleibt vor allem der Machtapparat übrig. Detaillierter werden wir dies im Zusammenhang mit der Entwicklung in Polen 1980 - 1981 behandeln. Auch im »Ruhestadium« des Systems spielt jedoch die kommunistische Partei als ein Organismus, der in einer gewissen Weise die politische Macht mit der Gesellschaft verbindet, eine Dienstrolle zugunsten des Machtapparats. Sie erfüllt die Funktion eines besonderen Siebes. Jedes gesellschaftliche Interesse muß passieren, damit es die Hoffnung hätte, sich legal gegenüber der politischen Macht überhaupt äußern zu können. In diesem Sinne ist die Partei also eine »zensurierte Rückkoppelung«, ein Mechanismus, der den notwendigen Informationsprozeß und die Möglichkeit einer Druckausübung auf die Macht eher bremst, als daß er ihn vermittelt: im größtmöglichen Maße scheidet er Informationen und Interessen aus, die dem Machtapparat unbequem sind. Dadurch spielt er jedoch die notwendige stabilisierende Rolle in der Beziehung zum Status quo der gegenwärtigen Systeme sowjetischen Typs.
Die wachsenden Zahlen der Mitglieder der kommunistischen Parteien muß man in dieser Situation jedoch objektiv als einen praktischen Beweis der Existenz eines gewissen Konsens größerer sozialer Gruppen unter Bedingungen, in denen die Faktoren der relativen Stabilisierung der Sowjetsysteme tatkräftig wirken[36], beurteilen.
Ersichtliche Änderungen im Vergleich mit der Vergangenheit sowjetischer Systeme konsolidieren sich in der Etappe relativer Stabilisierung auch im *Mechanismus der politisch-polizeilichen Aufsicht* über der Gesellschaft: die Rolle ihres direkten repressiven Bestandteils (der politischen Justiz) trat in den Hintergrund. In den Vordergrund traten die Aufgaben der systematischen präventiven Aufsicht. Diese Aufgaben erfüllt die politische Polizei, ein zahlenmäßig sehr umfangreicher Apparat mit einer riesigen Anzahl von Informatoren - rund einer auf einhundert Einwohner[37] -, in Zusammenarbeit mit einem außerordentlich umfangreichen zivilen Apparat politisch-polizeilicher Aufsicht. Die Grundlage für diese Tätigkeit bildet die Übertragung der poli-

tisch-polizeilichen Funktionen einerseits auf alle offiziellen politischen Organisationen, insbesondere natürlich auf die Organe und Organisationen kommunistischer Parteien, andererseits auf das umfangreiche Netz sogenannter Kader(Personal-)abteilungen und -referenten in allen Arbeitsstätten (staatlicher und nichtstaatlicher Betriebe und Institutionen mit Produktions- und Nichtproduktionscharakter).
Mit Hilfe dieses Apparats werden Angaben über das politische Verhalten der gesamten wirtschaftlich tätigen Bevölkerung, auch der studierenden Jugend gesammelt; in der Form pflichtgemäß ausgefüllter Fragebogen, politischer Beurteilungen seitens der Arbeitsstätten, der Schulen, der Wohnorte und aus der Tätigkeit in den verschiedenen Organisationen wird auch in schriftlicher Form über jeden einzelnen systematisch Material zusammengetragen. Die Bedeutung dieses Unterfangens beruht vor allem auf seinem sozialpsychologischen Effekt. Unter der Bevölkerung entsteht die verbreitete Vorstellung, daß ein jeder Schritt in der Öffentlichkeit, und oft auch im Privatleben, durch den Mechanismus der politisch-polizeilichen Aufsicht kontrolliert wird oder kontrolliert werden kann. Das reale Ergebnis ist so die praktisch wirkende Selbstzensur. Darüber hinaus können im Bedarfsfall die Gipfelorganisationen des Mechanismus der politisch-polizeilichen Aufsicht, das heißt die politische Polizei auf der einen und die Organe der kommunistischen Partei auf der anderen Seite auch faktisch alle weiteren Glieder dieses Mechanismus in Gang setzen. Sie können gegen jede Einzelperson oder jede beliebige Gruppe von Menschen alle jahrelang gesammelten Unterlagen auswerten.
Die politische Polizei benutzt bei der Ausübung dieser Aufsicht selbstverständlich im großen Umfang alle technisch nur ihr zugänglichen Mittel, die einem jeden modernen Polizeiapparat zur Verfügung stehen; zum Unterschied von anderen politischen Systemen wird jedoch die Polizei bei dieser Tätigkeit gegen jedwede Möglichkeit einer öffentlichen Kritik in der Presse, im Parlament u.ä. geschützt. Ihre Aktivitäten im Bereich des Abhörens von Telefonanschlüssen und von Wohnungen, der Überwachung der Korrespondenz und der Personen usw. ist bezüglich ihres Umfanges mit einer ähnlichen Tätigkeit der Polizei in anderen Systemen nicht zu vergleichen.
Zum Mechanismus der politisch-polizeilichen Aufsicht gehört auch die Pressezensur, die selbständige wie diejenige, die durch Funktionäre direkt in den Redaktionen, Verlagshäusern usw.

durchgeführt wird. Sie wirkt nicht nur in den Massenmedien, sondern auch im Bereich der Kultur und der Wissenschaft. Ihre Aufgabe ist zum Unterschied von der Zensur in anderen Systemen eine doppelte: Auf der einen Seite verhindert sie die Veröffentlichung gewisser Informationen, auf der anderen Seite sichert sie die pflichtgemäße Verbreitung anderer Informationen[38].

Zum Unterschied von der stalinistischen Entwicklungsphase erfüllt in der Zeitspanne der gegenwärtigen Stabilisierung der Sowjetsysteme der gesamte Mechanismus der politisch-polizeilichen Aufsicht eine andere grundlegende Aufgabe. Das Ziel beruht hier nicht darin, jeden individuellen Fall der Verletzung des Rituals des politischen Einverständnisses der Strafrepression auszusetzen, sondern alle diese Fälle systematisch zu evidieren und nachher differenzierte Formen des Drucks zu benutzen, am häufigsten des ökonomisch-beruflichen und nur ausnahmsweise – zum Zwecke der Abschreckung – der gerichtlichen Strafverfolgung.

In der Zeitspanne der relativen Stabilisierung veränderte sich auch die *Rolle der Armee* in den Sowjetsystemen, und zwar insbesondere in der UdSSR. In den kleineren Ländern des Sowjetblocks, mit Ausnahme von Polen und teilweise auch der DDR, ist diese Änderung nicht allzu bedeutungsvoll. Die grundlegende Ursache der wachsenden Rolle der Armee auch in der inneren Entwicklung des Systems (besonders ihr Anteil am politischen Entscheidungsprozeß) ist die veränderte Bedeutung internationaler Faktoren für die Stabilisierung des Sowjetsystems; diese Fragen werden jedoch selbständig im nächsten Kapitel behandelt. Aus dieser grundlegenden Ursache resultieren jedoch auch einige Veränderungen, die eine selbständige Bedeutung haben:

– Die Anforderungen der modernen Kriegstechnik verstärkten den Einfluß der Armee auf die sowjetische Ökonomie. Auch in den Sowjetsystemen kann von der Existenz eines militärisch-industriellen Komplexes gesprochen werden.

– Das professionelle Offizierskorps nähert sich in seiner Zusammensetzung der sozialen Gruppe der sogenannten Technokratie. In den Beziehungen verschiedener Gruppen der Machtelite steht es also in vielen Richtungen der Wirtschaftsbürokratie am nächsten[39].

– Angesichts der relativ langen Dauer des Präsenzdienstes einer großen Anzahl junger Leute stellt die Armee auch in Friedenszeiten eine starke organisierte soziale Gruppe dar; nach der

Beschränkung der Zahlen sogenannter Heere des Innenministeriums wird mit dem Einsatz von Armee-Einheiten auch bei der Lösung innenpolitischer Konflikte in größerem Maße als früher gerechnet.
Die Armee und die militärische Bürokratie als eine Gruppe der Machtelite kann man in der gegenwärtigen Phase der Entwicklung der Sowjetsysteme weder dem Polizeiapparat noch dem Parteiapparat in solchen eindeutigen Formen unterordnen, in welchen dies unter Stalin praktiziert wurde; ohne die Respektierung spezifischer Interessen der militärischen Bürokratie kann im gegenwärtigen Sowjetsystem die kommunistische Partei die Präferenzen ihrer Politik nicht festlegen.
Im Falle einer neuen Phase der Krisenentwicklung sowjetischer Systeme wird diese Tatsache eine viel größere Rolle als in der Krise der Jahre 1953 - 1964 spielen, und zwar auch im innenpolitischen Sinne.
Bezüglich der *staatlichen und der wirtschaftlichen Bürokratie* ist in der Zeitspanne der relativen Stabilisierung sowjetischer Systeme das bedeutendste neue Element das Wachstum der Kader mit Fachbildung, die eine pragmatische und technokratische Denkweise besitzen, insbesondere in der Gruppe der wirtschaftlichen Bürokratie.
Bei der *Gesamtbewertung* der Faktoren, die in der Sphäre offizieller politischer institutioneller Strukturen und Verhältnisse die relative Stabilität sowjetischer Systeme in den 70er Jahren gewährleisteten, ragt also ihr grundlegender gemeinsamer Zug hervor: alle diese Faktoren – mit Ausnahme der polizeilichen, eventuell der militärischen Gewalt – können nur unter der Voraussetzung ihren Einfluß wirksam ausüben, daß der grundlegende ökonomisch soziale Mechanismus wirksam wird, der die Konsumorientierung in der Gesellschaft mit der passiven Loyalität breiter sozialer Schichten gegenüber dem gesamten System vereint. Andernfalls wird die Krise aller bisher stabilisierenden politischen Strukturen und Verhältnisse unausweichlich.
Gleichzeitig jedoch – und zwar in um so größerem Maße, je folgerichtiger die kritischen und potentiell oppositionellen Kräfte aus den offiziellen politischen Strukturen hinausgedrängt wurden – werden die Widerstandstendenzen gegen das System eine *viel größere soziale Basis* als in den vorhergehenden Entwicklungsphasen erfassen müssen.
Solange die Träger des Drucks zu Systemveränderungen innerhalb

offizieller Systemstrukturen bleiben, können auch Konflikte zwischen den verschiedenen Gruppen der Machtelite einige Systemkoppelungen in Bewegung bringen, wie es nach dem Jahr 1953 geschah. Diese Möglichkeit verringert sich jedoch, wenn die Kräfte, welche Systemänderungen anstreben, aus den offiziellen Strukturen ausgeschaltet sind. In einer solchen Lage muß der soziale Druck viel stärker sein, damit er die gleichen Ergebnisse erreicht. Gleichzeitig verringern sich jedoch dabei die realen Chancen auf Erfolg schrittweiser Reformen des Systems »von oben«. Es wächst die Gefahr, daß der Druck zur Erreichung von Systemänderungen »von unten« die Form unkontrollierter Explosionen erhalten wird, bei der der regulierende Einfluß offizieller Strukturen verschwindend klein wird oder überhaupt aufhört.

Das erhöht dann natürlich die Wahrscheinlichkeit der *Rückkehr* zu Methoden des politischen Massenterrors polizeilicher und militärischer Art, mit deren Krise eigentlich die gesamte Systemkrise des Jahres 1953 begann. Wollten die Sowjetsysteme dieser Gefahr wirklich ausweichen, müßte man in der gesamten Sphäre offizieller politischer Strukturen beinahe dieselben Fragen beizeiten auf die Tagesordnung setzen, wie sie in den Jahren 1956 bis 1968 durch die reformkommunistischen Konzeptionen gestellt wurden. Dazu fehlen jedoch nunmehr innerhalb der relativ stabilisierten offiziellen politischen Strukturen die Voraussetzungen.

3. Der Zusammenbruch stabilisierender Mechanismen des sozialpolitischen Systems in Polen 1980 – 1981

Die Entwicklung des sozialpolitischen Systems sowjetischen Typs in Polen wies seit Anfang an viele spezifische, historisch bedingte Züge auf, die im verschiedenen Maße auch den Zusammenbruch dieses Systems in den Jahren 1980 – 1981 determinierten. Wir werden versuchen, nur andeutungsweise die wichtigsten von ihnen anzuführen[40].

In den ersten Jahren nach dem zweiten Weltkrieg wurde das sozialpolitische System sowjetischen Typs in Polen durch die sowjetische Armee installiert. Die kommunistische Partei bildete dort niemals eine innenpolitische Kraft, die die Chance gehabt hätte, den Staat zu beherrschen; dies gelang ihr nur infolge der militärischen Niederlage oppositioneller Kräfte gegenüber der Sowjetarmee. Der historisch bedingte, traditionelle nationale

Widerstand der Polen gegen Rußland wurde politisch teilweise dadurch ausgeschaltet, daß der politische Nachkriegsstaat als Ersatz für die Ostgebiete, die 1939 durch die Sowjetunion besetzt wurden, im Westen neue Gebiete gewann, die vor dem Krieg Deutschland angehörten. Zum Hauptgaranten der auf diese Weise gebildeten Grenzen des polnischen nationalen Nachkriegsstaates wurde die UdSSR. Das militärpolitische Bündnis Polens mit ihr vereinte sich so mit dem Interesse an der Aufrechterhaltung des neuen nationalen polnischen Staates.

Im Jahre 1956, als es in Polen zur Niederlage des Stalinismus kam (siehe Kapitel I/3), war das sozialpolitische System sowjetischen Typs noch nicht voll aufgebaut. In den späteren Jahren wurde es niemals in allen seinen grundlegenden Koppelungen vollendet. In Polen blieb die Landwirtschaft überwiegend ein Sektor von privaten Kleinproduzenten: die politische Macht war außerstande, ohne das Risiko eines starken sozialen Widerstandes einzugehen, die Kollektivierung der Landwirtschaft sowjetischen Typs durchzuführen. Sie wagte es nicht, die Entfaltung der privaten landwirtschaftlichen Produktion zu fördern, weil sie befürchtete, daß sie damit die eigene totale Kontrolle über die Wirtschaft noch mehr schwächen würde. Die polnische Landwirtschaft wurde so zur Stagnation verurteilt. Sie war aus dem Prozeß der Modernisierung der Produktion ausgeschlossen.

Auch das Monopol der offiziellen Ideologie war 1956 noch nicht so fest etabliert, wie in der UdSSR und später in anderen Ländern des Sowjetblocks. Besonders die katholische Kirche, die in Polen traditionsmäßig die Rolle einer politischen Kraft innehatte, die die nationalen Interessen auch gegen den russischen Imperialismus verteidigte, behielt einen gewissen Raum der autonomen Existenz und einen starken moral-politischen Einfluß. Auch nach 1956 wurde dieser Einfluß durch die Methoden des stalinistischen Terrors nicht gebrochen. Er festigte sich im Gegenteil mit gewissen Änderungen weiter. Das kommunistische Programm der Entwicklung Polens zu einem industriellen Land konnte auch im Laufe der 60er Jahre nicht erfolgreich verwirklicht werden. Während in den Nachbarstaaten, in der DDR und der Tschechoslowakei, aber vor allem auch in der UdSSR gegen Ende dieses Jahrzehnts die ökonomischen und sozialen Faktoren der Konsumgesellschaft wirksam als Stütze des Systems eingesetzt wurden, kam in Polen im Jahre 1970 die massenweise Unzufriedenheit mit dem niedrigen Lebensniveau der Arbeiter in den Haupt-Industriegebieten zum Ausbruch. Nach den Massenstreiks und nach dem Versuch, sie im Dezember 1970 durch militärisch-polizeiliche Gewalt zu unterdrücken, brach die offene politische Krise aus, die den Parteiführer Gomulka stürzte. Der neue Erste Sekretär der Partei, E. Gierek, versuchte dann, die Stabilisierung des Systems nach dem damals im Sowjetblock gültigen Gesamtrezept zu erreichen. Der Versuch, bei der weiteren Industrialisierung rasch voranzukommen, der die ersten Jahre der Herrschaft von Gierek charakterisiert, wird jedoch von Zügen begleitet, die der Industrialisierung sowjetischen Typs widersprechen. Die damalige polnische Führung sucht die Investitionsquellen vor allem in westlichen ausländischen Kapitalkrediten und verläßt sich dabei auf die ökonomisch vorteilhafte künftige Kooperation mit dem Westen. Darüber hinaus ist die Konzeption von Gierek über die Bildung des »neuen Polens« insgesamt auf subjektivistische bis megalomanische Vorstellungen über die Möglichkeiten der polnischen Volkswirtschaft aufgebaut.

Die polnische Ökonomik, die insgesamt den Bedürfnissen der Integrierung im Rahmen des RGW untergeordnet bleibt, sich unter dem dominierenden Einfluß der sowjetischen Ökonomik und Politik befindet und innerlich durch die sich ständig verschärfende Kluft zwischen den Bedürfnissen der industriellen und der landwirtschaftlichen Produktion leidet, orientiert sich also auf Investitionsquellen aus dem Westen in der Hoffnung, daß sie auf westlichen Märkten auch Absatz für ihre Erzeugnisse finden wird.

Nach der Rezession 1974 – 1975, nach den weiteren Auswirkungen der Energiekrise und der Wirtschaftsdepression im Westen wird dies jedoch immer illusorischer. Die Fertigstellung der Investitionsvorhaben und teilweise auch der Betrieb neuer Investitionen erfordern jedoch weitere Devisenquellen, ohne daß Deviseneinnahmen real gesichert werden. Als Ergebnis wächst in riesigen Ausmaßen die Verschuldung Polens gegenüber dem Westen: von nicht einmal 4 Milliarden Dollar im Jahre 1975 auf mehr als 20 Milliarden im Jahre 1980. Der gesamte polnische Export ist außerstande, auch nur den Zinsendienst zu begleichen.

Innenpolitisch erreicht zwar Giereks Politik in den ersten Jahren gewisse Stabilisierungserfolge ähnlich wie sie im gesamten Sowjetblock erreicht wurden. Bereits 1976 brechen jedoch neue massenhafte Arbeiterunruhen infolge des Widerstands gegen die Preiserhöhungen aus. Die politische Führung wird zum Nachgeben gezwungen. So entsteht in Polen eine gewisse Tradition des

Erfolgs des Massendrucks auf das Regime »von unten«: Sowohl 1956 wie 1970 und nachher 1976 erreichten dort die Massenstreiks und Demonstrationen trotz lokaler Konflikte mit der bewaffneten Macht und trotz Blutvergießens letzten Endes immer den Rückzug der politischen Macht. Es ist eine außergewöhnliche Erfahrung, die in anderen Ländern des Sowjetblocks keine Analogie hat.

In der politischen Sphäre stützt sich das Regime von Gierek in Polen auf Methoden und Mechanismen, die sich eher von den Methoden der stalinistischen Ära entfernen, als dies in den meisten Staaten des Sowjetblocks der Fall ist. Die Methoden der politisch-polizeilichen Aufsicht über die Gesellschaft sind hier weniger wirksam. Es herrscht insgesamt eine liberalere Atmosphäre in der Kultur und teilweise in den Massenmedien, bei Möglichkeiten der Auslandsreisen usw.; das polnische Regime erklärt selbst, daß in Polen niemand aus politischen Gründen eingekerkert ist. Obwohl selbstverständlich auch Formen grausamer polizeilicher Repressionen in einzelnen Fällen vorkommen, gibt es insgesamt auch gegen Ende der 70er Jahre in Polen außerordentlich günstige Bedingungen für die Entfaltung gewisser Formen kritischer und oppositioneller Tätigkeit. Die »Dissidentenbewegung« erlangt hier die größten Ausmaße im Sowjetblock. Nach dem Jahre 1976 verbindet sie sich als einzige solche Bewegung im Sowjetblock in gewissem Maße mit unzufriedenen Arbeitern. Es gibt einen »Ausschuß zur Verteidigung der Arbeiter« unter der Kürzel KOR, es wird eine für die Arbeiter bestimmte »Samisdatzeitschrift« herausgegeben usw.

In dem Maße, wie alle diese Züge der polnischen Entwicklung nicht systembedingt sind, sondern eine historische Besonderheit, ist auch ihr Einfluß auf die Entwicklung der Ereignisse in Polen seit dem Sommer 1980 nicht systembedingt und historisch eigenartig. Die Bewertung der Entwicklung in Polen in den Jahren 1980 bis 1981 seitens der offiziellen sowjetischen Propaganda stützt sich selbstverständlich eben auf diese Tatsache und ist oft bestrebt, den Zusammenbruch des Systems in Polen für eine Erscheinung auszugeben, die überhaupt nur zufällig, einmalig ist und zu der es infolge der »Fehler und Deformationen« einer richtigen Politik kam. Das muß selbstverständlich bei einer objektiven Analyse abgelehnt werden, aber die historisch eigenartigen Einflüsse kann man deshalb nicht wegdiskutieren. Da in anderen Ländern des Sowjetblocks keine ähnlichen besonderen Faktoren wirken, kann

man nicht erwarten, daß in diesen Ländern ein Zusammenbruch des Systems wie in Polen eintreten könnte.
In Polen zeigte sich das sozialpolitische System als *unfähig, seine eigenen Ziele zu erreichen.* Es offenbarte sich klar die Tatsache, daß es in diesem Sinne ein dysfunktionelles System ist. Die kommunistische Partei stand hier vor der Gesellschaft in der Rolle des Diktators, der zwar auf die totale Kontrolle der Gesellschaft und auf die absolute Macht aspiriert, dabei jedoch unfähig ist (und zwar langfristig), seine Diktatur effektiv zu verwirklichen. Das alles ist bestimmt nicht in dem gleichen Maße für den Zustand in den Nachbarstaaten des Sowjetblocks charakteristisch, wenigstens nicht im gegenwärtigen Moment.
Trotz alledem kann man bei der Analyse der polnischen Entwicklung seit Sommer 1980 eine ganze Reihe von Tatsachen hervorheben, die eine wesentliche Bedeutung für die Entwicklung der sozialpolitischen Systeme in allen Ländern haben, in denen diese Systeme existieren und relativ stabil sind. Denn – obzwar aus besonderen, historisch konkreten Ursachen – in Polen hörten alle hauptsächlichen *allgemeinen* Faktoren der relativen Stabilisierung dieser Systeme aus den 70er Jahren auf, zu wirken.
Vor allem hörte hier der allgemeine Mechanismus zu wirken auf, der die hauptsächliche ökonomische und soziale Stütze der Stabilisierung der Sowjetsysteme ist: es war nicht mehr möglich, die Konsumorientierung zur Aufrechterhaltung der passiven Loyalität der Gesellschaft gegenüber dem System auszunützen. Die polnische Ökonomik sicherte das notwendige Wachstum nicht mehr, und zwar wahrnehmbar nach 1975. Sie besaß nichts, was sie hätte anbieten können. Sie war sogar außerstande, das Absinken des Lebensniveaus zu verhindern, sie konnte nicht einmal die Versorgung der Bevölkerung mit Grundnahrungsmitteln und Konsumwaren sicherstellen.
Zweitens waren in Polen die offiziellen politischen Strukturen, trotz der »Säuberung« von kritisch oppositionellen Kräften, selbst nicht mehr stabil. Sie waren außerstande, das gesamte System in dem Moment zu stabilisieren, als die passive Loyalität der Mehrheit der Gesellschaft gegenüber diesem System sich verlor und sich ein starker sozialer Widerstand gegen das System erhob. Damit überhaupt die Machtstrukturen erhalten bleiben, müssen in einem solchen Moment die offiziellen politischen Strukturen entweder zur offenen Gewalt greifen, oder den oppositionellen Kräften nachgeben. Sie müssen sich selber damit »beschmutzen«,

daß sie versuchen einen Ausweg in Reformen zu suchen, deren Anhänger sie zuvor aus ihren Rahmen hinausdrängten.
Das kann jedoch die bisherige relative Stabilisierung nicht mehr retten. Die kritischen und oppositionellen Kräfte haben sich in Institutionen organisiert, die *unabhängig* von der offiziellen Struktur des Systems sind. Bereits durch diesen ersten praktischen Schritt verwirklichen sie de facto eine ernsthaftere Systemänderung, als es ihnen innerhalb der offiziellen politischen Strukturen möglich gewesen wäre.
Obgleich also die Ursachen und Formen des Zusammenbruchs des Systems sowjetischen Typs in Polen historisch eigenartig waren, die Hauptzüge dieses Zusammenbruchs zeigen allgemein die Relativität, die zeitliche Begrenzung und die Verwundbarkeit der Stabilität der Sowjetsysteme als solcher. Auch vom Gesichtspunkt der allgemeinen Systemanalyse ist es deshalb wichtig, die Hauptzüge der polnischen Entwicklung zu untersuchen.
Der konkrete Anlaß für den Beginn der Entwicklung, die zum Zusammenbruch des Systems sowjetischen Typs in Polen führte, war die Erhöhung der Fleischpreise am 1. Juli 1980. Aus diesem Anlaß kam es zu Streiks in einigen Städten, die am Anfang die Form rein ökonomischer Streiks hatten: Man forderte Lohnerhöhungen um rund 10 Prozent. Die Streikbewegung setzte sich sechs Wochen lang fort. Am 15. August kam es zur qualitativen Veränderung ihres Charakters: In den Werften von Gdansk wurde ein zwischenbetrieblicher Streikausschuß gebildet, der begann, die Streikbewegung zu koordinieren. Gleichzeitig wurde diese Bewegung zu einer politischen Streikbewegung mit der Hauptforderung, eine neue, von der offiziellen politischen Struktur unabhängige Gewerkschaftsorganisation zu gründen. Belehrt durch die Erfahrungen aus den Jahren 1970 und 1976 bringt die spontane Streikbewegung gleichzeitig eine neue Taktik zur Geltung: Die Streikenden besetzen die Betriebe, sie gehen jedoch nicht auf die Straßen demonstrieren. Dadurch wird das Eingreifen der polizeilichen und militärischen Kräfte erschwert. Gleichzeitig kommt es bereits in dieser ersten Phase zu Kontakten der Streikenden mit oppositionellen Gruppen, besonders aus dem Kreis der Gruppe KOR, deren Mitglieder Berater der Streikausschüsse werden. Die Verbindung mit der katholischen Kirche wird durch kirchliche Gottesdienste in den Höfen der bestreikten Betriebe demonstriert. Es kommt zu ersten Solidaritätskundgebungen mit den Streikenden in den umliegenden Dörfern. Die Bauern liefern an die bestreikten Betriebe Nahrungsmittel.

Die politische Macht, die zuerst versucht, die Streiks überhaupt zu verschweigen und die Streikenden durch alle Mittel zu isolieren (Telefonanschlüsse werden abgeschaltet usw.), wird in dem Moment, als in der Form der Streikausschüsse faktisch schon eine unabhängige Arbeiterorganisation entstand, gezwungen, mit dieser Organisation zu verhandeln. Im Laufe dieser Verhandlungen (23. - 31. August 1980) setzt die Macht einige von früher bewährten Schritte (Abberufung einer Reihe kompromittierter Funktionäre von ihren Funktionen einschließlich des Regierungsvorsitzenden, spektakuläre Verurteilung der Korruption u.ä.). Die Gefahr des politischen Generalstreiks kann sie jedoch nur durch die Billigung der Bedingungen der Streikenden abwenden. Es wird ein 21-Punkte-Abkommen zwischen der Regierung und den Streikenden unterschrieben[41]. Neben der Legalisierung unabhängiger Gewerkschaften beinhaltet es eine Reihe politischer Forderungen: Freiheit des Wortes und der Presse, Autonomie der Kirche u.a., sowie eine Reihe sozialer Forderungen der Arbeiter. Im Laufe weiterer Tage entstehen im ganzen Lande Organisationen unabhängiger Gewerkschaften, die sich am 17. September unter dem Vorsitz des Führers des Streiks von Gdansk, L.Walesa, zu einer einheitlichen Organisation unter dem Namen »Solidarität« vereinen.

Bereits in dieser Entwicklungsphase zeigten die polnischen Ereignisse, daß die anscheinend stabile Führung dem starken sozialen Druck gegen das System nachgeben oder den Einsatz der bewaffneten Gewalt wählen muß. Innerhalb kurzer Zeit, in Polen innerhalb von zwei Monaten, können die oppositionellen sozialen Kräfte de facto bedeutende Änderungen des Systemcharakters durchsetzen: die Entstehung einer unabhängigen politischen Organisation der Arbeiterschaft. Die Versuche der politischen Macht, solche Änderungen durch das Versprechen jedweder »Reformen von oben« zu vermeiden, sind - zum Unterschied von der Entwicklungsphase vor 1968 und auch noch im Jahre 1970 - bereits unwirksam; nicht einmal die Absetzung des Parteiführers Gierek und seine Ersetzung durch S.Kania hilft ihr, im Gegensatz zum Jahr 1970.

Nach dem grundsätzlichen Erfolg der Arbeiterstreiks verbreitet sich die Forderung nach Gründung unabhängiger Gewerkschaften unter demselben Namen »Solidarität« auch auf den Dörfern. Die Studenten fordern selbständige Organisationen. Im Lande beginnt die Welle der gesellschaftlichen Kritik hochzugehen, es verstärkt sich der Druck gegen die Zensur usw. Zum Unterschied zu einer ähnlichen Situation im Herbst 1956 sind jedoch die offiziellen politischen Strukturen, besonders die kommunistische Partei, nicht mehr fähig, in dieser Entwicklung die politische Initiative zu gewinnen. Ihre Reaktion wird einerseits durch Stereotype aus der Vergangenheit charakterisiert (Kritik gegen Einzelpersonen, auf die man die Verantwortung für vergangene »Fehler« schiebt), durch Versuche um bürokratische und formalrechtliche Ausflüchte (bei der Verhandlung über die gerichtliche Anerkennung der Statuten der »Solidarität«) und andererseits durch Drohungen mit der Gewalt. Im polnischen Fall wird besonders die Angst vor der Drohung mit einer sowjetischen Militärintervention nach dem Vorbild Ungarns 1956 und der Tschechoslowakei 1968 mobilisiert; diese Drohung wird auch durch Maßnahmen der UdSSR und der Nachbarländer des Blocks, der DDR und der Tschechoslowakei gefördert. Aggressive propagandistische Kampagnen, wie auch die Durchführung von Militärübungen, die anschaulich die Militärkraft demonstrieren sollen (sowjetisch-polnische Manöver am 8. November 1980 und weiterhin noch wiederholte ähnliche Militäraktionen in der Nähe der polnischen Grenzen), unterstützen sie.

Die Billigung der Statuten unabhängiger Gewerkschaften »Solidarität«, wobei schließlich die Formulierung über die »führende Rolle der Partei« kompromißvoll in die Präambel aufgenommen wird, und auch die Durchsetzung der ursprünglichen Versprechen der Regierung über Kürzung der Arbeitszeit werden erst nach der Drohung mit Generalstreik, eventuell nach Warnstreiks (von Oktober 1980 bis Februar 1981) erreicht. Trotzdem bildet sich in dieser Zeitspanne eine innenpolitische Lage, die eine Möglichkeit der Systemänderung eröffnet, die man durch immer neue Kompromisse zwischen der unabhängigen »Solidarität« und der offiziellen politischen Macht erreichen will. Eine solche Hoffnung entspringt besonders aus der Tatsache, daß beide Seiten im Konflikt offenbar weder die innenpolitische Machtkonfrontation noch die sowjetische Militärintervention wünschen. Es ist die unter der Drohung des unerwünschten Konflikts erzwungene Praxis politischer Kompromisse; die Konfliktatmosphäre wird dabei also nicht beseitigt. Sie ist sogar im gewissen Sinne die Bedingung der kompromißvollen Praxis. Neben der Möglichkeit der Fortsetzung der Kompromisse existiert so weiterhin real auch die Möglichkeit des Ausbruchs des offenen Machtkonflikts.

Im Februar 1981 setzt die offizielle Macht einen politischen Schritt, der für die Konzeption weiterer Fortsetzung der Politik der Kompromisse zu zeugen scheint. Der neue Regierungschef, General W. Jaruzelski, gleichzeitig auch Verteidigungsminister, fordert und erreicht schließlich die Übereinkunft über die dreimonatige Unterbrechung der Streiks. Die Regierung verspricht, während dieses »Waffenstillstands« Vorschläge über Reformmaßnahmen vorzulegen, insbesondere im Wirtschaftsbereich. Die »Solidarität« ist in dieser Zeit selbstverständlich bereits eine Organisation, die die Funktion der einzigen unabhängigen politischen Organisation im System ausübt. Andere bedeutendere Formen der Organisiertheit läßt das System immer noch nicht zu. Ihre Rolle übersteigt also wesentlich die traditionelle Rolle der Gewerkschaften. Dennoch ist in dieser Phase die Führung der »Solidarität« vor allem darum bemüht, die gesamte Organisation auf die Durchsetzung traditioneller gewerkschaftlicher Forderungen zu orientieren und sich nicht in eine allgemein-politische oppositionelle Kraft gegenüber dem System zu verwandeln. Die Führung der »Solidarität« nimmt in dieser Phase keineswegs die Aufgabe auf sich, den Plan einer wirtschaftlichen und noch weniger einer politischen Reform des Systems auszuarbeiten; sie überläßt dies der Regierung. Sie will sich nur das Recht vorbehalten, zu opponieren, die Rolle einer Kraft zu spielen, die Druck im Sinne sozialer Interessen der Arbeiter ausübt.

In Wirklichkeit gelang es jedoch in dieser Zeitspanne von Februar bis Mai 1981 nicht, keine der Fragen effektiv zu lösen, deren Komplex die damalige Krise bildete. Die Versorgungslage bessert sich nicht, sie verschlechtert sich weiter; im April werden Nahrungsmittelkarten für Fleisch und Zucker eingeführt, aber nicht einmal die Nahrungsmittelrationen werden der Bevölkerung faktisch gesichert. Am 17. April werden die Bauerngewerkschaften »Solidarität« legalisiert. Gleichzeitig verschärft sich einige Male die politische Spannung (Zwischenfall zwischen der Polizei und den Gewerkschaftlern in Bydgosč/Bromberg u.a.). Die offizielle Macht legt kein für beide Seiten annehmbares Konzept von Reformen wirtschaftlicher oder politischer Art vor.

Innerhalb der offiziellen Machtstrukturen, besonders innerhalb der kommunistischen Partei, gibt es Konflikte. Es ist offensichtlich, daß die Orientierung auf eine langfristige kompromißartige Entwicklung bei weitem nicht eindeutig ist. Die offizielle politische Macht ist so weiterhin nicht imstande, die politische Initiative zu gewinnen. Sie gerät im Gegenteil immer stärker in Verdacht breiter Schichten der Gesellschaft, daß sie in Wirklichkeit keine grundlegenden Reformen des Systems will und nur eine Verschleppungstaktik betreibt, indem sie sich vorbereitet, im günstigen Moment ihre bisherigen durch Streiks erzwungenen Versprechen wieder zu brechen.

Diese Entwicklung innerhalb der offiziellen Machtstruktur wird besonders durch drei Faktoren bedingt:

– Jahrelang schloß die kommunistische Partei die Träger kritischer und potentiell oppositioneller Tendenzen aus; sie unterbrach so die schwache Verbindung mit der beherrschten Gesellschaft.

– Auf die polnischen Strukturen wurde immer stärkerer Druck von außen ausgeübt. Die UdSSR und andere Länder des Blocks, besonders die ČSSR und die DDR, stellten sich gegen Bestrebungen, Kompromisse fortzusetzen und so dauerhafte, für die »Solidarität« annehmbare Systemänderungen durchzuführen.

Im April 1981 verurteilt M. Suslow anläßlich seines Besuchs in Warschau öffentlich den Zustand, daß Mitglieder der kommunistischen Partei gleichzeitig Mitglieder der »Solidarität« sind. Die Führung der KPdSU greift direkt ein, als bei der Vorbereitung des Parteitags der polnischen Partei reformkommunistische Kräfte siegen könnten (öffentlich in dem Brief von Breschnew vom 7. Juni 1981); systematisch werden in den Ländern des Sowjetblocks die aggressive Propaganda gegen die Politik der Kompromisse in Polen, wie auch Manifestationen der militärischen Kraft fortgesetzt (große Manöver des Warschauer Pakts am 17. März u. a.).

– Die Wirtschaftslage in Polen war so schlecht und kompliziert, daß es kaum möglich war, eine Konzeption der Reformen auszuarbeiten, die sie sichtbar und schnell verändern würden. Die Kräfte der Machtelite in Polen und im gesamten Sowjetblock hatten so die Möglichkeit, mit der Ermüdung und der Desillusionierung der Bevölkerung zu kalkulieren und zu hoffen, daß der fortschreitende Wirtschaftszerfall im Lauf der Zeit die »Solidarität« diskreditieren würde.

Mitte Juni 1981 tritt der außerordentliche Parteitag der Polnischen Vereinigten Arbeiterpartei zusammen. Bereits während seiner Vorbereitungen wurde unter direktem sowjetischen Druck verhindert, daß während seiner Tagung die reformorientierten Kräfte organisiert und mit klarer Konzeption auftraten. Ein Versuch dazu war die Konferenz sogenannter »horizontaler Strukturen« der Partei am 15. April 1981 in Torun, deren Organisatoren später aus der Partei ausgeschlossen wurden. Auf dem Parteitag kamen zwar spektakulär demokratische Prozeduren zur Geltung (geheime Wahlen u. ä.), doch insgesamt war es ein Parteitag, der nur die Gruppen aus den niedrigeren Gliedern des Parteiapparats stärkte: Aus der Parteiführung wurden die Repräsentanten des traditionell konservativen wie auch des Reformflügels ausgeschlossen. Inhaltlich nahm der Parteitag keine eindeutige Konzeption einer weiteren wirtschaftlichen und politischen Entwicklung an. In Wirklichkeit manifestierte er vor allem die Unfähigkeit der kommunistischen Partei, von der Verschleppungsposition abzugehen: Das ermöglichte es zwar grundsätzlich, die Politik der Kompromisse fortzusetzen, aber es schuf keine konkreten Voraussetzungen für ihren Erfolg. Der Weg für eine Gegenentwicklung war keineswegs versperrt. In der polnischen Öffentlichkeit rief dieser Parteitag auch keinen Widerhall hervor.

Seit August kommt es zu einer neuen Streikwelle. Über eine Million von Bergleuten in Schlesien, und die Druckerstreiks zur Durchsetzung der Forderungen der »Solidarität«, die Zugang zu den Massenmedien erhalten will. Im Herbst häufen sich »wilde Streiks«, deren Ablauf nicht einmal durch die Zentralleitung der »Solidarität« voll beherrscht wird. Nach dem Parteitag der kommunistischen Partei verstärkt sich die Tendenz innerhalb der »Solidarität«, die der gesamten Radikalisierung der durch die Entwicklung enttäuschten Gesellschaft entspricht und bestrebt ist, dieser Bewegung eine *grundlegende politisch-programmatische Rolle* zu geben. Im Lauf der Vorbereitungen des Parteitags der »Solidarität«, der für September einberufen wurde, beginnt die Diskussion über ihr Programm. Während ihres Ablaufs verändert sich die »Solidarität« markant zu einer Organisation, die die »Aufforderung der Zeit« entgegennimmt und in der Praxis grundlegende Änderungen des sozialpolitischen Systems durchzusetzen gedenkt. Diese Orientierung wird durch ihren Parteitag im September 1981 bestätigt. Wenn wir von politischen Ansichten und Vorschlägen absehen, die in Wirklichkeit nur eine politische Randbedeutung hatten, dem Aufruf des Parteitags der »Solidarität« an die Arbeiter der übrigen Länder des Sowjetblocks z.B., kann man die Hauptvorschläge zu Systemänderungen allgemein folgendermaßen zusammenfassen[42]:

Die ökonomische Basis des sozialpolitischen Systems sollten vor allem Betriebe im kollektiven Eigentum bilden, geleitet durch

Organe der Arbeiterselbstverwaltung mit unternehmerischer, nichtgewerkschaftlicher Funktion, mit einem beträchtlichen Maß an Autonomie bei Entscheidungen. Die zentralistische administrativ direktive Leitung sollte durch eine elastische Verbindung des Plans und des Markts ersetzt werden, die Raum für die Autonomie der selbstverwalteten Betriebe bieten würde. Daneben würde in der Wirtschaft auch ein Privatsektor vorhanden sein, besonders in den Dienstleistungen und in der Kleinproduktion, der in der Landwirtschaft mit der politischen selbstverwalterischen Interessenorganisation der Bauern (Dorf-»Solidarität«) verbunden wäre.
Die Basis der politischen Strukturen sollten vor allem verschiedene Formen der Institutionen der Selbstverwaltung bilden, unter ihnen die »Solidarität« als Garant der gesamten Entwicklung der Selbstverwaltung. Man betonte allgemein den Gegensatz zwischen der Gesellschaft und dem Staat: Die Selbstverwaltungsinstitutionen in der Gesellschaft und ihren verschiedenen sozialen Gruppen sah man als die hauptsächlichen Institutionen in der gesamten politischen Struktur, der Staat als ein Machtinstrument hatte eine vervollständigende Funktion in gewissen Sphären, wie in der Landesverteidigung, der Außenpolitik, der Gesetzgebung und der Justiz. Die kommunistische Partei wurde eher als ein Bestandteil der staatlichen Sphäre aufgefaßt, nicht der gesellschaftlichen Selbstverwaltung. In diesem Rahmen – besonders aus außenpolitischen Gründen und vom Gesichtspunkt der Mitgliedschaft Polens im Warschauer Pakt – ließ man die Notwendigkeit gelten, ihre politische privilegierte Position aufrechtzuerhalten. Die Struktur des politischen Lebens sollte sich jedoch grundsätzlich entsprechend den Prinzipien politischer Pluralität entwickeln, mit dem Recht politischer Parteien und der hauptsächlichen Selbstverwaltungsorganisationen, selbständig ihre Repräsentanten in den Wahlen in die staatlichen Vertretungsorgane zu kandidieren.
In diese Organe (ins Parlament) sollte direkt auch das gesamte Netz der Arbeiterselbstverwaltung in den Betrieben eingegliedert werden, und zwar in der Form einer besonderen Kammer des Parlaments. Die Grundtendenz der Entfaltung des politischen Systems in der Richtung, die das traditionelle parlamentarische Modell westlichen Typs mit der ausschließlichen Vertretung politischer Parteien durch die Vertretung der Selbstverwaltung vervollständigte, war hier also im Einklang mit dem jugoslawischen Modell und ähnlich wie in den programmatischen Konzeptionen in der Tschechoslowakei 1968.

In die Gesamtkonzeption der »Solidarität« gehörte selbstverständlich auch die Freiheit des Wortes und der Presse, die Unabhängigkeit der Gerichte und weitere traditionelle Prinzipien und politische Mechanismen der pluralistischen Demokratie und des Rechtsstaats. Große Bedeutung wurde in der programmatischen Konzeption auch der gesamten Sphäre der moral-politischen Beziehungen beigemessen: die Atmosphäre der allgemeinen Korruption und des Zynismus, charakteristisch für die letzte Entwicklungsphase des sowjetischen Systems in Polen, rief das Bedürfnis nach einer Änderung eben in dieser Richtung hervor.
Es ist selbstverständlich, daß die Kirche entsprechend den programmatischen Vorstellungen der »Solidarität« eine autonome Position nicht nur einer ideellen, sondern auch einer politischen Gesellschaftskraft erhalten sollte. Insbesondere die Ausnutzung der Massenkommunikationsmittel sollte praktisch allen Formen gesellschaftlicher Institutionen und nicht zuletzt der Kirche in gleicher Weise zugänglich sein. Die programmatische Konzeption der »Solidarität« kann deshalb kritisiert werden, weil sie allgemeine Zielvorstellungen formulierte, aber nicht den konkreten politisch realen Weg unter den gegebenen Konfliktbedingungen Polens. Obwohl das Programm der »Solidarität« in vielen Fragen vom Gesichtspunkt des realisierbaren politischen Vorgehens unklar und auch nicht gut ausformuliert war, obwohl es keine überzeugenden Antworten auf komplizierte aktuelle Wirtschaftsfragen gab, obwohl es oft moral-politische Postulate eher als eine realistische politische Strategie und Taktik des Vorgehens beinhaltete, ist trotz alledem unstreitig, daß es in der chaotischen Entwicklung eine *konzeptionelle politische Initiative* darstellte. Sie gewann die Unterstützung einer riesigen Mehrheit der Bevölkerung. Die offizielle politische Macht hatte dagegen keine eigene, für die Mehrheit der Bevölkerung ebenso attraktive Alternative. Vom Gesichtspunkt der Qualität vorgeschlagener Systemänderungen bedeutete diese politische Linie der »Solidarität« die *Aufhebung des totalitären Charakters* der politischen Macht sowjetischen Typs, das heißt die Auflösung des entscheidenden Faktors, der die gegenwärtige Qualität und Reproduktion dieser Systeme aufrechterhält. In diesem allgemeinsten Sinne war die entstandene Situation mit der Situation des Jahres 1968 in der Tschechoslowakei identisch, und völlig abstrakt genommen, auch mit der Situation in Ungarn 1956. Sie unterschied sich jedoch von diesen vorhergehenden Krisensituationen des Systems in zwei Richtun-

gen: in der Vorstellung darüber, womit das alte System zu ersetzen ist; der Schwerpunkt der zukünftigen Entwicklung liegt hier eindeutig auf der Konzeption einer viel größeren autonomen Rolle der sozialen Struktur gegen die politische Struktur, in der Konzeption der folgerichtigen Anwendung des Selbstverwaltungsprinzips sowohl in ökonomischen wie in politischen Beziehungen; in dem Charakter der sozialen Kraft, die die Veränderung durchsetzen wollte, der von offiziellen Machtstrukturen unabhängigen, im wesentlichen spontanen Arbeiterbewegung. Besonders unter diesem letzten Gesichtspunkt unterschied sich die polnische Entwicklung sehr markant von der tschechoslowakischen: In Polen begann bereits in Wirklichkeit in der Anfangsphase die *soziale Revolution* gegen das Sowjetsystem – und das spiegelte auch das Programm der »Solidarität« wider.

Seit dem Sommer 1981, als die politische Entwicklung in Polen in dieser Richtung schrittweise immer offenkundiger wurde, reagierte die offizielle politische Macht zwar noch mit verschiedenen Maßnahmen auch mit ambivalentem Charakter, z. B. mit dem Versuch einer Bildung einer »Front der nationalen Verständigung«, die durch die kommunistische Partei, die »Solidarität« und die katholische Kirche gebildet werden sollte. In Wirklichkeit bereitet sie sich jedoch auf den offenen Machtkonflikt vor:

– es werden fortan keine neuen Reformmaßnahmen im wirtschaftlichen und im politischen Bereich realisiert; die offizielle Macht begründet dies damit, daß die »Solidarität« immer radikalere Forderungen stellt und sich auf einen Konflikt statt auf Kompromisse orientiert; diese Ansicht verkünden öffentlich auch die Repräsentanten des Reformflügels in der kommunistischen Partei[43]; sie verlangt als Bedingung weiterer Reformen, die »radikalen Extremisten« in der »Solidarität« und außerhalb von ihr mundtot zu machen; in Wirklichkeit führt ein solches Vorgehen natürlich notwendigerweise nur zum Wachstum des Mißtrauens gegenüber den Reformabsichten der offiziellen Macht – und zwar begründeterweise;

– die hauptsächlichen Machtfunktionen konzentrieren sich in den Händen von General Jaruzelski, der am 18. Oktober auch Chef der Partei wird; die Armee übernimmt, zuerst nur zeitweilig, zivile Verwaltungsfunktionen, die Kontrolle der Versorgung u. ä.;

– wiederum wird mit der sowjetischen Intervention gedroht und gleichzeitig auch gefordert, der Regierung die Einführung »außerordentlicher Maßnahmen« zu ermöglichen; der Gedanke an die

Verkündung irgendeiner Form des Standrechts wird zu einer der öffentlich erwogenen Alternativen der weiteren Entwicklung. In dem Augenblick, als die »Solidarität« in eine neue Runde der Offensive übergehen will, um ihre Forderungen durch eine neue Welle des massiven Drucks gegen das Regime durchzusetzen, offenbart die offizielle politische Macht nach sechzehn Monaten zum ersten Male die Fähigkeit, die Initiative zu ergreifen, aber bereits im Sinne der *Initiative zur direkten gewaltsamen Beendigung* der gesamten bisherigen Entwicklung. In der Nacht vom 12. auf den 13. Dezember beschließt die Führung der »Solidarität« die Durchführung einer gesamtnationalen Protestaktion, eines politischen Generalstreiks und einer Volksabstimmung über Systemänderungen; im Verlaufe derselben Nacht besetzen das Militär und die Polizei das gesamte Land. Es werden Massenverhaftungen nach im voraus vorbereiteten Verzeichnissen durchgeführt. In den frühen Morgenstunden des 13. Dezember verkündet General Jaruzelski offiziell für das ganze Land den »Kriegszustand«: Es werden alle Möglichkeiten der Kommunikation innerhalb des Landes und auch mit dem Ausland unterbrochen, Versammlungen verboten, das Erscheinen aller Zeitungen außer der militärischen eingestellt, wichtige Betriebe und Ämter werden direkt der Militärverwaltung unterstellt, es wird die Arbeitspflicht eingeführt und Arbeitsverweigerung durch Militärgerichte bestraft usw. – kurz gesagt, es wird der Mechanismus des politischen Massenterrors in Gang gesetzt, der im gesamten Sowjetblock während des letzten Vierteljahrhunderts seinesgleichen sucht.

Bei dieser andeutungsweisen und schematischen Schilderung des Ablaufs der Ereignisse mag es allerdings scheinen, daß der politische Massenterror in der Form des »Kriegszustands« auf seine Weise logisch notwendig und vom Gesichtspunkt der politischen Macht vielleicht auch die einzige Lösung der Krise war. Wir nehmen jedoch an, daß die polnische Krise auch andere alternative Lösungen hatte – mindestens während der ersten zehn Monate ihrer Dauer seit September 1980 bis Juni 1981.

Das war die Zeitspanne, in der faktisch *die grundlegende Systemänderung bereits durchgeführt wurde*, ohne daß es dabei zur direkten Konfrontation in der Form des Eingriffs der bewaffneten Gewalt von irgendeiner Seite gekommen wäre. Die Änderung beruhte darin, daß die offizielle politische Macht nicht mehr imstande war, unabhängig von der Willensäußerung der beherrschten sozialen Gruppen zu entscheiden. Sie mußte ihre

Entscheidung mit Hilfe von Abkommen (Kompromissen) mit der unabhängigen Organisation »Solidarität« beschließen und verwirklichen, die beinahe 10 Millionen Mitglieder, überwiegend Arbeiter, vereinte. Diese unabhängige Organisation bildet zweifelsohne einen Faktor der politischen Macht. Sie bedeutete eine qualitative Änderung der vorhandenen Machtstruktur. Durch ihren Sieg verwandelte sie sich freilich aus der ursprünglich Druck ausübenden Kraft, die außerhalb der offiziellen Machtstruktur stand, in einen legalen Bestandteil dieser Struktur: sie bildete einen Bestandteil des bereits veränderten sozialpolitischen Systems.
Neben der Alternative der Restauration dieses Systems in seiner alten Form vor der Bildung der »Solidarität« gab es also zweifelsohne auch die Alternative der Entwicklung des Systems auf der bereits neu gebildeten Basis, das heißt mit der »Solidarität«. Die Realisierung dieser Alternative setzte allerdings zwei grundlegende Bedingungen voraus: daß die »Solidarität« nicht versuchen wird, den erreichten Zustand weiterzutreiben und die kommunistische Partei und den mit ihr verbundenen staatlichen und wirtschaftlichen institutionellen Mechanismus einfach aus der Welt zu schaffen, und daß gleichzeitig dieser zweite Bestandteil nicht versuchen wird, die »Solidarität« zu unterdrücken[44]. In der Zeitspanne bis Sommer 1981 kann durch nichts erwiesen werden, daß die »Solidarität« nicht bereit war, einen solchen Stand der Dinge zu akzeptieren. Ideologisch-politische Reden von Einzelpersonen oder kleinen Gruppen, die das Gegenteil bezeugen, widerlegen nicht diese Behauptung: in einer jeden spontanen Bewegung gibt es solche Marginalerscheinungen, die ihre politische Richtung und Charakter nicht bestimmen.
Demgegenüber schuf jedoch die offizielle politische Macht, die politische Führung der kommunistischen Partei und des Staates immer wieder Situationen, in denen die »Solidarität« zur Mobilisierung eines Massendrucks, vor allem durch Streiks gezwungen war, um die Realisierung bereits erreichter Abkommen, die Aufrechterhaltung ihrer Position eines tatsächlich anerkannten Partners in der Machtstruktur zu sichern. Die alte offizielle Machtstruktur versuchte praktisch immer von neuem zu prüfen, ob sie tatsächlich auf die Dauer ihre ursprüngliche Position des Inhabers der absoluten Macht verlassen muß. Sie lehnte es ab, die bereits durchgeführte Systemänderung wirklich als die dauerhafte und einzig mögliche Grundlage des Regierens anzuerkennen.
Dadurch wurde in dieser gesamten Zeitspanne immer wieder das

Konfliktelement der gesamten Lage reproduziert. Die unausweichliche Folge war die Instabilität des bereits erreichten Zustandes: das Mißbehagen des Provisoriums konnte nicht überwunden werden. Das wurde von den Anhängern der »Solidarität« als ein Zustand der Unsicherheit und der Bedrohung dessen empfunden, was sie bereits erreicht hatten. Von den Anhängern der alten Machtstruktur wurde dies als ein Zustand der »Anarchie« gegeißelt, das heißt des Verlustes der eigenen Macht. Weil sich gleichzeitig in dieser Lage die konkrete Erscheinung, die ursprünglich die Krise hervorgerufen hatte, nämlich die unhaltbare Versorgungslage, nicht milderte, sondern im Gegenteil verschärfte, wurde die Polarisierung in der Form der Radikalisierung der Forderungen »von unten« und des immer stärkeren Hangs zur gewaltsamen Unterbrechung der Entwicklung »von oben« zu einer notwendigen und starken Tendenz der gesamten Entwicklung. Das offenbart sich dann klar seit Sommer 1981, und erst seit dieser Zeit ist der offene Konflikt nicht mehr zu umgehen.

Die Ursachen dieser Entwicklung kann man als Faktoren bezeichnen, die zur Lösung der Situation durch den »Kriegszustand« trieben. Wenn wir die Entwicklung in Polen 1980 - 1981 mit der Entwicklung in demselben Land im Herbst 1956 vergleichen, treten diese Ursachen in mancher Hinsicht klarer hervor. Im Jahre 1956 spielten in Polen auch alle die besonderen, historisch bedingten Umstände ihre Rolle: die gewaltsame Installierung des kommunistischen Regimes, der antirussische Nationalismus, die Nichtexistenz einer kollektivisierten Landwirtschaft, der starke ideell-politische Einfluß der katholischen Kirche und auch die massenweise Unzufriedenheit der Arbeiter mit dem vorhandenen Lebensniveau. Das System sowjetischen Typs existierte darüber hinaus kaum zehn Jahre. Die Methoden des politischen Terrors stalinistischer Provenienz riefen einen Massenwiderstand hervor und die Atmosphäre des Konflikts wurde bis zum Rande der Tragbarkeit für das System zugespitzt.

Dennoch gelang es damals, die Krise ohne Ausrufung des »Kriegszustands« zu überwinden, sondern im Gegenteil durch die Aufgabe der Methoden des politischen Massenterrors. Es scheint, daß damals drei Hauptfaktoren dies ermöglichten:
– die Fähigkeit der offiziellen politischen Struktur, der kommunistischen Partei, schnell auf die Situation mit der Durchführung einer Reihe von Reformen zu reagieren, und zwar nicht nur durch Versprechungen, sondern auch in der Praxis durch die Bildung der

Arbeiterräte, die Bewilligung der Freiheit des Wortes und der Presse, durch den Ausschluß offensichtlicher Kundgebungen sowjetischer Hegemonie – die Gesellschaft setzte Vertrauen in die Möglichkeit, Systemänderungen durch Reformen zu erreichen; – durch die Krise wurde damals auch das sozialpolitische System in der UdSSR selbst und in den übrigen Ländern des Sowjetblocks betroffen; von dieser Seite wurde deshalb in der Praxis das Bestreben offenbart, der Zuspitzung der Konfliktsituation in Polen zuvorzukommen, und die Notwendigkeit der Reformen des Systems wurde von dieser Seite überhaupt nicht bestritten.

Keiner dieser drei Faktoren wirkte jedoch in Polen 1980 – 1981. Im Gegenteil, in allen drei angeführten Richtungen gab es völlig umgekehrte Tendenzen. Soweit es bei einer Systemanalyse überhaupt einen Sinn hat, die Schuldfrage zu stellen, kann man nicht übersehen, daß die Schuld an der Änderung dieser Faktoren in keinem Falle die »Solidarität« trug. Die Veränderung dieser Faktoren ist die Folge der gesamten Entwicklung sowjetischer Systeme in den Jahren 1965 – 1980: sie ist die Kehrseite ihrer relativen Stabilisierung. In Polen erwies sich so, daß sich unter bestimmten Umständen die Stabilisierung des Sowjetsystems nicht als relativ und zeitweilig offenbart, sondern sogar als ein Zustand, in dem das sozialpolitische System zur Aufrechterhaltung des Status quo wieder zum politischen Massenterror *zurückkehren muß*, den es vor einem Vierteljahrhundert bereits aufgab, weil in ihm eine der Hauptursachen der damaligen tiefen Systemkrise beruhte.

Zum Abschluß dieser kurzen Analyse nur noch einige Anmerkungen über die Möglichkeiten einer weiteren innenpolitischen Entwicklung in Polen in der nächsten Zukunft. Die gewaltsame Unterdrückung des »Erneuerungsprozesses« in Polen hat die Möglichkeit einer Reform des vorhandenen Systems in der Richtung, die in den Jahren 1980 – 1981 möglich zu sein schien, ausgeschlosssen. Gleichzeitig ist es auch nicht möglich, das System in den Zustand vor dem August 1980 zurückzuversetzen.

Die Reformentwicklung in jedwedem sozialpolitischen System setzt immer notwendigerweise nicht nur den Willen zu Reformen »von oben«, sondern auch den Glauben an ihren Erfolg »von unten« voraus. Diese beiden Faktoren wurden in Polen wesentlich bereits in den Jahren 1956 – 1980 gestört; soweit sie überhaupt noch wirkten, ermöglichten sie eben nur diese Entwicklung, gegen die die offizielle Macht schließlich mit der militärisch-polizeilichen Diktatur auftrat. Nach diesem Schritt ist es völlig un-

realistisch vorauszusetzen, daß ihr Wirken in absehbarer Zeit wiederhergestellt werden könnte.
Die politische Macht, die einmal im Namen der Rettung des Status quo bis zur Verkündung des »Kriegszustands« greift, das heißt einseitig und sozusagen »präventiv« den Bürgerkrieg gegen die unbewaffnete Bevölkerung führt, kann für absehbare Zeit dieses Mittel nicht aus ihren Händen geben. Jede weitere wirtschaftliche, politische und soziale Änderung wird unter dem Gesichtspunkt geprüft, ob sie die Fähigkeit der Macht erschwert, »Ordnung wiederherzustellen«. Im Bedarfsfall wiederum auch mit den Methoden des »Kriegszustands«. Das bringt unausweichlich eine bedeutende Verschiebung im gesamten politischen Spektrum mit sich. Tendenzen, die vor dem 13. Dezember 1981 als »radikaler Linksextremismus« aufgefaßt wurden, werden nun zur staatsfeindlichen kriminellen Tätigkeit erklärt. Dadurch geraten allerdings Reformtendenzen, die zuvor als »gemäßigte Mitte« aufgefaßt wurden, in die Position des »radikalen Extrems«. Gegen sie wird sich der Angriff der offiziellen politischen Macht konzentrieren, deren Position sich gleichzeitig in gegensätzlicher Richtung verschob. Die militärisch-polizeiliche Diktatur wird zum zulässigen Instrument der »Wiederherstellung der Ordnung«. Der politische Raum für das Wirken der sogenannten zentristischen Richtung verengte sich außerordentlich, teilweise verschwand er überhaupt; damit haben freilich die Bestrebungen zu Systemänderungen in der Richtung, die sich vor dem Dezember 1981 durchsetzte, im politischen Spektrum Polens künftighin praktisch keine legal wirkenden Träger.
Bis hierher ist im allgemeinsten Sinne des Wortes die Situation mit dem Ausgangspunkt identisch, den die sogenannte Normalisierungspolitik in der Tschechoslowakei nach der sowjetischen Intervention hatte. Von der damaligen tschechoslowakischen Situation unterscheidet sich die heutige Situation vor allem dadurch, daß sie keine reale Möglichkeit besitzt, die passive Loyalität der Bevölkerung gegenüber der »Normalisierungspolitik« durch Erfolge der Konsumgesellschaft zu erkaufen: dieser Mechanismus brach in Polen schon lange vor dem Dezember 1981 zusammen.
Zuerst hat die militärische Macht nach dem 13. Dezember 1981 eigentlich nur mit einer Methode versucht, den wirtschaftlichen Zerfall in Polen aufzuhalten: durch die Einführung der Zuteilungswirtschaft des Kriegstyps, und zwar nicht nur für den Kon-

sum der Bevölkerung, sondern auch für den Produktionsverbrauch, der Regulierung volkswirtschaftlicher Proportionen usw., und durch die Einführung der militärischen Disziplin im gesamten Wirtschaftsleben, beginnend mit der militärischen Verwaltung in wichtigen Betrieben, über die Arbeitspflicht, gleichgestellt dem Dienst in der Armee, bis zur gewaltsamen militärischpolizeilichen Unterdrückung aller Formen sozialen Widerstands – beispielsweise gegen die notwendige riesige Inflation u. ä. Dabei konnte keine Rede mehr sein von Arbeiterselbstverwaltung und unabhängigen Gewerkschaften, auch nicht von durch die kommunistische Partei geleiteten Gewerkschaften, wie sie in den übrigen Ländern des Sowjetblocks existieren. Die Militarisierung des wirtschaftlichen und auch des zivilen administrativen Apparats bildete monatelang die einzige reale Alternative der Reformentwicklung aus den Jahren 1980 - 1981. Langfristig kann man jedoch mit solchen Methoden das polnische ökonomische System nicht funktionsfähig machen. Diese Aufgabe ist ohne tiefgreifende Wirtschaftsreform kaum lösbar. Es wäre irreführend, die heutige katastrophale Wirtschaftslage in Polen nur als Hindernis für derartige Reformen zu verstehen. Sie stellt zweifelsohne ein Hindernis dar, soweit die Wirtschaftsreform auf optimale Weise nur unter Bedingungen eines Gleichgewichts durchführbar ist. Es kann jedoch im gewissen Sinne eine Analogie gezogen werden zwischen der heutigen polnischen Wirtschaftslage und derjenigen im Sowjetrußland, in der Lenin die »neue Wirtschaftspolitik« (NEP) als Überlebensstrategie des Sowjetsystems proklamierte.

Eine tiefgreifende Wirtschaftreform könnte in der polnischen Landwirtschaft begonnen werden. Die gewaltsame Kollektivierung der Landwirtschaft ist aus politischen und wirtschaftlichen Gründen keine reale Entwicklungsalternative. Die grundsätzliche Modernisierung der Landwirtschaft, ohne die eine Lösung der unhaltbaren Versorgungslage unmöglich ist, muß in Polen im Rahmen der privaten Landwirtschaft stattfinden. Unter solchen Bedingungen ist jedoch ohne Wiederbelebung des Marktes und des Unternehmertums diese Aufgabe unlösbar. Von der Landwirtschaft aus werden dann diese Verhältnisse auf die wirtschaftliche »Umgebung« wirken. Das steife, zentralisierte System der Leitung der staatlichen Industrie, des Verkehrs, des Handels usw. wird man diesen Anforderungen anpassen müssen. Eine Wirtschaftsreform vom ungarischen Typus könnte heute in Polen eine mit der russischen »NEP« vergleichbare Rolle spielen[44a].

Dies würde allerdings keineswegs zu den gleichen politischen Erfolgen führen, die aus Ungarn im Zusammenhang mit der Wirtschaftsreform nach 1968 bekannt sind. Die politische Lage in Polen wird so etwas für die absehbare Zeit kaum ermöglichen. Die Mehrheit der polnischen Gesellschaft akzeptierte keineswegs die gewaltsame Unterdrückung des Versuchs von Systemänderungen. Die fast ein ganzes Jahr andauernden verschiedenen Formen des Massenwiderstands unter den schwierigsten Bedingungen des »Kriegsrechts« haben das deutlich bewiesen. Nach einem Jahr ist jedoch diese Mehrheit gleichzeitig von der Unhaltbarkeit der gegebenen, vor allem der wirtschaftlichen Verhältnisse, sowie auch von der Unmöglichkeit einer Rückkehr zu den politischen Verhältnissen der Jahre 1980 - 1981 überzeugt. Es verbreitete sich eine Atmosphäre der Ermüdung; der Versuch der illegalen »Solidarität«-Führung, auf das endgültige Verbot der unabhängigen Gewerkschaft im November 1982 mit einer Streikwelle zu antworten, ist gescheitert. Erst auf dieser Basis scheint ein Durchbrechen des bisherigen Teufelskreises möglich zu sein, in dem jede Milderung der Gewalt eine neue Widerstandswelle gegen die »Normalisierung« hervorgerufen hat, die wiederum zu härteren Formen der Gewalt geführt haben. Erst in der neuen Lage könnte das Machtzentrum das »Kriegsrecht« aufheben. Sollte danach keine neue Widerstandswelle eintreten, wird die wichtigste politische Vorbedingung für die Aufhebung der Militarisierung der Wirtschaft gegeben sein.

Selbst unter dieser Voraussetzung werden in Polen weder die wirtschaftlichen noch politischen Bedingungen für eine bloße Wiederholung des »Normalisierungsprozesses« nach dem ungarischen oder tschechoslowakischen Muster existieren. Der Einmarsch sowjetischer Truppen hat in Polen nicht stattgefunden, es handelte sich vielmehr um eine »sowjetische Invasion durch den Bevollmächtigten«. Sowohl aus objektiver, als auch aus sowjetischer Sicht ergeben sich daraus eine Reihe politischer Folgen. Zu den wichtigsten gehört, daß das polnische Machtzentrum langfristig nicht auf die Möglichkeit verzichten kann, im Notfall erneut zum »Kriegszustand« zu greifen. Die »Normalisierungspolitik« muß mit einer privaten Landwirtschaft rechnen, die auch im politischen Sinne ein Milieu darstellt, das sich dem zentralistischen Dirigismus nicht ohne weiteres unterordnen läßt. Die »Normalisierung« in Polen ist nicht imstande, die katholische Kirche als unabhängige ideologisch-politische Kraft auszuschalten und den

ideologisch-politischen Monopolanspruch durchzusetzen. Kein Machtzentrum in Polen wird ohne Verhandlungen mit der Kirche regierungsfähig.
Das alles muß zur außerordentlichen Vorsicht seitens des Machtzentrums führen. Alle seine politischen Schritte werden für absehbare Zeit dem einzigen Ziel untergeordnet: jeden Versuch zur Wiederbelebung der oppositionellen Kräfte im Keim zu unterdrücken und deshalb auch die wirtschaftlichen Reformmaßnahmen von der politischen Demokratisierung zu trennen.
Infolge aller dieser Faktoren entsteht so in Polen bereits heute (und es scheint, daß es sich auf absehbare Zeit weiter entfalten wird) ein sozialpolitisches System, welches sich *ziemlich markant* von den übrigen Ländern des Sowjetblocks *unterscheidet* – und zwar auch in einigen Zügen, deren Charakter systembedingt ist.
Vom Gesichtspunkt systemimmanenter Koppelungen beurteilen wir als den bedeutendsten solcher Unterschiede die abweichende *Position der kommunistischen Partei* (des Parteiapparats) in der gegenwärtigen Struktur der offiziellen politischen Macht in Polen. Während der bisherigen Entwicklung sowjetischer Systeme, und zwar besonders nach 1953, bildete die Konzentration der Macht in den Händen der Zentren, die auf dem Boden der kommunistischen Partei entstanden, ein bedeutendes systemimmanentes Element (siehe eingehender im Kapitel I/2 und II/2). Die Störung der Fähigkeit der Partei, einerseits in Richtung der Aufrechterhaltung des Gleichgewichts zwischen den widersprüchlichen Interessen verschiedener Gruppen der Machtelite zu wirken und gleichzeitig auch ihrer Fähigkeiten, simultan als Machtapparat und als Mechanismus der »zensurierten Rückkoppelung« zur beherrschten Gesellschaft zu wirken, stellte in der Entwicklungsphase 1953 bis 1980 immer ein bedeutendes Gebrechen der Stabilität des gesamten sozialpolitischen Systems dar. Bei der polnischen Entwicklung 1980 – 1981 wurde jedoch diese Fähigkeit vollkommen zerrüttet.
Die Armee in direkter Verbindung mit dem Polizeiapparat erlangte auch in der Beziehung zur Partei (zur politischen Bürokratie) faktisch eine übergeordnete Position. Diese Gruppen der Machtelite, die militärische und die Polizeibürokratie sind allerdings außerstande, die verschiedenartigen Interessen der gesamten Machtelite, das heißt auch der wirtschaftlichen, staatlichen und Parteibürokratie, in derselben Weise zu integrieren, wie es der relativ stabilisierte Mechanismus der »führenden Rolle der Par-

tei« tut. Allgemein gesehen formiert sich hier im Keime ein ähnliches Problem, welches die stalinistische Entwicklungsphase sowjetischer Systeme hervorbrachte: der Apparat der bewaffneten Gewalt (Armee und Polizei) wird zum »Staat im Staate«. Nicht nur in der Perspektive der Entwicklung politischer Demokratie und der Selbstverwaltung, sondern auch vom Gesichtspunkt der Stabilisierung der Verhältnisse innerhalb der Machtelite sowjetischen Typs selbst trägt die polnische Entwicklung gegenwärtig Elemente einer ernsten Krise des Systems in sich.

Sollte der in der Gegenwart festzustellende Trend der Veränderung in der Machtstruktur andauern, sich festigen und weiter verstärken, würde die polnische Entwicklung sogar ein Symptom einer möglichen Systemänderung bedeuten – aber in einer völlig anderen Richtung als in allen vorhergehenden Phasen der Entwicklung nach dem Jahre 1953: dadurch, daß sich die Zentren der absoluten Macht vom »Boden der Partei« in den militärisch-polizeilichen Mechanismus verschieben, würde ein praktischer Schritt in die Richtung der Veränderung der sozialpolitischen Systeme der totalitären Macht des sowjetischen Typs zur totalitären Macht mit einer noch engeren und in ihrer Zusammensetzung anderen Sozialbasis getan werden. Die Ähnlichkeiten zwischen den Systemen sowjetischen Typs und den faschistischen Systemen würden damit stärker. Dies würde langfristig eine Schwächung der Sowjetsysteme bedeuten, denn das Ausmaß ihrer funktionellen Fähigkeit zur Reproduktion ökonomischer und sozialer Verhältnisse sowjetischen Typs würde sich dadurch herabsetzen, kurz und vereinfacht gesagt: die polnische Entwicklung beinhaltet Elemente, die zeigen, daß die Alternativen der Entwicklung sowjetischer Systeme notwendigerweise nicht nur ihr Status quo oder eine Veränderung in der Richtung ihrer Demokratisierung sein muß, sondern daß unter gewissen Umständen auch eine *dritte Alternative entstehen kann* – die Veränderung dieser Systeme in die Richtung zu den traditionellen Formen militärisch-polizeilicher Diktaturen totalitären Typs.

KAPITEL III
Internationale Zusammenhänge der Entwicklung sowjetischer Systeme in den Jahren 1953 - 1981

1. Die Krise des »sozialistischen Weltsystems« und der internationalen kommunistischen Bewegung

Die Krise des sowjetischen sozialpolitischen Systems rief immer auch eine Krise in der internationalen kommunistischen Bewegung hervor, insbesondere die Krise aller Beziehungen, die innerhalb dieser Bewegung die Hegemonie der sowjetischen kommunistischen Partei sicherten. Um die Intensität und die Bedeutung dieser Krise zu begreifen, ist ein Exkurs in die Geschichte unerläßlich[45].

Solange das politische und sozialökonomische Sowjetsystem nur in der UdSSR existierte, bildete die kommunistische Bewegung das Hauptinstrument seines internationalen Einflusses. Es waren die politischen Parteien, die seit dem Jahre 1921 in verschiedenen Ländern als »Sektionen« der zentralisiert aus Moskau geleiteten Kommunistischen (III.) Internationale entstanden waren. Bis zum zweiten Weltkrieg war die UdSSR als Staat außerstande, mit ihrer militärischen, ökonomischen und staatlichen Macht jenseits der Grenzen ihres Gebietes ihre Großmachtinteressen durchzusetzen. Sie war in diesem Sinne auch keine Weltgroßmacht. Ihr internationaler Einfluß hatte vor allem einen ideologisch-politischen Charakter, und der Träger dieses Einflusses war die kommunistische Bewegung.

Besonders seit der Zeit, als Stalin aus dem Konflikt mit Trotzki in der Frage der Möglichkeit des »Aufbaues des Sozialismus in einem Lande« siegreich hervorging, wurde die kommunistische Bewegung eindeutig zum Instrument der Unterstützung und der Durchsetzung staatlicher Machtinteressen der UdSSR. Die bedingungslose Unterstützung aller Maßnahmen der Sowjetmacht bezeichnete Stalin ausdrücklich als die grundlegende Pflicht eines jeden Anhängers der »proletarischen Weltrevolution«[46]. Die kommunistische Bewegung stellte insgesamt eine radikale Minderheitsorientierung innerhalb der Arbeiterbewegung dar. Obwohl man bei objektiver Analyse die Ursachen ihrer Entstehung und Entfaltung und auch die subjektiven Motive ihrer Anhänger nicht einfach mit der Wirkung der »Agenten Moskaus« gleichsetzen kann, kann nicht übersehen werden, daß sie im organisatorischen und finanziellen Bereich immer im entscheidenden Maße von Moskau abhängig war. Sie wurde von der sowjetischen politischen Polizei zur Eindringung in andere Länder ausgenutzt. Seit der Zeit, als sich das sowjetische sozialpolitische System in seiner stalinistischen Form festigte und die politische Macht in ihm definitiv den Charakter der totalitären Macht erlangte, werden die grundlegenden systembedingten Züge der Herrschaft in diesem System auch in die gesamte internationale kommunistische Bewegung übertragen. Ähnlich wie innerhalb der sowjetischen Gesellschaft alle sozialen Subjekte, die kollektiven und individuellen, der Möglichkeit autonom zu handeln verlustig gehen und ihr Verhalten unter die totale Kontrolle dieser Macht gerät, so entkleidet das Machtzenrum der kommunistischen Bewegung die einzelnen Subjekte dieser Bewegung – ursprünglich »Sektionen der Internationale«, später nationale kommunistische Parteien in anderen Ländern – ihrer Autonomie.

In Moskau wurden die führenden Funktionäre kommunistischer Parteien aus anderen Ländern in ihre Funktionen eingesetzt, in den dreißiger Jahren wurden sie dort auch hingerichtet. Im Falle der kommunistischen Partei Polens nahm das einen Umfang an, der der Ermordung der gesamten führenden Garnitur und der Liquidierung der Partei gleichkam.

Dieser Zustand rief chronische Krisen in den einzelnen kommunistischen Parteien hervor, wenn sich die Machtinteressen der UdSSR in konkreten Fragen mit den Interessen der radikalen Minderheit der Arbeiterbewegung in diesem oder jenem Land nicht deckten. Auf der einen Seite wurden alle Strömungen innerhalb der kommunistischen Bewegung und ganze Parteien, die es ablehnten, sich dieser totalen Kontrolle bedingungslos unterzuordnen, aus der Bewegung ausgeschlossen. Auf der anderen Seite wurde der Anspruch auf totale Unterordnung auch auf politische Verbündete der Kommunisten übertragen, die zwar bereit waren, in manchen Fragen mit den Kommunisten zusammenzuarbeiten, die totale Unterordnung jedoch ablehnten.

Innerhalb der kommunistischen Bewegung offenbarte sich so

zuerst die Erscheinung, die später auch für zwischenstaatliche Beziehungen der UdSSR typisch wird: die totalitäre politische Macht sowjetischen Typs weist eine systembedingte Tendenz zu *bipolarer* Aufteilung aller vieldeutigen und komplizierten politischen Situationen auf. Für sie gibt es vor allem ihren eigenen Standpunkt, ihr politisches Ziel. Dem stehen alle anderen Alternativen gegenüber, die eines gemeinsam haben: sie entziehen sich der totalitären Kontrolle. Unter gewissen Umständen kann bereits aus diesem Grunde ein beliebiger politischer Standpunkt einfach »antisowjetisch« und also »konterrevolutionär« usw. werden. Allgemein kann gesagt werden, daß, je näher sich ein bestimmter politischer Standpunkt der sowjetischen Alternative nähert, um so mehr seine Träger in die Gefahr geraten, daß die sowjetische politische Macht versuchen wird, sie unter die eigene totale Kontrolle zu bekommen. Im Falle ihres Widerstands »exkommuniziert« sie sie und erklärt sie zum »Erzfeind«.

Dieser Mechanismus, der in der Geschichte auch in anderen Fällen einer ideologisch-orthodoxen Politik bekannt ist, in der mittelalterlichen katholischen Kirche, für die die »Ketzer« auf ihre Weise auch schlimmere Feinde darstellten als die »Heiden«, brachte bereits vor dem zweiten Weltkrieg die kommunistische Bewegung oft in ernste Krisen. Die Kämpfe innerhalb der sowjetischen Machtelite spiegelten sich in allen kommunistischen Parteien als innere Kämpfe gegen verschiedene »Abweichungen«. Die ernsthaftesten Folgen hatte jedoch der bipolare kommunistische Standpunkt in den dreißiger Jahren. In der Zeit der wirtschaftlichen und sozialen Krise des Kapitalismus wurden die nichtkommunistischen politischen Parteien der Arbeiterbewegung, vor allem die Sozialdemokratie in Deutschland und in Mitteleuropa zu »Sozialfaschisten« und zum Erzfeind erklärt. Der Sieg des Faschismus und des Nationalsozialismus Hitlers wurde durch diese Haltung der kommunistischen Bewegung erleichtert. In die tiefste Krise wurde die kommunistische Bewegung durch ihre totale Unterordnung unter die Machtinteressen der UdSSR in den Jahren 1939 - 1941 gestürzt: der Pakt zwischen der UdSSR und dem nazistischen Dritten Reich hieß, daß Moskau der kommunistischen Bewegung auch in den Ländern, die durch die Nazis besetzt waren, als verpflichtende Richtlinie auferlegte, den antifaschistischen Widerstandskampf einzustellen und den Hauptfeind des Proletariats nicht in Hitlerdeutschland, sondern in seinen Widersachern England und Frankreich zu sehen[47]. Erst im

Augenblick des militärischen Überfalls Hitlers auf die UdSSR änderten sich nachtsüber die »Interessen des Weltproletariats«: die kommunistische Bewegung sollte sich entsprechend den Moskauer Direktiven sofort in die Rolle der »führenden Kraft« des antifaschistischen Widerstandskampfes im gesamten Europa versetzen.

Der weitere Verlauf des Kriegs und der Endsieg der UdSSR gegen Hitler halfen zwar, die damals entstandene allgemeine Krise der kommunistischen Bewegung zu überwinden. Vollends hat sich die kommunistische Bewegung in Europa aus dieser Krise allerdings nicht erholt: ihr Gewicht kam bei allen weiteren Versuchen, diese Bewegung total den Machtinteressen der UdSSR unterzuordnen, zum Vorschein. Zu einem solchen neuen Versuch kam es bald nach dem Krieg im Jahr 1947: in der Atmosphäre des »Kalten Kriegs« forderte Stalin von kommunistischen Parteien, auf politische Möglichkeiten (in Frankreich und Italien) zu verzichten und zu erklären, daß die Kommunisten im Fall eines neuen Kriegs auf der Seite der UdSSR gegen die eigene Staatsmacht kämpfen würden und ähnliches mehr. Der nach dem Krieg gestiegene Einfluß kommunistischer Parteien wird infolgedessen überall außerhalb der Einflußsphäre der UdSSR gebrochen und umgekehrt. In Europa sinken sie in die Position politischer Marginalgruppen ab, mit einem durchschnittlichen Wähleranteil zwischen 3 bis 5 Prozent, während sie knapp nach dem Krieg Anteile von rund 10 Prozent und mehr erzielten. Nur in Italien und in Frankreich bleiben sie einflußreich. Die KP Frankreichs verliert jedoch von ihren 800 000 Nachkriegsmitgliedern zwei Drittel, die Zahl ihrer Mitglieder sinkt auf 200 000.

Eine andere Gestalt hatte allerdings die Krise, die die totalitäre Hegemonie der UdSSR in Ländern hervorrief, in denen die kommunistischen Parteien nach dem Krieg an die Macht gelangten, meist nur dank den Eingriffen der UdSSR. Rund zwei Jahre nach dem Krieg endet dort die kurze Zeitspanne, in der diese kommunistischen Parteien offiziell erklärten, daß ihr politisches Ziel nicht die Kopie des Sowjetsystems ist, sondern der »spezifische Weg zum Sozialismus« in den Regimen der sogenannten »Volksdemokratie«, mit beschränkten Elementen des politischen Pluralismus, ohne gewaltsame Kollektivierung der Landwirtschaft, mit beschränktem Privateigentum, mit relativ autonomer Außenpolitik usw. In der Beziehung zu diesen kommunistischen Parteien war die Änderung sowjetischer Politik nach dem Beginn des »Kalten Kriegs« eine bedeutende Wende. Stalin übertrug die Grundsätze, Methoden und Mechanismen, die er einst beim »Aufbau des Sozialismus in einem Land« in der UdSSR anwandte, einfach auf den größeren territorialen Raum einer ganzen Gruppe europäischer Staaten. In ihnen wurden nunmehr zielbewußt Kopien des sowjetischen ökonomischen und sozialpolitischen Systems geschaffen. Die »ständige Annäherung an das sowjetische Vorbild« wurde von den kommunistischen Parteien als die grundlegende »Gesetzmäßigkeit« des Aufbaus des Sozialismus in diesen Ländern offiziell erklärt.

Die ideologisch-politische Konzeption Stalins, übernommen von allen kommunistischen Parteien, teilte die gesamte Welt nach dem Prinzip der vereinfachten Bipolarität in zwei »Lager«: »das Lager des Sozialismus und des Friedens« und »das Lager des Kapitalismus, des Imperialismus und des Krieges«. Im »Lager des Sozialismus« war die Hegemonie der UdSSR völlig natürlich, denn es handelte sich um das »Mutterland des Sozialismus«. Diese zwei »Lager« stellten in der damaligen offiziellen kommunistischen Ideologie eigentlich zwei gegenseitig getrennte Welten dar, in deren Rahmen auch völlig unterschiedliche und inhaltlich gegensätzliche »objektive ökonomische Gesetze« wirkten: ein angeblich grundlegendes ökonomisches Gesetz des Sozialismus, welches zum dauerhaften ökonomischen Wachstum und einer krisenlosen Wirtschaftsentwicklung führte und den Frieden erforderte, und das grundlegende Gesetz des Kapitalismus, welches gerade zum Gegenteil von alledem führte[48]. Zum »Lager des Sozialismus« gehörte seit 1949 auch China; das spornte die offizielle kommunistische Ideologie auch zu der Behauptung an, daß es in der Welt künftighin keine solche Erscheinung wie den Weltmarkt gäbe, sondern daß es zwei getrennte »Weltmärkte« gibt: einen kapitalistischen, mit den Prinzipien der Maximierung des Gewinns und allen ihren Folgeerscheinungen und einen sozialistischen, welcher eigentlich die Sphäre der zentralen Planung sowjetischen Typs im internationalen Maßstab darstellt.

In ihrem Gesamtkomplex drückten alle diese ideologisch politischen Konzeptionen die Absicht aus, die Geschichte des »Aufbaus des Sozialismus« in der UdSSR einfach im Maßstab des gesamten »Lagers des Sozialismus« zu wiederholen; dazu war es begreiflicherweise unerläßlich, die totale Machtkontrolle eines einzigen Machtzentrums, des sowjetischen, auf dieses gesamte Gebiet auszuweiten. Die tatsächlich vorhandenen Verhältnisse in

der Mehrheit der Länder des »Lagers des Sozialismus« ermöglichten es teilweise: die kommunistischen Parteien, die dort monopolistisch die Macht in den Händen hielten, wurden bereits seit ihrer Entstehung als Instrumente sowjetischer Machtinteressen formiert. Sie hatten die Schule der Komintern hinter sich, ihre Monopolmacht war ohne die sowjetische Unterstützung meist militärischer, immer jedoch wirtschaftlicher und politischer Art undenkbar, die informellen Beziehungen zwischen ihnen und der sowjetischen Partei ermöglichten die totale Kontrolle aus Moskau. Die führenden Kader dieser Parteien waren teilweise Zöglinge und auch direkte Agenten der UdSSR, teilweise wurden sie in der UdSSR für ihre Funktionen ausgebildet. Gleichzeitig wirkten jedoch in den Ländern des »Lagers des Sozialismus« auch Zentrifugalkräfte: die ursprünglichen kommunistischen Vorkriegskader bildeten nur die Minderheit der jetzt regierenden Parteien, in Rumänien ungefähr 1000 von 700 000 Mitgliedern der bereits regierenden Partei. Die kurze Zeitspanne der beschränkten Autonomie der Jahre 1945 – 1947 verstärkte die Tendenzen des Widerstands gegen die totale Kontrolle aus Moskau. Die Unterschiedlichkeit wirtschaftlicher, sozialer und politischer Bedingungen gegenüber den sowjetischen Bedingungen war beträchtlich. 1948 entzog sich Jugoslawien um den Preis der Exkommunizierung aus dem »Lager des Sozialismus« mit allen dementsprechenden Folgen überhaupt dieser Kontrolle. Das alles erforderte die Bildung wirksamerer Mechanismen der sowjetischen Hegemonie in Stalins letzten Lebensjahren.
Im Jahr 1947 wurde das Informationsbüro kommunistischer und Arbeiterparteien (Kominform) als Instrument sowjetischer Hegemonie gegenüber den kommunistischen Parteien Europas gegründet; es vereinigte alle regierenden kommunistischen Parteien in europäischen Ländern, und die größten der nichtregierenden Parteien, die kommunistischen Parteien Italiens und Frankreichs. Dieses Organ überwand zwar den Widerstand der jugoslawischen Kommunisten nicht mehr, dafür sanktionierte es ihre Exkommunizierung und wurde zum Initiator des Kampfes gegen den »Titoismus« in der europäischen kommunistischen Bewegung. Durch seine Vermittlung wurde formell die einheitliche politische Linie angenommen, welche die ständig wachsende ökonomische, politische und militärische Unterordnung der Länder der »Volksdemokratie« unter die Vorherrschaft der Sowjetunion garantierte und die Unterstützung dieser Linie durch alle europäischen kommunistischen Parteien.
Eine bedeutende Rolle im Prozeß der Sowjetisierung (der Russifizierung) der Länder der »Volksdemokratie« spielten die sowjetischen

Berater: es handelte sich um ein breit verzweigtes Netz sowjetischer Vertreter in der Wirtschaft, in der Staatsadministration und selbstverständlich in den Armeen und im Polizeiapparat dieser Länder, die faktisch die Entscheidungskompetenz besaßen; sie sicherten den »Export« des sowjetischen Systems in alle Bereiche durch eine große Anzahl ins einzelne gehender Maßnahmen.
Im Wirtschaftssektor erfüllten die gemischten Gesellschaften mit entscheidendem sowjetischen Einfluß dieselbe Aufgabe in verschiedenen Wirtschaftszweigen. Seit dem Jahr 1949 kam auch der Rat für Gegenseitige Wirtschaftshilfe (RGW, COMECON) dazu. In den letzten Lebensjahren Stalins wurde hier nicht nur eine Politik der Vereinheitlichung durchgeführt, sondern auch eine Politik, die offensichtlich sowjetische Wirtschaftsinteressen auf Kosten der Wirtschaftsbedürfnisse einzelner nationaler Wirtschaften der Länder der »Volksdemokratie« bevorzugte. Die Unterordnung unter die »Bedürfnisse des sozialistischen Weltmarkts« bedeutete die Isolierung dieser nationalen Wirtschaften vom Weltmarkt und ihre diensthafte Anpassung an die sowjetische zentralgeleitete Wirtschaft.
In einer besonders brutalen Form offenbarte sich in den Jahren 1949 – 1952 das sowjetische Diktat über die kommunistischen Parteien der Länder der »Volksdemokratie«. Dort wurden unter entscheidender Beteiligung sowjetischer Berater im Polizeiapparat politische Prozesse gegen leitende kommunistische Funktionäre inszeniert, die im Grunde deshalb beschuldigt wurden, »Agenten des Imperialismus« zu sein, weil sie tatsächlich oder manchmal nur laut der Anklage eine Politik durchführten, die die Entfaltung der totalen sowjetischen Kontrolle im wirtschaftlichen und politischen Leben dieser Länder bremste. Das war eine »titoistische« Abweichung. Diese Prozesse wurden in Analogie zu den Stalinschen Säuberungen in den 30er Jahren zwar im kleineren Umfang, aber ebenfalls mit Todesurteilen geführt. Das rief innerhalb der betroffenen kommunistischen Parteien auch eine ähnliche Krise wie in der UdSSR vor dem Krieg hervor.
Nach diesen Repressionen geriet in den volksdemokratischen Ländern die Führung kommunistischer Parteien und die führenden Positionen in den politischen Strukturen dieser Länder überhaupt in die Hände jener Gruppen der Machtelite, die die größte Fähigkeit zur Unterstützung der Politik der Sowjetisierung (Russifizierung) in den einzelnen Ländern unter Beweis stellten.
Anders verhielt es sich freilich im asiatischen Teil des »Lagers des

Sozialismus«. Außer der bereits vor dem Krieg sowjetisierten Mongolei gehörte das nachrevolutionäre China hierher, wo in Wirklichkeit die Entwicklung niemals durch die sowjetische Hegemonie determiniert wurde: es handelte sich dort um den Prozeß einer selbständigen sozialen und antikolonialen Revolution in einem riesigen, autarken Land mit einer selbständigen zivilisatorischen Tradition. Nordkorea, damals eigentlich das einzige weitere Land des »Lagers des Sozialismus« in Asien – in Vietnam war erst einmal der Kampf um die Macht im Gang –, befand sich im Kriegszustand mit Südkorea: auf beiden Seiten nahmen auch fremde Armeen an den Kämpfen teil. Die sozialpolitischen Systeme, die damals in den asiatischen Ländern des »Lagers des Sozialismus« herrschten, trugen zwar den Stempel des sowjetischen Einflusses, sie unterlagen aber gleichzeitig entscheidenden Einflüssen historischer Besonderheiten und des knapp nach der Revolution folgenden Zustands, eines halben Kriegszustands.

Angesichts dieser Gesamtlage innerhalb des »Lagers des Sozialismus«, und auch in der internationalen kommunistischen Bewegung außerhalb des Lagers, rief natürlich die Krise des Sowjetsystems nach dem Tode Stalins sehr unterschiedliche und komplizierte Folgen hervor. Abstrakt kann man den gemeinsamen Nenner finden, der mit dem der inneren sowjetischen Krise identisch ist: Es offenbarten sich Widersprüche, die sich aus der systembedingten Tendenz ergaben, alle Subjekte der *totalen Kontrolle des einzigen Machtzentrums* zu unterwerfen, die Möglichkeit ihres autonomen Verhaltens zu beschränken oder völlig auszuschließen. Zu dieser abstrakten Charakteristik muß man jedoch wenigstens einige weitere, auch nur allgemeine Züge der Situation hinzufügen.

Innerhalb des »Lagers des Sozialismus« existierte damals ein gewisser »Zwischenzustand«: Das sozialpolitische System sowjetischen Typs war dort *noch nicht in dem Maße gefestigt* wie in der UdSSR. Gleichzeitig waren die realen Voraussetzungen politischer, ökonomischer und sozialer Art für die Entwicklung eines grundsätzlich anderen sozialpolitischen Systems in einem solchem Ausmaß *bereits liquidiert*, daß die Versuche zu einer anderen Entwicklung einen direkten Konflikt mit der UdSSR hervorrufen mußten. Im europäischen Teil des »Lagers des Sozialismus« gab es dabei für eine Entwicklung unter sowjetischer Hegemonie in weit größerem Maß reale Chancen als im asiatischen, in dem auch unter Stalin der Einfluß Chinas unabhängig von der Sowjetunion im Wachsen begriffen war.

Einen allgemeinen Charakterzug der Situation innerhalb des »Lagers des Sozialismus« bildete dabei auch die *Ungleichmäßigkeit* der Stabilisierung des Systems sowjetischen Typs in den verschiedenen Ländern. In einigen Ländern überwogen zweifelsohne rein machtmäßige (militärische) Faktoren seiner Stabilisierung, in anderen ökonomische, soziale und politische; aus historischen Gründen gab es auch eine unterschiedliche Intensität des Widerstandes, den die beherrschte Gesellschaft gegen das System sowjetischen Typs leistete.

Infolge aller dieser Umstände entstand jedoch eine völlig neue Situation für das Machtzentrum im »Lager des Sozialismus« selbst: Die Grundregel, nach der bislang dieses Zentrum die eigenen Interessen durchsetzte, das heißt das größtmögliche *Kopieren* des sowjetischen Vorgehens in allen Ländern, konnte nun in einer Reihe konkreter Situationen direkt und schnell zur offensichtlichen Schädigung der Interessen dieses Zentrums führen. So konnte die Lockerung des Polizeiterrors, in der UdSSR selbst im Interesse der Bewältigung der Systemkrise, in anderen Ländern, in denen sich das System beinahe ausschließlich auf die militärisch-polizeiliche Macht stützte, zu seinem schnellen Zusammenbruch führen. Im Interesse der Krisenbewältigung im Rahmen des gesamten »Lagers des Sozialismus« und gleichzeitig im Interesse seiner eigenen Hegemonie wurde also das Machtzentrum, nämlich die Moskauer politische Führung, vor die Notwendigkeit gestellt, die Wahl unter einigen möglichen Alternativen zu treffen. Die einfache Durchsetzung der eigenen innenpolitischen Strukturen in einem anderen Land hörte auf, die Garantie des politischen Erfolgs zu sein.

Diese neue Situation hat das Zentrum der Macht im »Lager des Sozialismus« in Wirklichkeit *niemals erfolgreich bewältigt.* So verlor es schließlich im Lauf der krisenhaften Entwicklung seine bisherige Position sowohl in der Sphäre dieses »Lagers«, als auch in der gesamten kommunistischen Bewegung. Die Systemkrise, die innerhalb der UdSSR und des Sowjetblocks im engeren Sinn des Wortes durch die relative Stabilisierung der 70er Jahre bewältigt wurde, wurde im Rahmen des gesamten sogenannten »sozialistischen Weltsystems«, das heißt einschließlich Chinas auf der einen und Jugoslawiens auf der anderen Seite, niemals bewältigt. Sie setzte sich kontinuierlich seit 1953 fort und führte zum *Untergang*

des einheitlichen sozialpolitischen Systems im Maßstab dieses »Weltsystems«. Die Begleiterscheinung dabei war auch der Verfall der kommunistischen Bewegung als politischer Kraft, die von einem Zentrum aus geleitet wurde. Während dieses Entwicklungsprozesses gab es bedeutende Phasen und dramatische Rückschläge, denen wir eine genauere Beachtung schenken werden.
Während der ersten Phase in den Jahren 1953 - 1955 war vor allem ein langsamer und schrittweiser, aber dennoch initiativer Versuch charakteristisch, die Reformen der vorhandenen Beziehungen innerhalb des »Lagers des Sozialismus« seitens seines Machtzentrums, das heißt der sowjetischen politischen Führung, selbst durchzuführen. Die Änderungen verliefen unter der wirksamen Kontrolle dieses Zentrums: mit Ausnahme des Aufstands in Berlin im Juni 1953 kam es im »Lager des Sozialismus« zu keinen bedeutenderen Kundgebungen des Widerstands »von unten«, das heißt seitens der beherrschten kleineren Länder.
In der Beziehung zu europäischen Staaten der »Volksdemokratie« gab die sowjetische Führung sofort nach ihrem innenpolitischen Kampf gegen die Überordnung des Polizeiapparats nach dem Sturz von L. P. Berija zu erkennen, daß auch in diesen Ländern der politisch-polizeiliche Terror gelockert werden sollte. Die sowjetischen Berater in den Polizeiapparaten hörten auf, zu entscheiden, und es eröffnete sich die Möglichkeit zur Revision politischer Prozesse aus den letzten Jahren. Die politischen Führungen in diesen Ländern blieben jedoch aus Leuten zusammengesetzt, die nach diesen Prozessen an die Macht gekommen waren oder damit ihre eigenen Machtpositionen gestärkt hatten. Der Raum, der sich für die größere Autonomie kommunistischer Parteien in den »Volksdemokratien« zu öffnen begann, wurde seitens dieser führenden Garnituren keineswegs initiativvoll ausgenützt. Sogar noch auf dem XX. Parteitag der KPdSU im Februar 1956, an dem Chruschtschow seine Kritik an Stalin begann, nutzte kein einziger der Repräsentanten der kommunistischen Parteien aus den Ländern der »Volksdemokratie« diese Gelegenheit: alle betonten sie weiterhin die »führende Rolle der UdSSR«. Einige lobpreisten sogar namentlich Stalin.
Im Jahr 1953 kommt es nur in Ungarn aus eigener Initiative zu bedeutenderen Änderungen des innenpolitischen Kurses: der Regierungsvorsitzende I. Nagy formuliert dort im Juli 1953 die Grundsätze, die erst später im Rahmen des Reformkurses geläufig wurden – Liquidierung der Straflager, Schutz der Bürgerrechte,

Nachgeben den Bauern gegenüber, Entfaltung der Produktion von Konsumgütern, liberalere Politik im Verhältnis zur Intelligenz usw. Hinter dieses Programm stellt sich jedoch nur ein Flügel innerhalb der Partei, während ihr Chef, der Stalinist Rákosi, die alte Politik fortsetzt. Im Frühjahr 1955 wird I. Nagy aus staatlichen und Parteifunktionen entfernt. Dadurch entsteht in Ungarn eine noch konfliktreichere Lage als in den Nachbarländern, die dann in den Aufstand gegen das System ausmündet, der durch die sowjetische Militärintervention unterdrückt wird (siehe Kapitel I/3).
Die sowjetische Führung sucht aus eigener Initiative nach 1953 den Weg zur Überwindung des Zerwürfnisses mit Jugoslawien, offensichtlich in der Absicht, in den übrigen Ländern der »Volksdemokratie« das antisowjetische Wirken des Beispiels des jugoslawischen Modells des Sozialismus zu neutralisieren. Im Mai 1955 kommt Chruschtschow nach Belgrad und unternimmt einen bislang nie dagewesenen Schritt: die Selbstkritik der sowjetischen Führung wegen der Exkommunizierung Jugoslawiens aus dem »Lager des Sozialismus«. In der gemeinsamen sowjetisch-jugoslawischen Deklaration wird das Recht »verschiedener Länder auf einen spezifischen Weg zum Sozialismus« verkündet, sowie der Grundsatz, daß »die Unterschiede in den konkreten Formen des Sozialismus eine ausschließliche Angelegenheit einzelner Länder sind«.
Auch in der Beziehung zu China unternimmt die sowjetische Führung Schritte, die die Spannung in den gegenseitigen Beziehungen dämpfen sollen: aus chinesischen Häfen, die in den Händen der sowjetischen Armee waren, wird die sowjetische Besatzung abgezogen; die Gründungen gemischter sowjetisch-chinesischer Gesellschaften werden aufgehoben. In derselben Zeitspanne werden in Korea die Kriegsoperationen eingestellt und der Waffenstillstand wird abgeschlossen.
Auch in der internationalen kommunistischen Bewegung außerhalb des »Lagers des Sozialismus« kommt es in den Jahren 1953 bis 1955 noch nicht zu Kundgebungen der Desintegration.
Im Frühjahr 1955 entsteht der militärisch-politische Warschauer Pakt. Unmittelbarer Anlaß für seine Entstehung bildet der Eintritt der Bundesrepublik Deutschland in die NATO und die Eingliederung der westdeutschen Armee in ihre Verbände. Es scheint, daß die sowjetische Führung vor diesem Schritt ernsthaft auch über eine andere Lösung der »deutschen Frage« Erwägungen anstellte, die eine Ausgliederung der DDR aus dem sowjetischen Block

bedeutet hätte. Sie erzielte jedoch keinen Erfolg (detaillierter darüber im weiteren Teil dieses Kapitels). Die Gründung des Warschauer Pakts im Jahr 1955 bedeutete nicht, daß die sowjetische Führung mit der Politik der Suche nach Wegen zu einem größeren Maße der Autonomie innerhalb des »Lagers des Sozialismus« aufhörte.

Der ruhige Ablauf dieser Politik rief wahrscheinlich in der sowjetischen Führung die Hoffnung hervor, daß die Entwicklung auch weiterhin unter ihrer Kontrolle bleiben wird. Im Jahr 1956 – im Zusammenhang mit der innenpolitischen Offensive gegen den »Kult der Persönlichkeit Stalins« – führt Chruschtschow auf dem XX. Parteitag der KPdSU offiziell einige grundlegenden Änderungen in der bisherigen stalinistischen Konzeption des »Lagers des Friedens und Sozialismus« ein und formuliert die *neue politische Linie* der sowjetischen Außenpolitik überhaupt.

Mit den Beziehungen zu Konkurrenzsystemen (Problematik des »friedlichen Zusammenlebens und des Wettbewerbs« mit den kapitalistischen Staaten und teilweise auch die neue sowjetische Politik gegenüber den Ländern der Dritten Welt) und mit den Änderungen der sowjetischen außenpolitischen Linie nach dem XX. Parteitag der KPdSU werden wir uns detaillierter in dem weiteren Teil dieses Kapitels befassen. In den Beziehungen unter den Ländern des »sozialistischen Lagers« gegenseitig und auch innerhalb der kommunistischen Bewegung überhaupt beruhte die neue sowjetische Linie auf folgenden Hauptänderungen:

– Als grundlegende offizielle These wurde verkündet, daß die »Formen des Übergangs zum Sozialismus immer vielfältiger sein werden«.

– Es wurde namentlich anerkannt, daß auf der einen Seite Jugoslawien und auf der anderen Seite China besondere, vom sowjetischen Weg abweichende Formen des »Übergangs zum Sozialismus« darstellen und daß das »eben der schöpferische Marxismus in Aktion ist«.

– In der Beziehung zu kommunistischen Parteien in den kapitalistischen Ländern wurde die These über die Möglichkeit des gewaltlosen, parlamentarischen Weges zum Sozialismus verkündet; bei der Lösung einer Reihe von Fragen, hauptsächlich im Kampf um die Abwendung des Kriegs wird »Annäherung und Zusammenarbeit aller Arbeiterparteien« gefordert.

Statt der stalinistischen Aufteilung der Welt in zwei gegensätzliche »Lager« beginnt man über drei hauptsächliche Kräfte zu

sprechen: über das »sozialistische Weltsystem«, das »kapitalistische Weltsystem« und über die Länder, die außerhalb dieser Aufteilung stehen und angesichts des Zerfalls des Kolonialismus eine immer größere Kraft darstellen; für diese Länder bildet das »sozialistische Weltsystem einen natürlichen Verbündeten im Kampf gegen den Imperialismus«, und auch die kommunistische Bewegung muß sich in dieser Richtung deutlicher orientieren.
Diese Züge der neuen sowjetischen Linie im Bereich internationaler Beziehungen bildeten den Anfang der Überwindung des *Isolationismus* stalinistischer Provenienz. Sie öffneten der UdSSR den Weg der offensiven Großmachtpolitik und in *diesem Rahmen* auch einen größeren Raum für die Autonomie einzelner Bestandteile des »sozialistischen Weltsystems«.
In der Beziehung zu europäischen Ländern dieses Systems führte die Führung unter Chruschtschow bald nach dem XX. Parteitag der KPdSU noch zwei wichtige Maßnahmen durch: im April 1956 wurde das Informationsbüro (Kominform) aufgelöst. Nach dem offiziellen Besuch Titos in Moskau im Juni 1956 nahm für kurze Zeit Jugoslawien die Position des »Beraters« bei der Bewältigung der Krise des Sowjetsystems in den osteuropäischen Ländern ein. In der europäischen kommunistischen Bewegung außerhalb des »Lagers des Sozialismus« formuliert der Führer der Kommunistischen Partei Italiens, P. Togliatti, die autonomistische Plattform des »Polyzentrismus der kommunistischen Bewegung« mit der ausdrücklichen Ablehnung der Exsistenz eines einzigen »leitenden Zentrums« in Gestalt der KPdSU. Innerhalb westeuropäischer kommunistischer Parteien schließen sich dieser Plattform autonomistische Strömungen von verschiedener politischer Kraft an: dies ist das erste organisierte Auftreten von Kräften, die zwanzig Jahre später zum sogenannten Eurokommunismus werden.
Damit wurde aber auch der Gipfelpunkt der damaligen Entwicklung innerhalb des »sozialistischen Weltsystems« und innerhalb der gesamten kommunistischen Bewegung erreicht: seit diesem Punkt begann sich bereits klar der Weg zur *qualitativen Änderung des Systemcharakters* abzuzeichnen. Sowohl das System sozialistischer Staaten, wie das System kommunistischer Parteien konnte sich künftighin bereits in ein System der Beziehungen zwischen souveränen Subjekten verändern, deren autonomes Verhalten nicht anders beschränkt würde, als mit Hilfe von Beziehungen, auf die alle beteiligten Subjekte freiwillig und nach einer souveränen Entscheidung eingegangen sind. Das würde freilich für das Macht-

zentrum in diesen Systemen, für die sowjetische politische Führung bedeuten, die Systemkrise mit einer solchen qualitativen Änderung zu bewältigen, die zu dem Verfall der bisherigen Systeme führen würde. Die Folgen wären ähnlich gewesen, wie innenpolitisch der Übergang zum pluralistischen sozialpolitischen Modell.
Der praktische Versuch zu einer Systemänderung in Polen und in Ungarn im Herbst 1956, der in Ungarn durch die sowjetische Militärintervention unterdrückt wurde, stellte den Höhepunkt der Desintegrierungstendenzen im europäischen Teil des »sozialistischen Weltsystems« dar. Seit dieser Zeit ist es von seiten der sowjetischen Führung eindeutig klar, welche Interpretierung der verkündeten Prinzipien in den Beziehungen der Länder des »sozialistischen Lagers« tatsächlich gilt: nur solche »verschiedenartige Formen des Übergangs zum Sozialismus«, die *unter der Kontrolle* des sowjetischen Zentrums bleiben, werden toleriert. Soweit sie sich dieser Kontrolle entwinden, werden sie von besonderen »Formen des Übergangs zum Sozialismus« zu besonderen Formen der »Konterrevolution«.
Jedoch nicht einmal die militärische Unterdrückung des ungarischen Aufstands gegen das Sowjetsystem bedeutete, daß der Prozeß der Änderungen in den Beziehungen innerhalb des »sozialistischen Weltsystems« und der kommunistischen Bewegung eingestellt und dort alte stalinistische Verhältnisse restauriert wurden. Dies nicht nur deshalb, weil es in einigen Fällen (z.B. China) einfach praktisch nicht möglich war, sondern auch deshalb, weil die politische Orientierung Chruschtschows weiterhin neue und elastischere Formen dieser Beziehungen suchte.
Noch während die ungarische Revolte im Gange war, am 31.Oktober 1956, zwischen dem ersten und dem zweiten Einsatz sowjetischer Einheiten, wurde eine offizielle Erklärung der sowjetischen Regierung über die Beziehungen zu anderen sozialistischen Staaten veröffentlicht, die eine sehr offene kritische Bewertung der stalinistischen Praxis beinhaltete. Sie erkannte ausdrücklich an, daß der Grundsatz der Gleichberechtigung in wirtschaftlichen und politischen Beziehungen verletzt wurde. Die sowjetische Regierung versprach für die Zukunft, die Souveränität und die Gleichberechtigung in wirtschaftlichen Beziehungen sicherzustellen, das weitere Wirken sowjetischer Berater und der gemischten Wirtschaftsgesellschaften und sogar auch die Anwesenheit sowjetischer Militäreinheiten auf dem Gebiet der übrigen Staaten

des Warschauer Pakts bezüglich ihrer Zweckmäßigkeit zu beurteilen. Trotz der militärischen Intervention in Ungarn wurden dann in diesen konkreten Abhängigkeitsformen tatsächlich Änderungen durchgeführt (Abberufung der Berater und Auflösung gemischter Gesellschaften; Rückzug sowjetischer Einheiten aus Rumänien im Jahre 1958).

Der ideologisch-politische Konflikt mit Jugoslawien brach jedoch neuerdings aus. Nicht nur, daß im Lauf der Krisenbewältigung Jugoslawiens Rolle als »Berater« schwand. Der »Titoismus« wird zuerst intern, im Jahre 1958 nach der Annahme des neuen »Programms des Bundes der Kommunisten Jugoslawiens« öffentlich als die »Hauptgefahr« bei der Entwicklung der übrigen Länder der »Volksdemokratie« bezeichnet.

Das »Programm des BKJ« aus dem Jahr 1958 stellte eine festgefügte ideologisch-politische Plattform für eine *Alternative* der kommunistischen Politik dar, abweichend von der sowjetischen Konzeption, und zwar nicht nur von derjenigen Stalins, sondern auch der von Chruschtschow. Es beinhaltete nicht nur eine innenpolitische, sondern auch eine internationale Konzeption: die Position zwischen den beiden militärisch-politischen Blöcken, die volle Souveränität des Staats und der kommunistischen Partei, die Konzeption der politischen Allianz ohne Anspruch auf die »führende Rolle« der Kommunisten mit den sozialistischen Parteien und mit den Kräften der antikolonialen Bewegung auf der Grundlage außerhalb der Blöcke, entscheidende Ablehnung der Rolle der sowjetischen Partei als Zentrum der kommunistischen Bewegung und folgerichtiger Polyzentrismus in ihrem Rahmen. Es geriet damit in direkten Widerspruch zu den Grundsätzen, die die sowjetische Führung für die Entfaltung des »sozialistischen Weltsystems« und der kommunistischen Bewegung durchsetzte.

Diese Grundsätze wurden nach den Erfahrungen des Jahrs 1956 in die gemeinsame Deklaration aller regierenden kommunistischen Parteien ohne Teilnahme Jugoslawiens im November 1957 einverleibt. Diese Deklaration stellte für die kommunistischen Parteien eine politisch verbindliche Direktive dar. Sie änderte eindeutig die Situation, die sich nach dem XX. Parteitag der KPdSU gebildet hatte: sie interpretierte die Grundsätze der neuen sowjetischen politischen Linie im restriktiven Sinne. Die Deklaration verkündete in acht Punkten »die allgemeinen Gesetzmäßigkeiten des Aufbaus des Sozialismus«, die bei jedweder »besonderen Form des Übergangs zum Sozialismus« respektiert werden müssen.

Diese »allgemeinen Gesetzmäßigkeiten« drückten in Wirklichkeit allerdings die Hauptzüge des sowjetischen sozialpolitischen Systems aus, einschließlich der »führenden Rolle der kommunistischen Partei« und der »Grundsätze des demokratischen Zentralismus«. Ausdrücklich wurde betont, daß die »nationalen Besonderheiten« nicht im Widerspruch mit diesen »allgemeinen Gesetzen« stehen dürfen. Die kommunistische Bewegung verpflichtete sich, an zwei Fronten zu kämpfen: gegen den »Dogmatismus« (das heißt den Stalinismus) und gleichzeitig gegen den »Revisionismus« (das heißt gegen reformkommunistische Tendenzen, insbesondere die jugoslawischen). Die Deklaration erklärte die führende Rolle der UdSSR als unerläßliche Bedingung des Erfolgs und die Grundsätze des »proletarischen Internationalismus« (das heißt die Anerkennung der sowjetischen Hegemonie) für unantastbar.

Die Deklaration wurde auch von der Kommunistischen Partei Chinas voll unterstützt. Obwohl es keine Deklaration des gesamten Plenums der damals in Moskau tagenden ersten Weltkonferenz kommunistischer Parteien war, sondern nur der regierenden kommunistischen Parteien, galt sie dennoch faktisch als ein Dokument der gesamten internationalen kommunistischen Bewegung. Mit Hilfe von Weltkonferenzen versuchte die sowjetische Führung seit 1957 noch zweimal (1960 und 1969) ihre eigene Hegemonie in der kommunistischen Bewegung durchzusetzen, jedoch mit immer geringerem Erfolg. Die Zahl und hauptsächlich die Bedeutung jener kommunistischen Parteien wuchs, die es ablehnten, für die gesamte Bewegung verpflichtende Deklarationen anzunehmen. Zuerst war es nur Jugoslawien, später China und schließlich die eurokommunistischen Parteien.

Der Ablauf der Krise im Rahmen des »sozialistischen Weltsystems« und der gesamten kommunistischen Bewegung war also seit dem Jahr 1956 viel widersprüchlicher, dynamischer und an qualitativen Änderungen reicher, als der Ablauf dieser Krise innerhalb der UdSSR selbst. Allgemein kann man während dieser ganzen Zeitspanne das Wirken von vier hauptsächlichen politisch bedeutungsvollen Orientierungen verfolgen, die man kurz und sehr vereinfacht folgendermaßen charakterisieren kann:

1. *Die stalinistische Orientierung*, die im innenpolitischen wie im internationalen Rahmen jedwede Systemänderungen des ursprünglichen stalinistischen Modells ablehnt, jedoch nicht Änderungen der Methoden und Formen des Regierens.

2. *Die reformkommunistische Orientierung*, die bestrebt ist, die Krise der Sowjetsysteme innenpolitisch und international durch qualitative Systemänderung ihrer grundlegenden Koppelung zu bewältigen. In internationalen Beziehungen handelt es sich um die Autonomie und Souveränität aller Subjekte der Bewegung.
3. *Die Konsolidierungskonzeption,* die den Sinn und den Grund aller Änderungen in der Stabilisierung sowjetischer Systeme (innenpolitischer und internationaler Stabilisierung) darin sieht, daß sie wieder eine größere Funktionalität erlangen: in diesem Rahmen läßt sie auch Systemänderungen zu, aber im Namen dieses Ziels ist sie auch bereit, Änderungen im Bereich der Methoden des Regierens, der Organisationsformen usw. zu verhindern – und zwar sowohl innenpolitisch als auch international.
4. *Die maoistische Orientierung*, die die eigene Vorstellung über das sozialpolitische System des »Sozialismus und Kommunismus« formuliert, sowie über seine internationale Rolle und über die Entwicklung der gegenwärtigen Welt überhaupt. In dem Maße, wie alle die vorhergehenden Konzeptionen ihrer Auffassung der einzelnen Fragen widersprechen, kritisiert sie sie und bezeichnet ihre Träger als »Konterrevolutionäre«; sie lehnt grundsätzlich die sowjetische Hegemonie ab, sie möchte jedoch selbst die einzig richtige Konzeption für die gesamte kommunistische Bewegung vertreten.

Diese vier verschiedenen Orientierungen haben eine ideologische Form, die Streitigkeiten zwischen ihnen nehmen oft eine scholastische Gestalt an. In Wirklichkeit handelt es allerdings um ernsthaftere historisch bedingte Widersprüche in der ökonomischen, sozialen, politischen und kulturellen Sphäre. Allgemein gesehen ist die stalinistische und Konsolidierungskonzeption im Grunde genommen die Frucht russischer Bedingungen, Einflüsse und Interessen. Die reformkommunistische Konzeption ist überwiegend die Frucht westlicher und mitteleuropäischer Faktoren, und die maoistische Konzeption ist die Frucht einer gewissen Zeitspanne der Entwicklung in China und teilweise in den Ländern der Dritten Welt überhaupt.

Im Gegensatz zur Krise des sowjetischen Systems in der UdSSR selbst ist die Krise innerhalb des »sozialistischen Weltsystems« und der internationalen kommunistischen Bewegung eine Erscheinung, in die die gegenwärtigen Widersprüche in den Weltverhältnissen *direkt eingreifen*. Obwohl sie sich hier in dem Zerrspiegel der Ideologie der kommunistischen Bewegung offenbaren, ist ihre Bewältigung auch in der Form der relativen Stabilisierung des Systems ohne die Lösung der Widersprüche zwischen den Systemen der gegenwärtigen Welt unmöglich. Deshalb konnte im internationalen Maßstab nicht einmal eine relative Stabilisierung der kommunistischen Bewegung erreicht werden, die mit der Stabilisierung innerhalb des Sowjetblocks im engeren Sinne der Wortes vergleichbar wäre. Versuche in dieser Richtung wurden während der gesamten Zeit der Krise unternommen und sie werden weiter unternommen werden, und zwar hauptsächlich seitens der Konsolidierungskonzeption, deren Hauptträger die sowjetische politische Führung ist.

Wenn wir diese Versuche vom Gesichtspunkt der Existenz der angeführten vier verschiedenen Orientierungen innerhalb der kommunistischen Bewegung beobachten, dann handelt es sich eigentlich um Versuche der Konsolidierungskonzeption, wandelbare Allianzen mit den übrigen drei Orientierungen abzuschließen. Die erste Phase des Versuchs zu einer Stabilisierung des »sozialistischen Weltsystems« und der kommunistischen Bewegung überhaupt wird charakterisiert durch die Allianz der Konsolidierungskonzeption (der sowjetischen Führung unter Chruschtschow) mit der noch nicht ausgeprägten maoistischen Konzeption und in besonders zugespitzten Konflikten auch mit der stalinistischen Orientierung gegen die reformkommunistische Orientierung (gegen Jugoslawien und den »Revisionismus«). 1958 erreicht diese Allianz zwar einen politischen Erfolg um den Preis einer gemilderten Form der »Exkommunizierung« der Träger des »Revisionimus« aus der gesamten Bewegung. Sie zerfällt jedoch sofort nach diesem Sieg von selbst.

Die zweite Phase der Bestrebung zur Stabilisierung des »sozialistischen Weltsystems« beginnt mit dem langsam wachsenden Zerwürfnis zwischen der KPdSU und der Kommunistischen Partei Chinas. Im Jahr 1958 beginnt sich in China ein Prozeß zu entwickeln, der vom »Aufbau des Sozialismus« in der UdSSR wesentlich verschieden ist: statt der sowjetischen Methode der Industrialisierung wählt die chinesische Führung den Versuch einer völlig anderen Entwicklung. Zur grundlegenden Form der gesellschaftlichen Organisation werden die Volkskommunen: das sind wirtschaftlich-politische Einheiten, in denen die landwirtschaftliche und die industrielle Produktion mit Ausnahme großindustrieller Betriebe zusammengefaßt wird, mit der Leitung des Handels und der Dienstleistungen (einschließlich des Schulwesens und des

Gesundheitswesens). Sie haben auch eine eigene Organisation bewaffneter Kräfte, und in ihnen ist alles im hohen Maße kollektiviert, einschließlich der Fürsorge um die Kinder, der gemeinsamen Verpflegung, kollektiver Formen der Aufsicht über Privatleben der Einzelpersonen usw. Der ökonomische Prozeß wird nicht durch die materielle Interessiertheit der einzelnen und durch differenzierte Belohnung »entsprechend der Arbeit« stimuliert, sondern durch die Durchsetzung der »Interessen des Kollektivs«, durch politisch-ideologische Faktoren, aber nicht durch zentralisierte bürokratische Staatsmaschinerie.

China verspricht sich von dieser Form der gesellschaftlichen Organisierung die Verwirklichung des »großen Sprungs«: die Umgestaltung der traditionellen chinesischen Gesellschaft, der asiatisch-feudalen Organisation der Produktion und des Lebens auf dem Land, wo mehr als 80 Prozent der Bevölkerung leben, innerhalb einiger Jahrzehnte in die »kommunistische Gesellschaft«. Diese ideologische Vorstellung über den Kommunismus wird so als Gegensatz zu der sowjetischen Konzeption aufgestellt, die unter Kommunismus die moderne industrielle Gesellschaft auf nichtkapitalistischer Eigentumsbasis versteht.

Gemeinsam mit dieser spezifischen inneren Entwicklung bezieht die KP Chinas schrittweise auch völlig gegensätzliche Standpunkte zur KPdSU zu den wichtigsten internationalen Fragen: Mao Tse-tung formuliert die Theorie der »Drei Welten«, nach der der westliche entwickelte Kapitalismus und der sowjetische Sozialismus im Gegensatz zur Welt der armen Länder sich befinden, die jedoch die Hoffnung des Kommunismus darstellen und an deren Spitze China steht. Seine Auffassung der kommunistischen Weltrevolution wird mit der Analogie mit der Revolution in China ausgedrückt: es handelt sich um den Prozeß der »Umzingelung der Städte durch das Land«, das heißt der entwickelten industriellen Länder durch die Entwicklungsländer, der mit der Niederlage der »Städte« enden wird.

Das Risiko des Kriegs einschließlich des Nuklearkriegs muß nicht als ein unüberwindbares Hindernis gesehen werden: dieser Krieg wird nur für die »Städte« verderblich sein, aber die Hunderte von Millionen der Bewohner des »ebenen Landes der ganzen Welt« wird er nicht allzu bedrohen. Er kann im Gegenteil ihren endgültigen Sieg bringen.

China trug mit dieser seiner neuen Konzeption des »Aufbaus des Kommunismus« und der »Weltrevolution« in Wirklichkeit den

Anspruch auf die eigene »führende Rolle« in der kommunistischen Weltbewegung vor. Die Basis, die es vor allem gewinnen wollte, lag in der »Dritten Welt«, das heißt in dem Gebiet, wo die UdSSR in keiner Hinsicht eine hegemoniale Rolle spielte. Das bedeutete allerdings eine politische Herausforderung der Sowjetunion, mit der im Vergleich das »Programm des BKJ« eine völlig harmlose Randangelegenheit war.

Die sowjetische Konsolidierungskonzeption versuchte zwar einige Jahre hindurch, den drohenden Konflikt zu vermeiden. In den Jahren 1958 - 1960 beschränkt sie sich auf ideologische Polemik auf allgemeiner Ebene. Offiziell wird China nicht einmal beim Namen genannt, aber meritorisch wird eine Polemik gegen seine Konzeption geführt. Weil in China selbst die Politik des »großen Sprungs« schnell zu ernsten Wirtschaftsschwierigkeiten und innenpolitischen Widersprüchen führt, ist diese Phase gedämpfter Widersprüche eine Zeitlang möglich.

In Wirklichkeit handelt es sich freilich nicht um Ideologie, sondern um den machtpolitischen Kampf innerhalb des »sozialistischen Weltsystems« und der kommunistischen Bewegung. Und auf diesem Feld verzeichnet die sowjetische Konsolidierungskonzeption bald spürbare Niederlagen. Die maoistische Orientierung verbindet sich immer mehr mit der stalinistischen Orientierung; weil die Konsolidierungskonzeption zuvor selbst die Allianz mit der reformkommunistischen Orientierung aufgegeben hatte, die sie sogar als die »Hauptgefahr« bei der Bewältigung der Krise des Systems ansah, bleibt sie in der neuen Lage völlig *isoliert*. Innerhalb des »sozialistischen Weltsystems« kommt es jedoch auf der Basis der neuen chinesischen Orientierung zu realen Desintegrierungsprozessen: Nordkorea und Vietnam befinden sich in gefährlicher Nähe des chinesischen Einflusses. Sie beziehen bestenfalls einen neutralen Standpunkt im chinesisch-sowjetischen Konflikt. Albanien stellt sich ausgehend von stalinistischen Positionen voll auf die chinesische Seite und scheidet so aus dem Warschauer Pakt aus. Die politische Führung Rumäniens nützt die Situation dazu, ihre Unabhängigkeit von Moskau zu vergrößern. Sie bekennt sich zu den »Prinzipien der Souveränität«, die einst aus Moskau offiziell verkündet wurden, und lehnt es ab, »die chinesische Abweichung zu verurteilen«; in der Praxis erreicht Rumänien tatsächlich eine ganze Reihe wirtschaftlicher und außenpolitischer Vorteile und erhöht die eigene selbständige Rolle im Sowjetblock bis zu einer Grenze, hinter der Moskau gegenüber Rumänien die wirksame politische Kontrolle verlieren würde.

In der Außenpolitik außerhalb des »sozialistischen Systems« gerät China in Konflikt mit der sowjetischen Politik der »Entspannung« in der Beziehung zu den USA, die in jener Zeit gegenüber China eine Politik des Boykotts und der Isolierung führen, und in der Frage der atomaren Rüstung. Chruschtschow lehnt es ab, China mit Nuklearwaffen auszurüsten und China lehnt ab, sich der sowjetischen Konzeption über die Nichtverbreitung von Atomwaffen und über das Verbot der Kernwaffenversuche unterzuordnen. In diesen Fragen gipfelt der Konflikt im Jahr 1963. Zur gleichen Zeit nimmt auch der ideologisch-politische Konflikt plötzlich die Form eines offenen Zerwürfnisses an: es entsteht die Polemik über die »Generallinie der kommunistischen Bewegung«[49], in der sich die beiden Seiten gegenseitig aus dieser Bewegung exkommunizieren. Sie erklären sich gegenseitig zu Verrätern des »Marxismus-Leninismus«. Der Konflikt weitet sich dann offen zu einem zwischenstaatlichen Konflikt aus. Die UdSSR und China sind potentiell Parteien auch in einem Kriegskonflikt.

Der Sturz Chruschtschows im Oktober 1964 steht also neben den innenpolitischen Gründen auch in Zusammenhang mit der Entwicklung des »sozialistischen Weltsystems«. Alle Gruppen der sowjetischen Machtelite, und in diesem Zusammenhang insbesondere die Armee, müssen 1964 mit Beunruhigung konstatieren, daß im Unterschied zu 1956 die Landkarte des »sozialistischen Weltsystems« vom sowjetischen Gesichtspunkt aus sehr unbefriedigend ist. Jugoslawien blieb ein unabhängiges Land. Es gibt keine Hoffnung, daß es in den Sowjetblock zurückkehren würde. Darüberhinaus ist jedoch in seiner Nachbarschaft Albanien von diesem Block abgefallen. Für die Sowjetmarschälle und die politischen Bürokraten wurde Rumänien sehr unzuverlässig, und die sowjetischen Einheiten sind darüber hinaus aus Rumänien abgezogen worden. China ist aus dem mächtigsten Verbündeten zu einer potentiellen militärischen Drohung mit großem Einfluß im asiatischen Teil des »sozialistischen Lagers« geworden; in diesem Teil verblieb nur die strategisch und wirtschaftlich-politisch wenig bedeutsame Mongolei fest im Sowjetblock. Die sowjetische Generalität wurde nicht zuletzt aus diesen Gründen zu einem der Hauptträger des politischen Drucks, der die Beendigung der reformerischen Experimente auch im Rahmen des gesamten »sozialistischen Weltsystems« fordert.

Chruschtschow erneuerte jedoch noch vor seinem Sturz im Jahr 1961, gedrängt durch den Konflikt mit China und die innenpolitische stalinistische Opposition, im Rahmen seiner neuen antistalinistischen Offensive im gewissen Maße die Allianz mit der reformkommunistischen Orientierung. Jugoslawien erreichte zwar niemals mehr eine solche Bedeutung wie im Jahre 1956, aber der Konflikt von 1958 wurde dennoch wieder beiseite geschoben. Von den europäischen Ländern des Sowjetblocks hatte dies vor allem in Ungarn Einfluß, wo sich fünf Jahre nach der sowjetischen Intervention ein reformistischer Kurs im wirtschaftlichen, politischen und kulturellen Bereich entwickelt.

Auch in der Tschechoslowakei, wo es nach 1956 nicht zu größeren Reformbestrebungen kam, aber auch nicht zu einem massenhaften Widerstand gegen das System, gelangen erst in dieser zweiten Phase der Allianz Chruschtschows mit reformkommunistischen Kräften diese Kräfte zu Wort. Ungeschwächt durch Niederlagen aus den vorhergehenden Jahren erlangen sie schrittweise innerhalb der kommunistischen Partei einen beträchtlichen Einfluß. Erst nach dem Sturz Chruschtschows wird dort 1968 die breit konzipierte Linie der Systemänderungen siegen. Vier Jahre nach Chruschtschows Sturz werden so noch indirekte Folgen seiner ehemaligen Politik wiederum eine Eruption im gesamten Sowjetblock, sowie auch in der internationalen kommunistischen Bewegung hervorrufen.

Die sowjetische Militärintervention in der Tschechoslowakei 1968 wird zwar den *Rest* des ehemaligen »sozialistischen Weltsystems«, die Staaten der Warschauer Pakts, für die sowjetische Hegemonie retten. Sie wird jedoch wieder die Widersprüche mit Jugoslawien und teilweise mit Rumänien zuspitzen. China wird sich zum Zeitpunkt der sowjetischen Intervention gegen den »sowjetischen Hegemonismus« und auf die Seite des »Kampfs des tschechoslowakischen Volks um die Unabhängigkeit« stellen, obwohl es bis zu dieser Intervention die Prager Reformen für noch schlimmere Varianten der »Restaurierung des Kapitalismus« als die Reformen von Chruschtschow erklärte.

In der internationalen kommunistischen Bewegung erreicht Moskau nach der Invasion in der Tschechoslowakei zum ersten Male offen nur das Einverständnis einer Minderheit mit dieser seiner Maßnahme. In Europa lehnen alle kommunistischen Parteien außer den kleinen prosowjetischen Parteien und Gruppen die Intervention in der Tschechoslowakei ab. Die gleiche Position beziehen die kommunistischen Parteien in Japan, Australien und auch alle kommunistischen Parteien, die sich unter chinesischem Einfluß befinden. Nicht einmal die letzte Weltkonferenz kommunistischer Parteien, die es der sowjetischen Führung im Jahre 1969 schließlich gelingt einzuberufen, ist imstande, den Zustand der scheinbaren Einheit der kommunistischen Bewegung zu erneuern[50]. Von der sowjetischen Militärintervention gegen den »Prager Frühling« führt ein direkter Weg zur Entstehung der *eurokommunistischen Gruppierung* innerhalb der kommunistischen Bewegung.

Als daher die sowjetischen sozialpolitischen Systeme in die Phase relativer Stabilisierung der 70er Jahre geraten, ist also das ehemalige »Lager des Sozialismus und des Friedens« aus den Zeiten Stalins und das »sozialistische Weltsystem« aus dem Jahr 1956 in Wirklichkeit auf den *militärisch-politischen Block* des Warschauer Pakts reduziert, in dessen Rahmen darüber hinaus Rumänien manchmal eine abweichende Außenpolitik durchführt. Außerhalb seines Rahmens gehören eindeutig nur noch die Mongolei und Vietnam dazu.

Nach der definitiven Niederlage der reformkommunistischen Orientierung im Rahmen des gesamten Sowjetblocks im Jahr 1968 eröffnete sich der Weg für die Allianz der Konsolidierungskonzeption mit der stalinistischen Orientierung; diese Allianz beeinflußte unter der dominierenden Rolle der Anhänger der Konsolidierungskonzeption dann auch die Art und die Formen der Stabilisierung der Verhältnisse innerhalb des Sowjetblocks im Lauf der 70er Jahre.

Die Verhältnisse innerhalb dieses Blocks sicherten eindeutig die Hegemonie der UdSSR, die nur im Fall Rumäniens labil ist, mit Hilfe offiziell formalisierter (rechtlicher) Strukturen und (im entscheidenden Maße) faktischer Verhältnisse, die überwiegend außerhalb offiziell formalisierter Beziehungen entstehen.

Die formelle Struktur umfaßt die zwischenstaatlichen Beziehungen. Ihre Subjekte sind formell souveräne Staaten und verbunden in einem System bilateraler und multilateraler Verträge. Bilaterale zwischenstaatliche Verträge der Staaten des Sowjetblocks mit der UdSSR beinhalten, soweit sie nach 1968 neu formuliert wurden, Bestimmungen, die der sogenannten »Breschnew-Doktrin« der beschränkten Souveränität der Länder des Blocks entsprechen: Formulierungen dieser Art beinhalten Verpflichtungen zur »gemeinsamen Verteidigung sozialistischer Errungenschaften«.

Historisch entstand diese Formulierung im Zusammenhang mit der Vorbereitung und der Rechtfertigung der sowjetischen Militärintervention in der Tschechoslowakei im August 1968. Sie wurde dann nachträglich aus Dokumenten von rein politischem Charakter in Texte zwischenstaatlicher Verträge übernommen[51]. Der Warschauer Pakt als die Basis des militärisch-politischen Pakts hat einen multilateralen Charakter. Ebenso multilateral sind die vertraglichen Verpflichtungen im Rahmen des Rates für Gegenseitige Wirtschaftshilfe. Aus dem Text dieser vertraglichen Verpflichtungen selbst ist jedoch der tatsächliche Charakter der Verhältnisse im Sowjetblock nicht völlig ersichtlich. Er wird erst durch *faktische* Verhältnisse der sowjetischen Hegemonie in der politischen, wirtschaftlichen und militärischen Sphäre bestimmt. Vom politischen Gesichtspunkt haben die *faktischen Beziehungen zwischen den kommunistischen Parteien* der einzelnen Länder des Blocks entscheidende Bedeutung. Beginnend mit der Gesetzgebung, über die gesamte Sphäre operativer politischer Entscheidungen, bis zu den Wirtschaftsplänen und den operativen ökonomischen Entscheidungen und bis zur Koordinierung der Tätigkeit des Polizeiapparats ist der tatsächliche Charakter der gegenseitigen Beziehungen der Länder des Sowjetblocks im voraus dadurch bestimmt, wie der Entscheidungsprozeß in den Zentren der absoluten Macht (in den Politbüros der Parteien) und im Parteiapparat abläuft.

Höhere Parteifunktionäre (in der Praxis üblicherweise beginnend ab den leitenden Sekretären der Gebietsausschüsse aufwärts) werden in ihre Funktionen nach der Konsultation (nach der Billigung) mit dem sowjetischen Parteiapparat eingesetzt; ebenso wird auch ihre Abberufung erörtert. Dasselbe gilt auch für die politisch bedeutenderen Funktionen im Regierungsapparat. Ein Teil dieser Funktionäre arbeitet darüber hinaus für den sowjetischen Nachrichtendienst und hält regelmäßige Kontakte mit seinen Organen aufrecht. Neben den offiziellen (öffentlichen) Formen der Kontakte, wie es verschiedene Beratungen von Parteifunktionären aus bestimmten Sektoren u. ä. sind, gibt es praktisch ständig informelle Kontakte zwischen den Parteiapparaten der UdSSR und aller Länder des Blocks: beginnend mit gegenseitigen persönlichen Besuchen, über operative Treffen und telefonische Verhandlungen bis zur Schulung der Kader der Parteiapparate aller Länder in Moskau. Auf dem höchsten Niveau der Generalsekretäre der Parteien der Blockländer existiert die Praxis häufiger ope-

rativer Beratungen, die nicht so veröffentlicht werden wie offizielle Besuche und Verhandlungen.
Praktisch jede bereits gebilligte oder in Vorbereitung befindliche Entscheidung aus einem beliebigen Bereich kann mit Hilfe dieses informellen Netzes von Beziehungen zwischen den Parteiapparaten von Moskau aus in entscheidender Weise beeinflußt, ihre Annahme verhindert, nachträglich verändert oder annulliert werden.
Die informellen Strukturen gegenseitiger Verbindungen und die Subordination der Parteiapparate im Rahmen des Sowjetblocks bilden eine multinationale Gemeinschaft der Besitzer der absoluten politischen Macht, in der der sowjetische Apparat durch die Gesetzgebung der kleinen Staaten ungefähr ebenso beschränkt wird, wie der kapitalstärkste Partner in den multinationalen Wirtschaftsorganisationen im Westen durch innerbetriebliche Vorschriften der Filialen in verschiedenen Ländern.
Diese Verbindung der hauptsächlichen politischen Machstrukturen wird durch die faktische *Vereinigung militärischer und polizeilicher Apparate* unter der eindeutigen Kontrolle sowjetischer Apparate vervollständigt. In der Armee wird dies vor allem durch die Struktur der Organe des gemeinsamen Kommandos des Warschauer Pakts sichergestellt. In diesen gemeinsamen Organen befinden sich alle wichtigen Positionen in den Händen sowjetischer Offiziere. Sowjetische Offiziere befinden sich als Vertreter des gemeinsamen Kommandos bei allen höheren militärischen Formationen der nationalen Armeen. Manche wichtigen Formationen dieser Armeen sind direkt dem gemeinsamen Oberkommando untergeordnet. In Wirklichkeit kann kein einziger Befehl im Rahmen der nationalen Armeen, vom Divisionsniveau aufwärts, erlassen werden, der außerhalb der Kontrolle der sowjetischen Armee bleiben könnte. Dazu kommt selbstverständlich noch die volle Abhängigkeit dieser Armeen, bedingt sowohl durch die gemeinsame Technik, wie durch die Fernmeldetechnik einschließlich der Armeechiffre. Im Offizierskorps aller Armeen wirkt gleichzeitig – ebenso wie in anderen politischen Apparaten – auch die direkte sowjetische Agentur.
Die Apparate der politischen Polizei der Länder des Sowjetblocks sind faktisch direkt mit dem Apparat des KGB verbunden und nicht mehr durch das System sowjetischer Berater, wie in den 50er Jahren. Die sowjetische politische Polizei disponiert darüber hinaus in jedem Land des Blocks mit einem eigenen Agenturnetz.

Die operativen Kontakte zwischen den Apparaten der politischen Polizei sind ebenso häufig wie die operativen Kontakte der Parteiapparate. In den Jahren der Stabilisierung erschien auf diesem Sektor auch eine neue offizielle Form: gemeinsame Beratungen der Innenminister der Länder des Sowjetblocks.

Mit Ausnahme von Rumänien sind auf dem Gebiet aller Staaten des Sowjetblocks *Einheiten der sowjetischen Armee stationiert*, deren Charakter und zahlenmäßige Stärke mit Hilfe der Strukturen des Warschauer Pakts insgesamt ohne Beschränkung durch die sowjetischen Bedürfnisse und Interessen bestimmt werden. Die Dislozierung und Ausrüstung dieser Einheiten wird neben den Plänen für den Fall eines Kriegskonflikts auch durch die Bedürfnisse bestimmt, innerhalb eines jeden Blocklandes oder in einem Nachbarstaat des Blocks einzugreifen: dies ist die potentielle Basis für eine schnelle sowjetische militärische Okkupation eines beliebigen Landes des Blocks.

Es ist eben diese faktische Struktur der sowjetischen Hegemonie, die im Rahmen der Aufrechterhaltung der relativen Stabilisierung des Sowjetblocks nicht ohne das Risiko der sowjetischen militärischen Intervention zerstört werden darf. In der Tschechoslowakei wurde 1968 kein Element der offiziellen rechtlichen Struktur der Beziehungen innerhalb des Blocks überhaupt gestört. Aber die faktischen Strukturen hörten auf, wirksam zu funktionieren, und ohne die sowjetische Intervention war es nicht mehr möglich, sie wiederherzustellen. In der polnischen Krise 1981 behielten diese faktischen Strukturen trotz der beginnenden sozialen Revolution gegen das Sowjetsystem ihre Aktionsfähigkeit, und dadurch wurde die gesamtnationale Massenbewegung ohne eine direkte sowjetische Intervention unterdrückt. Die völlig spezifische Situation in Rumänien wird im beträchtlichen Maße dadurch bestimmt, daß es gelang, diese faktischen Strukturen der sowjetischen Hegemonie langsam bei Aufrechterhaltung aller formellen Blockbündnisse im Laufe längerer Zeit so zu zerstören, daß keine der schrittweisen Maßnahmen einen genügenden Grund für eine sowjetische Militärintervention lieferte. Als dann die einzelnen Maßnahmen in ihrer Gesamtheit zur Zerstörung der aktionsfähigen Struktur der faktischen Hegemonie sowjetischer Apparate führten, war es bereits nicht mehr möglich, die Intervention ohne das Risiko des Konflikts mit einem gesamtstaatlich organisierten bewaffneten Widerstand durchzuführen. Eine so ernste Situation, die einen ähnlichen Schritt vom Gesichtspunkt sowjetischer

Machtinteressen unbedingt erfordert hätte, ist jedoch bislang im Falle von Rumänien noch nicht vorgekommen.
In der Sphäre der *wirtschaftlichen Abhängigkeit* der Länder des Sowjetblocks von der UdSSR wirkt ebenfalls eine ganze Reihe offizieller und nichtformeller Beziehungen und Strukturen. Das Ergebnis dieses Wirkens wird oft darin gesehen, daß die Wirtschaften der einzelnen Länder durch die sowjetische Ökonomik benachteiligt und ausgebeutet werden. Wir glauben, daß die Situation in diesem Bereich wohl etwas komplizierter ist. Wenigstens während der Jahre der relativen Stabilisierung der Sowjetsysteme beruhte der Grundtrend der Entwicklung eher darin, daß die einzelnen nationalen Wirtschaften der Staaten des Sowjetblocks einer *selbständigen Existenz unfähig* geworden sind – und zwar im Inneren wie auch auf dem Weltmarkt. Das ist die Folge des Integrierungsprozesses in der Sphäre der Wirtschaftsplanung bis zur Arbeitsteilung im Rahmen des RGW, und auch der wachsenden Abhängigkeit von sowjetischen energetischen und Rohstoffquellen, sowie die niedrige Qualität der Produktion. Die Arbeitsproduktivität und das technische Niveau der Erzeugnisse und der wissenschaftlichen und Forschungsbasis sind niedrig.
Der in der Anfangsphase der Entwicklung (1948 – 1968) entscheidende direkte Machtdruck auf die nationalen Volkswirtschaften der Länder des Sowjetblocks vervollständigte sich in den Jahren der relativen Stabilisierung der Sowjetsysteme bereits um ökonomische Mechanismen, die *automatisch* die volle Abhängigkeit dieser Länder von der UdSSR und von sich selbst gegenseitig *reproduzieren* und unentwegt vergrößern. Nicht einmal unter der hypothetischen Voraussetzung, daß dieser Druck auf ein Land des Blocks plötzlich aufhören würde und daß es ihm gestattet würde, die Abhängigkeit von der UdSSR zu brechen und die eigenen Wirtschaftsbeziehungen auf dem Weltmarkt frei zu gestalten, wäre es bei der vorhandenen Struktur und Qualität der industriellen und landwirtschaftlichen Produktion ohne eine ernste Wirtschaftskrise unmöglich. Die Tatsache, daß ein solcher Zustand *bereits erreicht wurde*, stellt einen wesentlichen Faktor dar, der die relative Stabilisierung sowjetischer Systeme im Rahmen des gesamten Blocks im Laufe der 70er Jahre ermöglichte. Der Versuch, in Polen Ende der 70er Jahre dieses Faktum nicht zu beachten, ein ähnlicher Versuch in Rumänien und seine Folgen bestätigen dies nach unserer Ansicht in der Praxis.
Der Charakter der politisch-machtmäßigen und ökonomischen

Mechanismen, die im Rahmen des Sowjetblocks als einem Ganzen die relative Stabilisierung des sozialpolitischen Systems sowjetischen Typs ermöglichten, zeigt also, daß der so stabilisierte Sowjetblock ein *in sich geschlossenes* System darstellt. Das wird vor allem durch die grundlegende systembedingte Eigenschaft der Sowjetsysteme verursacht: durch den totalitären Charakter der politischen Macht, der ihr notwendiges Bindungsmittel ist. Die Subjekte, die sich dieser totalen Machtkontrolle, das heißt der vollständigen Beschränkung der eigenen Fähigkeit, autonom zu handeln, unterordnen, können organische Bestandteile des Systems bilden. Andere Subjekte geraten schließlich außerhalb eines solchen Systems.

Auf dieser Grundlage konnte allerdings auch die relative Stabilisierung im Rahmen des gesamten Sowjetblocks nicht zur Wiedergewinnung des verlorenen Einflusses in jenem Teil des »sozialistischen Weltsystems« führen, der deshalb von diesem »Weltsystem« in verschiedenen vorhergehenden Phasen abgefallen war, weil er es abgelehnt hatte, auf die eigene Autonomie zu verzichten (Jugoslawien, China, Albanien, Nordkorea).

Auf dieser Basis war es auch trotz der gesamten Stabilisierung unmöglich, zu verhindern, daß sich *neue Widersprüche* unter den Staaten des Sowjetblocks bildeten. Allgemein kann gesagt werden, daß diese Widersprüche überall dort auftraten, wo sich die innenpolitische Stabilisierung des Systems in einzelnen Ländern teilweise auf *andere* Faktoren stützte als auf jene, die die Stabilisierung des gesamten Blocks garantieren. In diesen Fällen können die Machteliten der einzelnen Staaten des Blocks in gewissen Situationen im Interesse der innenpolitischen Stabilisierung an der eigenen Stabilisierung mehr Interesse haben, als an der Entfaltung der Faktoren der Blockstabilisierung.

So ist beispielsweise die innenpolitische Stabilisierung des Systems sowjetischen Typs in der DDR ohne die Entfaltung der sogenannten »deutsch-deutschen« Beziehungen gegenüber der Bundesrepublik Deutschland im Wirtschaftsbereich und teilweise auch im politischen unvorstellbar. Alles, was imstande ist, die Entfaltung dieser besonderen Beziehungen zu bedrohen, wird auch durch die Machtelite der DDR als unerwünscht betrachtet, und zwar auch, wenn es vom Gesichtspunkt aller übrigen Länder des Blocks als erwünscht erscheinen würde.

In Ungarn ist die Stabilisierung des Systems untrennbar mit der Reform des Wirtschaftslebens verbunden (Planungsreform, Rolle des Privatsektors u. ä.), sowie mit einer gewissen Liberalisierung. Alles, was auf den Abbau dieser Besonderheiten zielen würde, bedroht auch die Interessen der ungarischen Machtelite. Auch die relative außenpolitische Autonomie Rumäniens und die starken Elemente des Nationalismus in seiner Politik bilden eine Bedingung der relativen Stabilisierung des innenpolitischen Systems, obwohl sie vom Gesichtspunkt der Stabilisierung im gesamten Block unerwünscht sind. Auch die zeitweilige Stabilisierung des Regimes von Gierek in Polen stützte sich auf Faktoren, die vom Gesichtspunkt des gesamten Blocks eher destabilisierenden Charakter hatten.

Von diesem Gesichtspunkt kann also gesagt werden, daß der relativ stabilisierte Sowjetblock der 70er Jahre nicht einmal durch jene Mechanismen, über die eingehend gesprochen wurde, eine größere *Interesseneinheit* seiner einzelnen Bestandteile erreichte, als jene am Anfang seiner Krise im Jahr 1956. Es entstanden im Gegenteil neue Interessenwidersprüche, die auch in Zukunft wirken werden. Es handelt sich jedoch nicht nur um Widersprüche zwischen der UdSSR und den kleineren Staaten, sondern auch um Widersprüche zwischen diesen kleineren Staaten.

Auf der Grundlage der Stabilisierung des Sowjetblocks war es unmöglich, die ehemalige zentralisierte und einheitliche kommunistische Bewegung zu erneuern. In ihrem Rahmen dauerte der Widerstand einiger Parteien gegen das Prinzip der totalen Kontrolle von einem Zentrum aus an.

In der Beziehung zu dieser Bewegung offenbarte jedoch das sowjetische System in den Jahren seiner relativen Stabilisierung dennoch ein gewisses, früher unbekanntes Maß an pragmatischer Elastizität: die autonomistischen Tendenzen an sich bildeten keinen Grund zu einem eindeutigen Konflikt und zur »Exkommunizierung« ihrer Träger aus der kommunistischen Bewegung.

Es gibt freilich Gründe für dieses während Stalins Zeiten undenkbares Vorgehen. An der ersten Stelle steht die Tatsache, daß die gesamte kommunistische Bewegung bei weitem keine solche Bedeutung mehr für die Durchsetzung sowjetischer Machtinteressen in der Welt wie in den Vorkriegszeiten besitzt. Sie ist nur ein zusätzlicher Faktor der sowjetischen Großmachtpolitik, die sich vor allem auf die Militärkraft und teilweise auf ökonomische und staatspolitische Aktivitäten stützt. Wenn die autonomistische Tendenz einer kommunistischen Partei mit der Bedrohung dieser grundlegenden Faktoren sowjetischer Großmachtpolitik verbun-

den war – am markantesten in China –, bekam die gegenseitige Beziehung auch einen voll ausgeprägten Konfliktcharakter.
So ist es jedoch nicht im Fall autonomistischer Tendenzen bei nichtregierenden kommunistischen Parteien eurokommunistischer Ausrichtung. Das sowjetische Interesse beschränkt sich hier schließlich auf den ideologisch-politischen Bereich: solange diese Parteien die Sowjetsysteme als den »real existierenden Sozialismus« anerkennen, wenn auch mit vielen kritischen Vorbehalten zur sowjetischen Praxis, erhalten sie immer noch die historisch-ideologische Legitimität des sowjetischen Systems im gesellschaftlichen Bewußtsein bestimmter Schichten der westlichen Gesellschaft. Und in diesem Sinne sind sie vom Gesichtspunkt der Stabilisierung der Sowjetsysteme funktionell. Bis zu dieser Grenze reichte deshalb die Toleranz kommunistischer Parteien des Sowjetblocks gegenüber dem Eurokommunismus auch auf der Konferenz europäischer kommunistischer Parteien im Jahr 1976[52]. Heute, so scheint es, überschreitet die politische Reaktion der Kommunistischen Partei Italiens auf die Militärdiktatur in Polen gerade diese Grenze. Sollte dieser Trend weiterhin andauern, wird ihr Konflikt mit den Parteien des Sowjetblocks ebenso tief werden, wie es im Fall von Jugoslawien und China war. Es wird wahrscheinlich zum offenen Zerwürfnis kommen.
Einen weiteren Grund für ein größeres Maß an Toleranz gegenüber den zentrifugalen Tendenzen innerhalb der kommunistischen Bewegung seitens der Sowjetsysteme bildet der Umstand, daß die ideologische Orthodoxie im Stabilisierungsprozeß dieser Systeme in Wirklichkeit eine viel kleinere Rolle spielt, als in der stalinistischen Phase ihrer Entwicklung. Die innenpolitisch herrschende Ideologie des »realen Sozialismus« öffnet auf diesem Feld einen größeren Raum für das pragmatische Vorgehen: letzten Endes ist alles, was eben dem »realen Sozialismus«, das heißt den Sowjetsystemen in ihrer gegebenen Form dienlich ist, entsprechend der Logik dieser Ideologie, auch »ideologisch richtig«. In der Praxis wird dann auch im ideologisch-politischen Bereich jedwede auch nur beschränkte Unterstützung des sowjetischen Einflusses auch ideologisch akzeptiert.
Die markanteste Kundgebung dieses politischen Pragmatismus ist die Tatsache, daß in die Reihen der kommunistischen Bewegung – wenn auch irgendwie »am Rande« und mit dem Statut der »Beobachter« bei Parteitagen und internationalen kommunistischen Aktionen – verschiedene nationalistische und im ideologi-

schen Sinne kaum marxistische Parteien und Organisationen eingereiht werden, die in irgendeiner wichtigen Frage und in dem gegebenen Moment eine Unterstützung sowjetischer Großmachtabsichten darstellen. Das betrifft eine ganze Reihe politischer Organisationen aus dem arabischen Gebiet und aus weiteren Gebieten der Dritten Welt. Auch dies zeigt jedoch, daß die internationale kommunistische Bewegung Instrument der Durchsetzung eigener Machtinteressen des Sowjetsystems geblieben ist; seine Methoden paßten sich aber der neuen Situation an.

2. Koexistenz der Sowjetsysteme mit konkurrierenden sozialpolitischen Systemen

Wir werden uns hier auf die Auswahl einiger wichtiger Probleme beschränken; den tatsächlichen historischen Ablauf der Ereignisse können wir dabei nicht in solchem Maße verfolgen, wie in dem vorhergehenden Teil. Völlig außerhalb unserer Aufmerksamkeit werden notwendigerweise auch die Ursachen wichtiger internationaler Ereignisse bleiben, die nicht direkt mit der inneren Entwicklung der Sowjetsysteme zusammenhängen, besonders die Ursachen, die zu einer gewissen Politik seitens der Konkurrenzsysteme im Westen führten und auch die Ursachen der sehr komplizierten Entwicklung in der Dritten Welt. Die folgenden Betrachtungen sind also nur der Versuch, allgemein die hauptsächlichen internationalen Zusammenhänge bei der Krisenentwicklung der sozialpolitischen Systeme sowjetischen Typs zu analysieren.

Im Prozeß der Interaktion mit den sozialpolitischen Systemen anderen Typs geraten die Systeme sowjetischen Typs in eine andere Situation als bei der Lösung ihrer inneren Widersprüche: politische Subjekte, die bei dieser Interaktion in der Rolle ihrer Partner oder Konkurrenten auftreten, sind *autonome* Subjekte, die durch die sowjetische Politik nicht beherrscht werden. Im Rahmen dieser Interaktion, im Bereich internationaler Beziehungen, wird die politische Macht sowjetischen Typs gezwungen, grundsätzlich anders zu handeln, als in der Beziehung zur eigenen beherrschten Gesellschaft: im allgemeinsten Sinne des Wortes wird sie zum Teilnehmer am politischen Prozeß als eines Spiels autonomer Subjekte. Auch für sie gelten die allgemeinen »Spielregeln«, die sie selbst *nicht bestimmen kann*. Allerdings verliert die sowjetische politische Macht im Prozeß der Interaktion mit anderen, autonomen sozialpolitischen Systemen keineswegs ihren totalitären Charakter. Die Folgen dieser Tatsache sind jedoch wesentlich anders als in den Beziehungen zu Subjekten, die sie teilweise oder völlig der Fähigkeit, autonom zu handeln, berauben kann.

Der grundlegende systembedingte Zug des Verhaltens der Sowjetsysteme in Interaktion mit anderen Systemen ist unserer Ansicht nach die ständige Tendenz zur *Isolierung* des eigenen Systems von jedweden Einflüssen, die infolge der Interaktion aus den anderen Systemen in das sowjetische System eindringen könnten. Sie könnten sich dann der totalen Kontrolle der politischen Macht sowjetischen Typs entziehen. Würde das Sowjetsystem bei Interaktion mit anderen Systemen diese Isolierung nicht erreichen, würde die Gefahr drohen, daß innere sozialpolitische Kräfte, die im Rahmen des Sowjetsystems der Fähigkeit zum autonomen Handeln verlustig gegangen sind, sich auf autonome, der Kontrolle der sowjetischen Macht nicht unterliegende Kräfte in anderen sozialpolitischen Systemen stützen könnten. Das könnte dann die grundlegenden Systemkoppelungen bedrohen, die zur Sicherstellung der Funktionsfähigkeit sowjetischer Systeme notwendig sind.

Dieser systemimmanente Zug führt unerläßlich und in allen konkreten Fragen zu grundlegenden Unterschieden in der Interpretierung allgemeiner Grundsätze und »Spielregeln« in vielen Bereichen internationaler Beziehungen im Vergleich mit der Interpretation, durch die sich die Systeme pluralistischer politischer Demokratie leiten lassen. Die Hauptforderung der Sowjetsysteme bleibt ohne Rücksicht auf die Änderung aller anderer Umstände, daß alle Akteure, die das Sowjetsystem vertreten, im Prozeß der Interaktion unter der totalen Kontrolle der sowjetischen politischen Macht wirken: weil diese Macht die autonomen Subjekte der Interaktion der totalen Kontrolle nicht unterwerfen kann, ist sie bestrebt, dieser Kontrolle wenigstens alle Subjekte (Organisationen und Einzelpersonen) zu unterwerfen, die an der Interaktion teilnehmen.

Beginnend mit allgemeinen politischen Begriffen wie »friedliches Zusammenleben und Zusammenarbeit« bis zu Begriffen wie »freier Informationsaustausch« lassen sich die sowjetischen Systeme in Interaktion mit anderen Systemen durch eine solche Interpretation leiten, die im Einklang mit der systembedingten Tendenz steht. Aus der Logik dieser Tendenz ergibt sich direkt, daß sie eine unterschiedliche Interpretation oft als Feindseligkeit betrachten, für einen Versuch zur »Diversion« und allgemein als »Einmischung in innere Angelegenheiten«.

Daran hängt in der praktischen Politik die sehr bedeutsame Frage, wann und wodurch sich das sowjetische sozialpolitische System *bedroht fühlt*. Der sogenannte »Komplex der feindseligen Umzingelung«, über den man in der internationalen Politik oft als Faktor spricht, der das Verhalten der UdSSR in der internationalen Arena beeinflußt, ist bestimmt auch konkret historisch bedingt: die UdSSR war tatsächlich seit der Zeit ihrer Entstehung einige Male von außen her bedroht, vom Bürgerkrieg bis zum zweiten Weltkrieg. Gleichzeitig wirkt jedoch in diesem »Umzingelungskomplex« auch der Einfluß der systembedingten Tendenz: das sowjetische System sieht als potentielle Bedrohung bereits selbst die Tatsache der Existenz eines starken, von ihm in keiner Weise abhängigen autonomen sozialpolitischen Systems von anderer Qualität. Es existiert also ein systembedingter Hang der sowjetischen politischen Macht, die Fähigkeit des autonomen Handelns anderer sozialpolitischer Systeme zu beschränken, wann sich dazu nur eine Gelegenheit bietet.

Das offenbart sich jedoch paradoxerweise am häufigsten in der Beziehung zu solchen Subjekten, die das Sowjetsystem überhaupt nicht bedrohen möchten und im Gegenteil bestrebt sind, mit ihm zusammenzuarbeiten, und nicht in der Beziehung zu Subjekten, die tatsächlich eine völlige Konfliktposition in der Interaktion mit dem Sowjetsystem einnehmen. Im zweiten Fall hat das Sowjetsystem nämlich keine praktische Möglichkeit zur Beschränkung ihrer Autonomie, während diese Möglichkeit im ersten Fall gegeben ist.

Diese Tendenz offenbarte sich am deutlichsten in der Beziehung der UdSSR zu Staaten, die nach dem Krieg »den Sozialismus aufzubauen« begannen. Sie endete auf der einen Seite durch die totale sowjetische Kontrolle über die Staaten des Warschauer Pakts und auf der anderen Seite durch die Konfliktbeziehung zu Jugoslawien und besonders zu China. Die gleiche Tendenz wirkte jedoch stark bei den Beziehungen der Sowjetsysteme zu einigen Staaten der Dritten Welt.

Obwohl also die grundlegende systembedingte Tendenz die Isolierung und also im gewissen Sinne die Verteidigung des eigenen Systems gegenüber unerwünschten Einflüssen ist, wird schließlich ihre logische Kundgebung die offensive Erweiterung der Sphäre der eigenen totalen Kontrolle auch über die bisherigen

Grenzen des Systems hinaus, also im gewissen Sinne die Agression. Denn die sicherste Verteidigung gegen unerwünschte Einflüsse gegenüber dem Sowjetsystem ist der Zustand, in dem solche Einflüsse einfach *überhaupt nicht entstehen.*

Dies bedeutet nicht, daß man mit Hilfe dieser Tendenz das bisherige Verhalten deuten und das künftige Verhalten der Sowjetsysteme in der internationalen Arena voraussagen kann. Um so weniger kann man irgendeine rationelle und wirksame politische Strategie anderer Systeme in ihren Beziehungen mit den Sowjetsystemen auf die Existenz dieser Tendenz stützen. Sie ist nur einer der Faktoren, die das Verhalten der Sowjetsysteme in Interaktion mit anderen Systemen mitbestimmen. Wann und ob sie sich überhaupt als entscheidender Faktor offenbaren kann, wann sie aus der Tendenz zur »Verteidigung« in die Tendenz zur Aggression einmünden kann, ist keineswegs durch die Tendenz selbst im voraus bestimmt. Ihre Existenz bestreiten kann man deshalb jedoch nicht.

Für die realen Ergebnisse des Wirkens der Sowjetsysteme in Interaktion mit anderen gilt darüber hinaus auch, daß sich ihre eigenen systembedingten Tendenzen zwar immer in irgendeiner Form offenbaren, aber daß sie bei weitem die tatsächlichen Änderungen und die tatsächlichen Ergebnisse nicht bestimmen. »Das Ergebnis des Verhaltens *jedes* handelnden Systems hängt in erheblichem Maße von dem Tun und Lassen anderer Akteure sowie von den Vorgängen im dem übergeordneten System ab, in dem es sich befindet. Die Folge ist, daß zweckgerichtetes Verhalten mehrerer Akteure ein Endergebnis zeitigen kann, das keiner von ihnen beabsichtigte[53].«

Auch deshalb betonen wir nochmals, daß wir diese systembedingte Tendenz keineswegs für einen »Universalschlüssel« zum Begreifen des Verhaltens dieser Systeme in der internationalen Arena halten und schon gar nicht zum Begreifen und zur Analyse seiner tatsächlichen Ergebnisse.

Diese Tendenz offenbarte sich am markantesten und eindeutig während der stalinistischen Phase der Entwicklung des Sowjetsystems. Die damalige sowjetische Außenpolitik war isolationistisch und pflegte unter gewissen Umständen aggressiv zu werden (Annexion der Ostseestaaten Litauen, Lettland und Estland, der Kriegsfeldzug gegen Finnland, Annexion eines Teils von Polen auf Grund des Pakts mit Hitler). Sie deckte dies dabei mit den »Verteidigungsinteressen«. Ohne daß man behaupten kann, daß die Politik des »Kalten Kriegs« während der zehn Jahre nach dem zweiten Weltkrieg nur durch das Verhalten der Sowjetsysteme verursacht wurde, entsprach auch sie in beträchtlichem Maße der Isolierung der sowjetischen Sphäre des Machteinflusses von der übrigen Welt und gleichzeitig der latenten Aggressivität gegenüber den Konkurrenzsystemen. Die vereinfachte, bipolare Auffassung der gesamten Welt befindet sich auch grundsätzlich im Einklang damit.

Diese Außenpolitik wirkte bei der Vertiefung der *systembedingten Krise* während der letzten Lebensjahre Stalins mit: wenn die eine der systembedingten Tendenzen gradlinig zur Geltung gebracht wurde, führte dies in Wirklichkeit nicht zur Stabilisierung des Sowjetsystems, sondern zu einer Krise; zur Überwindung der Krise war es notwendig, diese systemimmanente Tendenz in ihrer praktischen Wirkung stark zu beschränken und zu korrigieren.

Die Gründe, die dazu führten, hatten historischen Charakter. Im Jahr 1953 war die UdSSR bereits eine der wichtigsten Mächte mit großer militärischer, ökonomischer und staatspolitischer Kraft. Unter den übrigen sozialpolitischen Systemen der Welt gab es besonders in den Entwicklungsländern eine ganze Reihe solcher, die praktisch überhaupt nicht imstande waren, gegenüber dem Sowjetsystem als Konkurrenzsysteme aufzutreten. Die Interaktion mit ihnen beinhaltete nicht nur keine Konfliktgefahr, sondern sie konnte gleichzeitig die Stärkung des sowjetischen Einflusses ermöglichen. Auch die traditionellen Konkurrenzsysteme des entwickelten Kapitalismus stellten keine reale Gefahr für das Sowjetsystem dar, wie in den Zeiten ihrer militärischen Intervention während des Bürgerkriegs in Rußland. Dazu führte eine Reihe veränderter Umstände, nicht nur der Aufstieg der UdSSR zur Weltmacht. Die im Prinzip isolationistische und gleichzeitig latent aggressive Politik Stalins *hinderte* das Sowjetsystem, sich in Interaktion mit sozialpolitischen Systemen anderen Typs so zu verhalten, wie es ihm bereits seine neue Nachkriegsposition in Politik, Wirtschaft und Militärwesen gestattet hätte. Von den vier Hauptformen des gegenseitigen Kontakts, die grundsätzlich jede Interaktion beinhaltet – Konflikt, Wettbewerb, Austausch der Aktivitäten, Zusammenarbeit –, blieb als Grundform der Konflikt. Ein solcher Zustand ermöglicht es der praktischen Politik grundsätzlich nicht, alle eigenen Großmachtinteressen zur Geltung zu bringen; langfristig muß er die Krise hervorrufen.

In der Zeit von Stalins Tod standen also im Zusammenhang mit

der wachsenden inneren Krise der Sowjetsysteme auch drei Grundfragen im Bereich internationaler Beziehungen zur Diskussion:
- Wie kann man die Sowjetsysteme aus der Situation hinausführen, in der der latente Konflikt die Hauptform ihrer Interaktion mit anderen Systemen ist?
- Wie kann man dabei verhindern, daß andere Formen der Interaktion die innere Entwicklung nicht in der Richtung einer weiteren Destabilisierung des sozialpolitischen Systems beeinflussen?
- Wie kann man die neuen Formen der Interaktion im Gegenteil zur Stärkung des eigenen Systems sowohl im Innern, als auch bezüglich seiner internationalen Aktivitäten ausnutzen?
In der kurzen Zeitspanne 1953 - 1955 sucht die sowjetische Führung eine Antwort auf diese Fragen vor allem mit einer Serie praktischer politischer Maßnahmen: die Beendigung des Kriegs in Korea, die Genfer Großmachtkonferenz, der Abzug der Okkupationstruppen aus Österreich und die Anerkennung der österreichischen Neutralität, die Anknüpfung diplomatischer Beziehungen der UdSSR mit der Bundesrepublik Deutschland, Reisen führender sowjetischer Repräsentanten in den Westen (Großbritannien) und den Osten (Indien) u. a. Im asiatischen Bereich ist China in derselben Richtung aktiv geworden. Die Form einer *neuen Konzeption* der Beziehungen sowjetischer Systeme zu anderen Systemen erhält jedoch die Suche nach einer Antwort auf diese Fragen erst seit dem Jahr 1956, seit dem XX. Parteitag der KPdSU. Wie in den Systemen sowjetischen Typs nicht anders möglich, handelt es sich um eine *ideologische* Form. Sie brachte die Verdammung alter (stalinistischer) und die offizielle Verkündung neuer (von Chruschtschow stammender) ideologischer Thesen und »Lehrsätze«.
Die hauptsächlichen Veränderungen kann man folgendermaßen zusammenfassen:
1. Die ideologische These über die »Unvermeidlichkeit der Kriege in der Epoche des Imperialismus« wurde durch die These über die »Möglichkeit der Abwendung des Kriegs infolge des Wachstums der Kräfte des Sozialismus und des Friedens in der Welt«, derer Hauptrepräsentant die UdSSR ist, ersetzt.
2. Die ideologische These über den »Verwesungsprozeß des Kapitalismus«, der auch die Entfaltung der Produktionskräfte ausschließt, wurde durch die These über die Möglichkeit des weiteren Wachstums der Produktionskräfte auch im Kapitalismus ersetzt;

es wurde praktisch die Ideologie über den »Vorrang« des Sozialismus in allen Gebieten fallengelassen und es wurde im Gegenteil die Notwendigkeit betont, im Sowjetsystem aus dem Kapitalismus alles zu übernehmen, was zum Wirtschaftswachstum verhilft, besonders die entwickelte Wissenschaft und Technik.

3. Als das langfristige Grundprinzip der Beziehungen zwischen den Sowjetsystemen und der übrigen Welt wurde der Grundsatz des »friedlichen Zusammenlebens und des Wettbewerbs der beiden ökonomisch gesellschaftlichen Systeme« – des sozialistischen und des kapitalistischen Systems – verkündet. Das wurde deshalb möglich, weil »der Sozialismus bereits ein Weltsystem ist«. Während der weiteren Entwicklung der offiziellen Ideologie unter Chruschtschow wurde diese Konzeption besonders bis 1961 noch weiter entfaltet: die »kapitalistische Umzingelung« des Sowjetsystems wurde für nicht mehr existent erklärt. Der »Wettbewerb der beiden Systeme« erhielt das konkrete Ziel, die entwickeltsten kapitalistischen Staaten bezüglich des Niveaus der Produktion und des Verbrauchs einzuholen und zu überholen. Die UdSSR sollte 1980 die USA überholen.

4. Das alles begründete auch die politische Forderung, die Beziehungen zwischen den Großmächten, insbesondere zwischen der UdSSR und den USA zu verbessern. Die sowjetische Führung schlug 1956 vor, einen Vertrag »über die Freundschaft und die Zusammenarbeit« mit den USA abzuschließen. Ohne die faktische Verbesserung dieser Beziehungen erachtete die sowjetische Führung die ganze Änderung für unrealisierbar.

5. »Das sozialistische Weltsystem« besitzt einen natürlichen Verbündeten in den Nationen jener Länder, die sich von der Vorherrschaft des Kolonialismus befreien: in diesen Ländern ist ein »nichtkapitalistischer Weg der Entfaltung« möglich und im politischen Sinne eine Position zwischen den militärisch-politischen Blöcken. Beides soll die sowjetische Politik voll unterstützen.

6. Das alles bedeutet jedoch nicht, daß das Sowjetsystem ein »friedliches Zusammenleben« im Bereich der Ideologie annimmt: der grundlegende Widerspruch zwischen der bourgeoisen und der kommunistischen Ideologie dauert an. Der ideologische Kampf wird fortgesetzt, in ihm gibt es in den grundlegenden Fragen keine Kompromisse. Das Sowjetsystem ist die »historisch höhere Form der Entwicklung« als die anderen sozialpolitischen Systeme. Es glaubt an seinen Weltsieg auch ohne den »Export der Revolution«, mit gewaltlosen Mitteln und in einer historisch langen Zeitperspektive.

Diese ideologisch-politische Konzeption bedeutete, daß die Sowjetsysteme den Weg grundsätzlich aller Formen der Interaktion beschreiten wollen – Konflikt, Wettbewerb, Zusammenarbeit, Austausch der Aktivitäten. In allen diesen Bereichen wollten sie selbstverständlich ihre eigenen Interessen durchsetzen, die Überwindung des eigenen Krisenzustands. In allen diesen Formen wurde auch die praktische Form der Interaktion zum Gegenstand von Interessenwidersprüchen zwischen verschiedenen Schichten der sowjetischen Machtelite, der politischen Bürokratie, der Wirtschaftsbürokratie und besonders der Armee. Es entstanden hier auch Widersprüche zwischen verschiedenen Staaten des »sozialistischen Weltsystems« und zwischen den ideologischen Hauptströmungen der damaligen Zeit. Die stalinistische Orientierung setzte weiterhin besonders auf das isolationistische und Konfliktelement; die reformkommunistische Orientierung interpretierte im Gegenteil die neuen ideologischen Thesen im Geiste der Vorstellungen über die mögliche Konvergenz sowjetischer und westlicher Systeme und verband sie direkt mit gewissen Wertorientierungen im Geiste des humanistischen Elements des ursprünglichen Marxismus; die Konsolidierungskonzeption, die der Hauptschöpfer der neuen ideologischen Thesen war, beachtete vor allem den Gesichtspunkt des Bedürfnisses nach Erhöhung der funktionellen Fähigkeit des Sowjetsystems.

Die tatsächliche politische Orientierung, die sich aus diesen Widersprüchen bildete, wurde in entscheidendem Maße durch zwei Faktoren beeinflußt: durch die innenpolitische »gemäßigt reformerische« Entwicklung unter Chruschtschow und durch die Wirtschaftskonjunktur der damaligen Entwicklung im Westen.

Trotz der Momente ernsthafter Krisen nach 1960 (Berlin und Kuba) wurde in der internationalen Arena in den Jahren 1956 bis 1964 das Element des Konflikts im Verhalten der Sowjetsysteme in den Hintergrund gedrängt. Das sowjetische System begann gleichzeitig eine ausgeprägte *Großmachtoffensive* und versuchte, direkt in neue Gebiete in der Dritten Welt, hauptsächlich in Afrika, aber auch in Asien und über Kuba in Lateinamerika einzudringen. Die entscheidende Rolle in dieser offensiven Politik sollten jedoch entsprechend der sowjetischen Konzeption Faktoren ökonomischen und politischen Charakters spielen, während der militärische Faktor im Gesamtmaßstab eher eine untergeordnete Bedeutung hatte; es gab selbstverständlich Ausnahmen.

Für die Lösung der inneren Krise der Sowjetsysteme wirkten sich die neuen Formen der Interaktion mit konkurrierenden Systemen fraglos positiv aus. Mehr als reale Wirtschaftvorteile, die die RGW-Länder durch die offenere Orientierung auf Handels-und überhaupt Wirtschaftsbeziehungen mit dem Westen und den Ländern der Dritten Welt erlangten, brachten sie eine Entlastung im Bereich politischer und sozialpolitischer Faktoren: der soziale Konsens breiter Bevölkerungsschichten gegenüber dem System festigte sich durch die Auflockerung der gesamten Atmosphäre der Isolierung und der latenten Kriegsfurcht. Für einige Schichten, besonders für die Intelligenz, hatte diese atmosphärische Änderung direkte Bedeutung im Alltagsleben. Für die Machtelite brachte der Übergang zur offensiven Großmachtpolitik ein erhöhtes Selbstbewußtsein. Die Erfolge verstärkten auch wiederum die Identifizierung der Bevölkerung, natürlich hauptsächlich in Rußland, mit dem System, ähnlich wie in der Vergangenheit der Sieg im Kriege. Das alles gilt besonders für die Zeitspanne 1956 – 1960; in der weitere Phase der Herrschaft Chruschtschows schwächen sich diese Faktoren wieder ab.

In den Jahren 1953 – 1960 ziehen die Sowjetsysteme offenkundige Vorteile daraus, daß der Prozeß der Änderungen im internationalen Bereich in beträchtlichem Maße aus *ihrer Initiative* abläuft. Das ermöglicht ein größeres Maß an Kontrolle. Auf der anderen Seite geraten die Konkurrenzsysteme in den Augen breiter Schichten der Öffentlichkeit teilweise auch außerhalb der sowjetischen Sphäre in die Position der Verteidiger des Status quo des »Kalten Kriegs«. Gleichzeitig handeln sie jedoch in Krisensituationen nicht »aus der Position der Stärke« heraus. Das gilt vor allem für die Politik der USA in den Jahren der Eisenhower-Administration.

Für diese politische Orientierung bildete offensichtlich die Überzeugung den Ausgangspunkt, daß die Krise der Sowjetsysteme nach Stalins Tod zu ihrer inneren und internationalen Schwächung führen wird; unter dieser Voraussetzung erschien dann die Stärkung der eigenen Großmachtinteressen und überhaupt der politischen Interessen der USA und des Westens am hoffnungsvollsten durch Justieren auf der »Position der Stärke«. Politisch erweckte diese Orientierung Hoffnungen auf eine Änderung der Nachkriegseinflußsphären in Europa, auf »Befreiung der Völker« in den Ländern der »Volksdemokratien«. Hier offenbarte sich jedoch am deutlichsten die Fragwürdigkeit ähnlicher Konzeptionen, und zwar besonders während der sowjetischen Militärintervention in Ungarn im November 1956. Innerhalb der sowjetischen Einflußsphäre ist nach dieser Konfrontation die amerikanische Politik diskreditiert; außerhalb dieser Einflußsphäre erwies sich der »Kalte Krieg« als Sackgasse. Er bedrohte nicht nur die Sowjetsysteme mit einer Krise, sondern auch die Dynamik der sozialpolitischen Systeme der übrigen Länder einschließlich derer der Dritten Welt.

Die *verspätete Reaktion* der USA und vieler westlicher Länder auf die Änderung im Verhalten der Sowjetsysteme hat dann nach unserer Ansicht eine große Bedeutung für die gesamte weitere Entwicklung der Interaktion, und zwar bis zur Gegenwart, das heißt bis zum Anfang der 80er Jahre. Sehr vereinfacht und schematisch gesehen verlief hier folgender Prozeß:

In den Jahren, als die Sowjetsysteme unter dem Druck der eigenen Systemkrise *tatsächlich begannen*, einen *Ausweg* aus der eigenen Isolation zu *suchen*, und aus dauerndem Konfliktzustand mit den übrigen Systemen, waren sie bereit, zur Erreichung eines Gesamterfolgs bei der Lösung der eigenen Situation auch in manchen Fragen zu kooperieren, in denen es sich um Kompromisse zuungunsten ihrer eigenen Großmachtinteressen handelte. Man kann als sicher annehmen, daß die UdSSR bei der Lösung der »deutschen Frage« bis Frühjahr 1955 zu Verhandlungen bereit war, die auch andere Alternativen zur tatsächlich späteren Lösung boten. Bis zum Eintritt der Bundesrepublik Deutschland in die NATO existierte der Warschauer Pakt formell nicht. Es erhebt sich die Frage, ob er bei einer anderen Art des Vorgehens in Deutschland im Jahr 1955 überhaupt gegründet worden wäre. Und man muß auch fragen, ob der Ablauf der Ereignisse in Ungarn unbedingt gleich gewesen wäre, wenn dieser Pakt nicht existiert hätte, und wenn die deutsche und in gewissem Sinne also auch die mitteleuropäische Frage anders gelöst worden wäre. Diese Fragen werden notwendigerweise ohne Antworten bleiben, die überprüfbar wären; wir legen sie auch nicht deshalb vor, um zu suggerieren, die »Schuld« an der weiteren und auch der gegenwärtigen Entwicklung trügen die damaligen Ablehnungen der sowjetischen Vorschläge. Es gab damals genügend Gründe, auch Sicherheitsgründe für die Länder außerhalb der sowjetischen Sphäre, um manche dieser Vorschläge abzulehnen. Man kann jedoch annehmen, daß ein gemeinsamer wesentlicher Grund, es abzulehnen, über mögliche Alternativen zu verhandeln, das *präventive Mißtrauen* gegenüber den sowjetischen Vorschlägen war, verwurzelt in den vergangenen Erfahrungen, aber projiziert in die Zukunft. Der Charakter der im Gange befindlichen Änderungen in den Sowjetsystemen wurde dabei nicht allseitig analysiert und bewertet.

Seitens der amerikanischen Politik kommt es hier erst rund fünf Jahre nach Stalins Tod zu einer Änderung. Stark wirkte dabei der erste sowjetische Satellit im Weltall. Diese Änderung setzt sich schrittweise während der Zeit der Administration von J. F. Kennedy durch. Aber etwa zur selben Zeit beginnt die Bereitschaft zur Kooperation um den Preis ernsthafterer Konzessionen bei der Sicherung eigener Großmachtinteressen seitens des Sowjetsystems eher nachzulassen (Berliner Mauer; Kuba-Krise). Die UdSSR stellte fest, daß sie die eigene Krise auch ohne riskante Schritte in Richtung der Kooperation überwinden konnte.

Auch innenpolitisch beginnt seit 1961 in den Sowjetsystemen eine Entwicklung, die auf die Beendigung der Reformexperimente gerichtet ist. Nicht lange vor Chruschtschows Sturz ist klar, daß dieser nicht nur in der innenpolitischen, sondern auch in der internationalen Konzeption der Krisenbewältigung sehr viele Mißerfolge hatte: der Zerfall des »sozialistischen Weltsystems« nach dem Konflikt mit China und auch der offensichtliche Mißerfolg bei der Absicht, durch ökonomische und politische Mittel den sowjetischen Großmachteinfluß und die Erweiterung seiner Sphäre in der Dritten Welt zu sichern. Das ökonomische Potential und die politisch-ideologische Anziehungskraft des Sowjetsystems reicht dazu bei weitem nicht aus. Die Armee nützt dies aus, um ihren Einfluß innerhalb der sowjetischen Machtelite zu verstärken, zumal sie auch aus anderen Gründen mit der Politik Chruschtschows unzufrieden ist. Im Verlauf einiger Jahre nach Chruschtschows Sturz setzen sich in der sowjetischen Außenpolitik Änderungen durch, die die ursprüngliche »neue Linie« aus den Jahren 1955 – 1956 korrigieren:

– Bei Aufrechterhaltung der politischen Linie des »friedlichen Zusammenlebens« im großen und ganzen wird in der ideologisch-politischen allgemeinen Form die Betonung vom Element »Wettbewerb verschiedener ökonomisch-politischer Systeme« auf den Bereich »Entspannung« zwischen ihnen verschoben; dieser scheinbar nicht große und vielleicht nur für ideologische Scholastiker wichtige Begriffsunterschied spiegelt eine wichtige Änderung in dem Sinne wider, daß die ökonomischen unnd politischen Faktoren, mit deren Hilfe das sowjetische System im Rahmen des gegenseitigen Wettbewerbs siegen sollte, in den Hintergrund treten. Die Problematik des Konflikts tritt in dem Sinne in den Vordergrund, daß ein direkter Konflikt vermieden und die Spannung »herabgesetzt« werden soll.

- Die Politik der »Entspannung« wird eindeutig als Entspannung zwischen den beiden hauptsächlichen militär-politischen Blökken und den beiden Supergroßmächten, der UdSSR und den USA, aufgefaßt. Die Straffung der inneren »Blockdisziplin« ist mit ihr voll vereinbar, und wie die Militärintervention in der Tschechoslowakei im Jahr 1968 beweist, akzeptieren dies auch beide Blöcke voll.

- Im Einklang damit unterstützen die Sowjetsysteme keineswegs die politische Gruppierung der blockfreien Länder ernsthaft als tatsächlich autonome dritte Kraft, sondern sind bestrebt, diese Gruppierung mit den Interessen des Sowjetblocks zu verbinden und sie seiner Politik unterzuordnen. Das tritt besonders markant gegen Ende der 70er Jahre hervor, als Kuba die formell leitende Funktion in der blockfreien Bewegung gewinnt, ein Land, das in jener Zeit eindeutig im Dienst des Sowjetblocks in Afrika und in Lateinamerika tätig ist.

- Seit dem Aufstieg Breschnews in die höchsten Machtpositionen der UdSSR wird die Politik der Steigerung der Rüstung kontinuierlich durchgeführt, besonders eindrucksvoll bei der konventionellen Rüstung – Panzerheere und Marine. Die Rolle der Generalität im politischen Entscheidungsprozeß wächst offenkundig, gleichzeitig begleitet durch Verwachsung vieler Spitzenpositionen der Armee-, Wirtschafts- und Parteibürokratie im Rahmen des militärisch-industriellen Komplexes[54].

- Die Erweiterung und Festigung der Sphäre des sowjetischen Einflusses in verschiedenen Gebieten der Dritten Welt wird vor allem durch militärische Mittel, Militärhilfe und sowjetische Militärbasen, insbesondere in Afrika und in einigen arabischen Staaten, und nicht durch ökonomisch-politischen Einfluß verwirklicht.

Gleichzeitig ernten in den Jahren, in denen sich alle diese Elemente im Prozeß der Interaktion sowjetischer Systeme mit anderen Systemen durchsetzen und in denen innerhalb der Sowjetsysteme insgesamt eine retardierende Entwicklung ihrer relativen Stabilisierung abläuft, die Sowjetsysteme die hauptsächlichen Früchte der *vorgehenden* Änderung ihrer Politik. Im wirtschaftlichen Bereich bringt erst seit der zweiten Hälfte der 60er Jahre und weiter dann nach der Energiekrise 1973 die Kooperation der

Sowjetsysteme mit entwickelten industriellen Staaten eine Reihe von Vorteilen: durch Importe neuer Technik, besonders im elektronischen Bereich, bei Nahrungsmitteln und gewissen Konsumgütern (auch in der Form der Lizenzerzeugung), durch Anteile des Auslandskapitals an Investitionsprogrammen und durch vorteilhafte Zusammenarbeit im Energiebereich (Erdöl, Erdgas) gewinnen die Sowjetsysteme notwendige Hilfe bei der Entfaltung der Wirtschaftsbasis ihrer relativen Stabilisierung.

Im politischen Bereich erreichen sie erst in dieser Phase Erfolge, besonders auf einem für sie wichtigen Gebiet, in Europa: die westdeutsche »Ostpolitik« ermöglicht es, daß 1975 die Konferenz über die Sicherheit und Zusammenarbeit in Helsinki zusammentritt. Für die politische relative Stabilisierung der Sowjetsysteme ist das eine wichtige Voraussetzung. Auf der einen Seite gewinnt hier die »Konsolidierungspolitik« der Machteliten in den Ländern des Sowjetblocks die internationale politische Garantie der Stabilität. Auf der anderen Seite erweckt der Inhalt der Vereinbarungen von Helsinki, besonders der sogenannte »Dritte Korb«, in den Ländern des Sowjetblocks starke Hoffnungen auf weitere Fortsetzung einer innenpolitischen Liberalisierung unter dem Druck internationaler Beziehungen – und damit auch einen gewissen sozialen Konsens gegenüber der »Konsolidierungspolitik«. In diesem Punkt sind zwar die Ergebnisse nicht ohne Widersprüche: aus demselben Grund wächst in den Ländern des Sowjetblocks auch die »Dissidentenbewegung«, besonders in der Form des Kampfes für die Bürgerrechte und politischen Freiheiten; mit Hilfe der Mechanismen der innenpolitischen Stabilisierung der Sowjetsysteme wird sie jedoch gegen Ende der 70er Jahre beinahe vollständig unterdrückt.

Diese *Phasenverschiebung* – das Vertrauen in die Kooperation im Prozeß der Interaktion mit den Sowjetsystemen bei den Konkurrenzsystemen wirkt stärker in der Phase, in der sie in den Sowjetsystemen abebbt – stellt unserer Ansicht nach nicht die Folge der »Treubrüchigkeit« auf der sowjetischen und der »naiven Leichtgläubigkeit« auf der westlichen Seite dar. Es handelt sich eher um ein Beispiel der Situation, auf die wir bereits allgemein aufmerksam machten, bei der das Handeln einer größeren Zahl von Akteuren in Wirklichkeit zu Folgen führt, die niemand von ihnen wünschte.

Die Ursachen dieser Phasenverschiebung haben einen konkreten historischen Charakter: sie hängen damit zusammen, daß die westlichen Systeme, konkret die USA, erst später die Krisenfolgen der alten Modelle des eigenen Verhaltens verspürten als die Sowjetsysteme, besonders in der Sackgasse des Kriegs in Vietnam, daß seit der Mitte der 60er Jahre in diesen Systemen die stabilisierenden innenpolitischen Folgen der Konsumorientierung der Gesellschaft schwächer werden und daß es zur Ablösung der herrschenden Eliten kommt (Sieg der SPD in Deutschland), während in den Sowjetsystemen die stabilisierenden Folgen dieser Orientierung erst zu wirken beginnen usw.

Ohne Rücksicht auf die Ursachen dieser Erscheinung bleibt jedoch die Tatsache, daß die relative Stabilisierung der Systeme sowjetischen Typs die Folge der neuen Formen der Interaktion im internationalen Maßstab wird und daß also – von heute aus gesehen – diese Systeme durch die Politik der »Entspannung« eine Reihe von Vorteilen verglichen mit ihrer Position am Anfang der Systemkrise im Jahr 1953 gewannen. Dadurch wird freilich nicht gesagt, daß diese Vorteile automatisch eindeutige Verluste in der Position anderer, auch direkt konkurrierender Systeme bedeuten; eine solche Schlußfolgerung geht von der Konzeption internationaler Beziehungen in der Welt als Nullsummenspiel aus, was sowohl abstrakt-theoretisch wie politisch unrichtig ist[55].

Gegen Ende der 70er Jahre spiegelt sich dieses Ergebnis im Bewußtsein der Machteliten der Konkurrenzsysteme wider. Das bedeutendste Moment ist dabei die sowjetische Militärintervention in Afghanistan im Dezember 1979: durch diesen konkreten Schritt wird notwendigerweise die direkte Reaktion der USA hervorgerufen, deren Großmachtinteressen in diesem geographischen Gebiet durch die Revolution im Iran in eine ernste Krise gerieten. Die UdSSR nutzte diese Situation zielbewußt zur Stärkung ihrer eigenen Großmachtpositionen aus. Abstrakt gesehen kann man die Entwicklung der Interaktionsbeziehungen zwischen den sowjetischen und den Konkurrenzsystemen seit diesem Moment als das *Ausgleichen* der zuvor entstandenen Phasenverschiebung charakterisieren, jedoch nicht auf der Basis eines beiderseits wachsenden Vertrauens in das kooperative Verhalten, sondern durch die *Rückkehr* zum Ausgangspunkt unter neuen historischen Bedingungen. Das Mißtrauen zur kooperativen Interaktion beginnt zu wachsen und der Konflikt als Form dieser Interaktion steht wieder im Vordergrund.

Alternativen, die für die weitere Entwicklung theoretisch begründbar sind, werden detaillierter in dem Abschlußkapitel analysiert. An dieser Stelle deshalb nur noch einige Bemerkungen zur Charakteristik des Zustands, den die Systeme sowjetischen Typs in der Interaktion mit anderen Systemen im Umbruch der 70er und der 80er Jahre erreichten. Ähnlich wie ihre innenpolitische Stabilisierung ist auch die Stabilisierung ihrer Interaktionsbeziehungen nach unserer Meinung nur *zeitweilig und relativ*.

Im Grunde genommen hat alles, was üblicherweise als eindeutiger Vorteil der Sowjetsysteme im Bereich der internationalen Beziehungen bezeichnet wird, das heißt das Wachstum der militärischen Stärke des Sowjetblocks, die Sicherung neuer Stützpunkte in einer Reihe von Ländern der Dritten Welt, wirtschaftliche Vorteile im Bereich des Außenhandels und der Wirtschaftszusammenarbeit mit der übrigen Welt, für die Stabilisierung der gegenwärtigen Gestalt der Sowjetsysteme eine *zweischneidige* Bedeutung. Alle diese Faktoren zusammen bewirkten nämlich, daß sich der Sowjetblock vielseitiger und tiefer in das komplizierte Netz internationaler wirtschaftlicher, militärischer und politischer Beziehungen eingegliedert hat, als in der Zeit der stalinistischen, im wesentlichen isolationistischen Politik. Der Sowjetblock kann niemals mehr aus dieser Situation in die ursprüngliche Isolierung zurückkehren, ohne damit seine eigene Stabilisierung und seine Großmachtinteressen akut zu gefährden.

Das heißt nicht, alle Voraussetzungen der autarken Entwicklung des Sowjetblocks wären schon verschwunden: das riesige Territorium, die Bevölkerungszahl, die Rohstoffbasis und die Produktionskapazitäten werden den Sowjetsystemen bestimmt auch künftig im gewissen Maße die Politik der Isolierung dort ermöglichen, wo es ihnen im Interesse der Verhinderung des Eindringens unerwünschter Einflüsse in die Sowjetsysteme von außen notwendig erscheinen wird. Andererseits werden sie den Erfolg jeder Politik des wirtschaftlichen und politischen Boykotts der Sowjetsysteme seitens der Konkurrenzsysteme erschweren. In diesem Fall steht darüber hinaus den Sowjetsystemen die riesige Manipulationsfähigkeit gegenüber der eigenen Gesellschaft zur Verfügung. In den Konkurrenzsystemen wird immer die Verschiedenartigkeit eigener wirtschaftlicher und politischer Interessen gegen den vollständigen Boykott wirken.

Die Sowjetsysteme haben jedoch dadurch, daß sie ihre relative Stabilisierung auf die militärisch-politische Großmachtposition in der gegenwärtigen Welt und auch auf die wirtschaftliche Kooperation im Weltmaßstab stützten, eine neue Situation geschaffen.

Einerseits müßte der Verlust ausländischer Stützen dieser Stabilisierung ernsthafte Folgen auch für die innenpolitische Stabilität des Systems haben. Mit den bisherigen Mitteln die Großmachtposition aufrechtzuerhalten bedeutet andererseits in vielen konkreten Situationen, die eigenen Bedürfnisse sowjetischer Gesellschaften den auswärtigen Großmachtinteressen des Systems unterzuordnen. Das kann wieder oft die Stabilisierung des sozialpolitischen Systems bedrohen.

Durch die Änderung der Außenpolitik nach dem Sturz von Chruschtschow erkannte die sowjetische Machtelite faktisch an, daß die Orientierung auf das »Überholen der USA« unrealistisch ist, daß sie für die Stabilität des Systems abenteuerlich ist. Aber auf Umwegen hat sie in Wirklichkeit eben diese Orientierung angenommen – im Bereich der Großmachtkonkurrenz und im Bereich der Rüstung. Die Sowjetsysteme wurden so einerseits in die Logik der »Rüstungsspirale« einbezogen, andererseits in die Situation, in der Ereignisse und Konflikte praktisch in jedwedem Teil der Welt von ihnen ein Großmachtprestigereagieren mit allen wirtschaftlichen und politischen Folgen erfordern. Die tatsächliche Entwicklung seit Mitte der 70er Jahre zeugt davon, daß besonders die Wirtschaftsmöglichkeiten der Sowjetsysteme außerstande sind, ohne Gefahr einer Krise gleichzeitig diese auswärtige Position, wie auch die Entfaltung der Konsumorientierung der eigenen Gesellschaft zu sichern. Beides ist jedoch die Bedingung der relativen Stabilisierung. Das Ergebnis ist also ein Trend zur Bedrohung dieser Stabilisierung.

Eine Gefahr, daß es zu Krisensituationen für die Sowjetsysteme kommt, entsteht daraus, daß ihre Erfolge im Bereich der Großmachtpolitik in Wirklichkeit die Bedeutung der Ereignisse für sie erhöhen, die sich *außerhalb ihrer Kontrolle* und gegen den Willen ihrer Machtzentren ergeben. Die Stabilität dieser Systeme setzt voraus, daß nur wenige Faktoren, die durch die politische Macht »nicht eingeplant« sind, eine bedeutendere Rolle spielen: im umgekehrten Fall wird das, was ein grundlegender funktioneller Vorteil des Systems ist, nämlich die Fähigkeit, alle Kräfte und Mittel auf wenige Ziele zu konzentrieren und alle anderen Alternativen des Vorgehens auszuschließen, zu einem sichtbaren Mangel des Systems. In dem Maße, in dem den Systemen sowjetischen Typs andere Alternativen des Verhaltens aufgezwungen werden können, als solche, die ihr Machtzentrum voraussetzte, wird die Gefahr von Krisensituationen im System erhöht.

Die Sowjetsysteme stützen jedoch ihre Großmachtpolitik nicht nur auf die »Einheit des Willens« im Sowjetblock, sondern auch auf Kräfte, die zwar momentan ihren Interessen dienen, aber dennoch nicht der totalen Kontrolle der politischen Macht des sowjetischen Typs unterliegen. Hierher gehört eine Reihe von Staaten, beispielsweise die arabischen, die verhältnismäßig locker mit dem Sowjetblock verbunden sind und den zweiten Umkreis der Verbündeten bilden[56]. Die Sowjetsysteme bemühen sich zu verhindern, daß ihnen seitens dieser Kräfte ein unerwünschtes Vorgehen aufgezwungen wird. So fehlen in den Verträgen mit diesen Ländern Bestimmungen, die die UdSSR gegen ihren Willen in einen Kriegskonflikt einbeziehen könnten. Trotzdem bedeuten diese »Verbündeten« auch ein solches Risiko.

Ähnlich kann sich auch die unverhältnismäßige militärische Kraft einiger Staaten (z.B. Kuba und Vietnam) mit sozialpolitischem System, welches demjenigen des sowjetischen Typs nahesteht und die der Sowjetblock für eigene Großmachtinteressen ausnutzt, zweischneidig zeigen: die Rolle dieser Staaten als »regionale Großmächte« erhöht die Gefahr, daß die Sowjetsysteme durch sie auch in nicht geplante Konflikte mit allen wirtschaftlichen und politischen Folgen einbezogen werden. Gewisse Tatsachen, die die Folgen der Großmachtambitionen der Sowjetsysteme sind, geraten so in Widerspruch mit ihren systembedingten Zügen, besonders mit der Erfordernis, den Einfluß solcher Faktoren zu beschränken, die sich nicht unter totaler Kontrolle des Machtzentrums befinden. Paradoxerweise führt dazu gerade die Bestrebung, die Einflußsphäre dieser Macht weit über die Grenzen des eigenen Gebiets zu erweitern: denn eben dadurch mehren sich unausweichlich die Situationen, in denen das Sowjetsystem vor Alternativen gestellt wird, die nicht nur ohne, sondern ausdrücklich gegen seinen Willen entstanden, denn sie sind die Folge der Tätigkeit autonomer Konkurrenzsysteme. Diese Situationen müssen sich gerade in dem Moment vermehren, in dem das Vertrauen in ein kooperatives Verhalten auf der Seite der Konkurrenzsysteme, konkret hauptsächlich der USA, sich verringerte und im Prozeß der Interaktion der Konflikt zu überwiegen beginnt: das ist auf einem neuen Entwicklungsniveau das Hauptanzeichen des ursprünglichen Krisenzustands aus der Zeit des »Kalten Kriegs« unter Stalin.

Es stimmt selbstverständlich, daß eine der logischen Folgen die Stärkung der latenten Aggressivität im Interaktionsverhalten der

Sowjetsysteme ist. Aber ebenso bleibt es eine Tatsache, daß diese aggressive Tendenz vom Gesichtspunkt der systembedingten Zusammenhänge eine Frucht der Bestrebung ist, den Einfluß der unkontrollierbaren Faktoren auf die Systeme sowjetischen Typs auszuschließen; in der neuen Situation ist jedoch diesen Systemen der alte Ausweg, der Rückzug zur isolationistischen Politik, versperrt. Weil als Alternative, zu der schließlich die aggressive Aktion führen würde, ein offener Kriegskonflikt mit ungeheurem Risiko für das nackte Überleben des Systems, und zwar im Atomzeitalter bei beiden Konfliktparteien, droht, wird schließlich neben dieser aggressiven Tendenz wiederum notwendigerweise die Alternative der kooperativen Lösung gestellt werden. Abstrakt gesehen handelt es sich also um eine ähnliche Modellsituation wie zu Anfang der Systemkrise des Jahres 1953. Dieselben allgemeinen Fragen werden wiederum unbefriedigend gelöst.
Es bestehen nicht die geringsten Zweifel, daß die Verschärfung der Krise im Prozeß der Interaktion der Sowjetsysteme mit anderen Systemen auch sehr gefährliche Konfliktsituationen hervorrufen wird. Und dieser Prozeß ist nicht rational durch eine der Konfliktparteien kontrollierbar. Gleichzeitig zeigen jedoch solche Momente der Krisenverschärfung, wie es beispielsweise das Militärregime in Polen im Dezember 1981 war, daß für das Machtzentrum des Sowjetblocks unerwünschte auswärtige Einflüsse schließlich dennoch in großem Maße beim politischen Entscheidungsprozeß in Erwägung gezogen werden.
Es ist wahrscheinlich, daß unter Voraussetzung einer Position, wie sie die UdSSR 1968 in internationalen Beziehungen besaß, in Polen 1981 eine sowjetische Militärintervention gegen die Massenbewegung eher denkbar gewesen wäre. Obwohl man die anderen Faktoren nicht unterschätzen darf, die im Fall der Tschechoslowakei im Jahr 1968 unterschiedlich waren (Größe des Landes, die Gewißheit eines bewaffneten Widerstands in Polen gegen die Sowjetarmee, andere Wirtschaftslage und dementsprechend andere Möglichkeiten, die Folgen der Invasion zu überwinden, die Unmöglichkeit, die Unterdrückung der tschechoslowakischen Reform durch die ČSSR-Führung selbst zu erreichen usw.), glauben wir dennoch, daß die internationalen Faktoren entscheidend bei der Ablehnung der Alternative des direkten sowjetischen Eingriffs waren: 1981 bestanden keine Zweifel darüber, daß die UdSSR durch einen solchen Schritt alle ihre bisherigen Ergebnisse aus vorhergehenden Jahren vernichtet hätte, daß sie politischen Raum für Verhandlun-

gen über die weitere Entwicklung der Rüstung verloren hätte, und daß sie faktisch für eine längere Zeit eindeutig zugunsten der Konflikt- und nicht der Kooperationsentwicklung im gesamten Prozeß der Interaktion mit konkurrierenden Systemen entschieden hätte. Es scheint, daß das Interesse an der Aufrechterhaltung der Alternative der weiteren kooperativen Entwicklung eine große Rolle auch in solchen Entwicklungsmomenten spielt, in denen die überwiegende Tendenz zweifelsohne die riskante Zuspitzung des Konflikts ist. Es gibt keinen Grund zu der Annahme, daß dieses Interesse in den sowjetischen Systemen verschwinden wird.

Sowohl die Konflikt- wie auch die Kooperationstendenz haben ihre Träger selbstverständlich innerhalb der Machtelite in den Sowjetsystemen. Man kann jedoch begründeterweise kaum voraussetzen, daß irgendeine von ihren hauptsächlichen Gruppen – die politische (Partei-)Bürokratie, die wirtschaftliche oder die Militärbürokratie – eindeutig nur mit der Konflikttendenz verbunden ist: für alle diese Schichten (einschließlich der Armee) beinhaltet sie ein zu großes Risiko. Aus der bisherigen Entwicklung kann man eher urteilen, daß die regierende Elite an der Entfaltung der Konfliktalternative nur bis zu einer gewissen Grenze interessiert ist. Bisher handelte es sich in Wirklichkeit darum, ob es möglich wäre, mit Hilfe der Militärmacht den Konkurrenten zu *erpressen*, dabei aber keinen wirklichen Militärkonflikt großen Umfangs hervorzurufen.

Zweifelsohne ist diese Basis der Stabilisierung der internationalen Position der Sowjetsysteme sehr gefährlich und im historischen Sinne des Wortes nur zeitweilig. Die Aufrechterhaltung des Status quo ist langfristig ebenso unmöglich wie die Aufrechterhaltung der relativen inneren Stabilisierung der Sowjetsysteme in ihrer gegenwärtigen Gestalt. Die Krise, die sich seit dem Ende der 70er Jahre im Bereich der Interaktion der Sowjetsysteme mit anderen Systemen bereits sichtbar anmeldet, wird jedoch am wahrscheinlichsten in eine *neue Form des Konflikts um die weitere Gestalt der Kooperationsalternative* des Interaktionsprozesses einmünden und nicht in einen direkten kriegerischen Konflikt mit den Konkurrenzsystemen.

Das tatsächliche Ergebnis hängt wohl auch in dieser Phase ebenso wie in der vorherigen Entwicklung von *allen* handelnden Systemen ab und wird schließlich wiederum am ehesten so aussehen, wie es eigentlich keines von ihnen wünschte. Darüber werden wir noch eingehender im folgenden Kapitel sprechen.

KAPITEL IV

Hauptfaktoren in der Entwicklung der Sowjetsysteme in den 80er Jahren

Der Sinn dieses Abschlußkapitels besteht nicht in Prophezeiung von Ereignissen, zu denen es in der weiteren Entwicklung der Sowjetsysteme kommen wird. Wir werden uns hier nur auf die Beschreibung und die allgemeine Charakteristik solcher Tendenzen konzentrieren, die wenigstens in ihrer Grundlage *systembedingt* sind, die augenscheinlich auf die Entstehung und den Verlauf der Krisen in den Sowjetsystemen in der Vergangenheit wirkten und bestimmt auch im Lauf der 80er Jahre wirken werden. Diese Tendenzen werden wir dann in der inneren Entwicklung der Sowjetsysteme wie auch im Zusammenhang mit internationalen Beziehungen zu analysieren versuchen.

1. Haupttendenzen im Prozeß der Bewältigung der neuen inneren Krise der sozialpolitischen Systeme sowjetischen Typs

Aus der bisherigen Analyse der Entwicklung der Sowjetsysteme in den Jahren 1953 - 1981 ergibt sich die Schlußfolgerung, daß die hauptsächlichen Systemkoppelungen, die ursprünglich in den 30er Jahren in der UdSSR entstanden, *sich qualitativ nicht veränderten*: es besteht die völlige Fusion der politischen und der ökonomischen Macht weiter, die wesentliche Abhängigkeit der sozialen Position der Menschen von der politischen Macht, die Konzentration der Macht bei den Zentren der absoluten Macht auf dem Boden der kommunistischen Partei. Weiterhin sind die nur sehr ungenügenden Rückkoppelungen zwischen der politischen Macht und der Gesellschaft im institutionalisierten politischen System vorhanden, weiter wirkt der außerordentlich starke Mechanismus der politisch-polizeilichen Aufsicht, die Informationsisolierung und die Machtkontrolle über das gesellschaftliche Bewußtsein.

Trotz aller Änderungen in den sozialpolitischen Systemen sowjetischen Typs, zu denen es innerhalb der mehr als 25 Jahre ihrer Entwicklung gekommen ist, kann man also auch am Anfang der 80er Jahre mit Bestimmtheit voraussetzen, daß in ihnen weiterhin die allgemeinste systembedingte Ursache ihrer inneren Krisen wirken wird – die herabgesetzte Fähigkeit aller sozialer Subjekte und der Gesellschaft als Ganzes, *sich selbst zu steuern.*
Karl W. Deutsch gibt eine kurze abstrakte Charakteristik der Bedingungen, unter denen ein Subjekt sich selber steuern kann: »Eine Gesellschaft, die sich selbst steuern soll, muß in voller Stärke fortlaufend einen dreifachen Informationsfluß empfangen: Informationen über die Außenwelt; Informationen aus der Vergangenheit, wobei der Bereich der Entnahme und Neuordnung von Erinnerungen sehr weitgespannt sein muß; Informationen über sich selbst und alle Einzelteile. Wenn einer dieser drei Ströme längere Zeit unterbrochen bleibt, etwa durch Unterdrückung oder Geheimhaltung, wird die Gesellschaft zu einem Automaten, einer wandelnden Leiche. Sie verliert die Kontrolle über ihr eigenes Verhalten, und zwar nicht nur in einzelnen Teilen, sondern schließlich und gerade auch an ihrer Spitze[57]«.
Von diesem Gesichtspunkt gesehen kommt es also bei einem jeden Subjekt zur wesentlichen Beschränkung der Fähigkeit, sich selber zu steuern, wenn seine Autonomie dadurch beschränkt wird, daß die Macht die Rückkoppelungen zwischen ihm und seiner Umgebung beeinflußt, die Koppelungen, mit deren Hilfe das Subjekt Informationen erhält, die zum autonomen Verhalten unerläßlich sind. Es ist selbstverständlich, daß jede politische Macht um Einfluß in dieser Richtung bestrebt ist. Aber nur die politische Macht, die einen totalitären Charakter hat, schafft einen Zustand, in dem die durch sie beherrschten Subjekte oder mindestens ihre entscheidende Mehrheit *nur solche* Rückkoppelungen zu ihrer Umgebung haben, welche von der Macht *überwiegend kontrolliert*, das heißt in Umfang und Qualität bestimmt werden. Durch die Erreichung eines solchen Zustands wird die politische Macht eben zu einer totalitären Macht. Die politische Macht sowjetischen Typs ist von diesem Gesichtspunkt aus auch in ihrer heutigen Form eine totalitäre Macht in allen Ländern des Sowjetblocks – ohne Rücksicht darauf, ob sich die Formen der direkten Gewaltausübung im Vergleich mit der stalinistischen Phase milderten.
In den heutigen sozialpolitischen Systemen sowjetischen Typs

besitzt keines der sozialen Subjekte (Einzelpersonen, soziale Gruppen, gesellschaftliche Institutionen) notwendige Informationsrückkoppelungen von solcher Qualität, daß es unter den sich ändernden Bedingungen autonom beurteilen kann, welche Ziele es mit welchen Mitteln erreichen kann, welche Alternative des Verhaltens von seinem Gesichtspunkt aus optimal ist. In allen diesen Fragen wird seine Autonomie wesentlich durch die politische Macht beschränkt, und dies nicht erst in dem Moment, wenn ihn diese Macht behindert, irgendeine autonome Entscheidung zu treffen, sondern bereits in dem Moment, in dem das bestimmte Subjekt seine Entscheidung überhaupt bilden soll. Das alles klingt sehr abstrakt, aber wir glauben, daß hier der gemeinsame Nenner verschiedenster konkreter Probleme zu finden ist, die sich immer wieder als Symptome der Krisen wiederholen: der Mangel an Selbständigkeit »sozialistischer Betriebe«, der Mangel an Anregungen für ein initiatives und ökonomisch effektives Verhalten der Produzenten, Zensur der Informationen, verzerrte Vorstellungen über die Wirklichkeit sowohl bei den Bürgern, wie auch innerhalb offizieller politischer Strukturen, der Mangel an schöpferischer Freiheit in Wissenschaft und Kultur, Degeneration des Rechts zum ausschließlichen Instrument der Staatsmacht usw.

Im vergangenen Vierteljahrhundert änderten sich zwar in vielen Richtungen die *Methoden der Einflußnahme* der politischen Macht, aber es veränderte sich keineswegs ihr Anspruch auf die totale Kontrolle jeder gesellschaftlichen Bewegung. Soweit die Entwicklung – sei es im Lauf der Reformen »von unten« wie in der Tschechoslowakei 1968, oder im Lauf der Druckausübung »von oben« auf das System wie in Polen 1981 – bis zu dem Punkt gelangte, an dem diese totale Kontrolle nicht mehr führbar wurde, kam es zur gewaltsamen Restauration der Bedingungen, die sie wieder ermöglichten.

Versuche zu einer Änderung dieses Zustands sind künftighin ebenso unausweichlich, wie die Bestrebung eines jeden lebenden sozialen Organismus um autonomes Verhalten unausweichlich ist, um einen Zustand zu erreichen, der es diesem Organismus ermöglicht, sich selbst zu steuern.

Der Teufelskreis der bisherigen Entwicklung der Systeme sowjetischen Typs ist dadurch verursacht, daß die *Reproduktion der vorhandenen (totalitären) Machtstruktur* in der Praxis zum Hauptziel des gesamten Prozesses der Reproduktion des gesellschaftlichen Lebens wird, im Bereich der Wirtschaft, sozialer Beziehungen und

Kultur im breitesten Sinne des Wortes. In dem Augenblick, in dem die autonomen Bedürfnisse der Reproduktion ökonomischer, sozialer oder kultureller Beziehungen in der Gesellschaft sowjetischen Typs die Reproduktion der gegebenen Machtstruktur bedrohen würden, unterdrückt die politische Macht diese autonomen Bedürfnisse der Gesellschaft im Namen der Erhaltung ihrer selbst. Sollte man ein abstraktes Modell des Reproduktionsprozesses in den Sowjetsystemen entsprechend der klassischen Methode von Marx schaffen, dann käme an die Stelle des Selbstzwecks der Kapitalreproduktion in einem solchen Modell die Selbstreproduktion der totalitären politischen Macht als Selbstzweck und oberstes Ziel.

Welche konkreten und insbesondere sozialpolitischen Folgen kann man in der Entwicklung der Sowjetsysteme in der nächsten Zukunft im Vergleich mit den Folgen erwarten, die die gleiche allgemeine Ursache bereits in den vergangenen Jahrzehnten hervorbrachte? Auf diese Frage kann man nur mit gewissen Hypothesen antworten, aber wir glauben, daß sie durch die bisherige Entwicklung begründet sind.

Im Bereich des *Wirtschaftslebens* kann man erwarten, daß einige Ursachen der Krisenerscheinungen, die bereits seit langen Jahren in Ländern mit entwickelter und komplizierter industrieller Struktur wie in der Tschechoslowakei und in der DDR sichtbar wurden, in der UdSSR selbst voll durchschlagen werden. Allgemein gesagt handelt es sich darum, daß die systemimmanenten Koppelungen, die im Lauf der Industrialisierung sowie teilweise noch auch in der Phase funktionell waren, als es sich um extensives Wachstum handelte, in jener Entwicklungsphase dysfunktionell werden, in der das Wirtschaftswachstum von der Ausnutzung der Faktoren der intensiven Wirtschaftsentfaltung abhängt. Die riesige Manipulierungsfähigkeit des Sowjetsystems durch die Fusion der ökonomischen und der politischen Macht in den Händen eines Zentrums ermöglichte es, daß solche Faktoren des extensiven Wirtschaftswachstums, wie die Eingliederung neuer Arbeitskräfte aus der Landwirtschaft in die Industrie und die Beschäftigung der Frauen im Produktionsprozeß, der Aufbau neuer Betriebe und ganzer Industriegebiete, Konzentrierung aller Mittel zu großen Veränderungen in der Struktur der Produktion und der Arbeitskräfte u. a., entschieden schneller als in anderen Systemen entfaltet wurden. Diese Fähigkeit des Systems wird jedoch in dem Moment unwirksam, wenn diese Faktoren ein weiteres Wirtschaftswachstum nicht mehr sicherstellen können und die Entwicklung die Entfaltung intensiver Faktoren erfordert, das Wachstum der Arbeitsproduktivität, technische Innovationen, Initiative und selbständige Bestrebungen und ökonomische Aktivität in allen Gliedern des Wirtschaftsmechanismus.

Die Mängel, die das sowjetische System der Wirtschaftsleitung traditionell auch in der Phase des extensiven Wachstums erzeugte, dauern an: die immer neu produzierte Rückständigkeit der Konsumindustrie hinter der Entfaltung der Schwerindustrie, große Ungleichmäßigkeit in der Entwicklung der politisch präferierten und der nichtpräferierten Zweige, Mangelerscheinungen auf dem Markt.

Es dauert so der Zustand an, der notwendig mit dem System der zentralisierten direktiven Planung und Leitung der Wirtschaft verbunden ist: die Produktionsbetriebe werden durch die bürokratisch direktiven »Kennziffern des Plans« sehr oft zu einer solchen Tätigkeit stimuliert, die vom Gesichtspunkt der ökonomischen Effektivität aus unerwünscht ist (größerer Verbrauch von Material und Energie, Bildung großer Materialvorräte, von Halbfertigwaren aber auch von Reserven an Arbeitskräften, Unterdrückung von Innovationen, die eine Erhöhung der Kennziffern in der Zukunft bedeuten würden, die Aufrechterhaltung der niedrigeren Standardqualität der Erzeugnisse, kein Interesse an den Bedürfnissen des Markts und Konzentrierung des Interesses auf die Erfüllung vorgeschriebener Kennziffern ohne Rücksicht auf ihre ökonomische Nützlichkeit). All dies wird jedoch eine neue Bedeutung in der Phase erlangen, in der auch in der UdSSR selbst die Möglichkeiten der extensiven Entwicklung erschöpft sind und entscheidend die Bedingungen des intensiven Wirtschaftswachstums werden; diese Phase begann Anfang der 80er Jahre.

Die bisherigen bedeutenderen Krisenphasen in der Wirtschaft der Sowjetsysteme wurden im Grunde auf zweierlei Weise bewältigt:
1. Diese Krisenphasen, die letzte am Anfang der 60er Jahre, wurden in beträchtlichem Maße dadurch hervorgerufen, daß während einiger Jahre eine unrealistische Investitionspolitik durchgeführt wurde und es zur Überspannung der Wirtschaftsanforderungen kam; nach dem Absinken des Wirtschaftswachstums erwiesen sich jedoch die ursprünglichen Investitionen dennoch in beträchtlichem Maße positiv, und sie ermöglichten eine neue Phase der aufsteigenden Entfaltung. In der ökonomischen Theorie sprechen deshalb einige Autoren über »Krisenquasizyklen« oder »poli-

tische Zyklen« in der Sowjetwirtschaft; als Ursache wird hier »Voluntarismus und Subjektivismus« der leitenden Zentren politischer Macht erachtet[58].

2. Wenn die Krisenphase der Wirtschaftsentwicklung irgendeinen konkreten Zweig der Produktion, des Verbrauchs oder auch der Forschung besonders stark bedrohte, führte das Zentrum politischer Macht außerordentliche Maßnahmen zur Lösung dieses Problems durch: der betreffende Zweig wurde aus den allgemein verpflichtenden Beziehungen der Wirtschaftsleitung herausgenommen und durch direktive Methoden allseits so präferiert, daß man das notwendige Wachstum auf Kosten anderer Zweige sicherstellte. In einigen Zweigen, wie z.B. in der Rüstungsindustrie und der mit ihr verbundenen Forschung, wurde diese Art der Vorbeugung von Krisenerscheinungen sogar zur Regel.

Das Absinken des Wirtschaftswachstums am Ende der 70er Jahre wird jedoch kaum durch dieses Vorgehen zu bewältigen sein: seine Ursache ist keineswegs nur »Voluntarismus«, wie es früher traditionell der Fall war. Eine »außerordentliche Präferenz« würden eigentlich alle Zweige der Produktion zur Sicherstellung der bereits überwiegend intensiven Entfaltung benötigen. »Trendberechnungen über längere Zeitabschnitte scheinen jedenfalls die Tendenz zu einer langfristigen Retardierung des Wirtschaftswachstums zu bestätigen, die durch die Funktionsweise des direktiven Planungssystems verursacht wird[58].«

Die Anzeichen der Wirtschaftskrise in den Sowjetsystemen Ende der 70er Jahre unterscheiden sich jedoch von den vorherigen Krisenphasen auch durch konkrete, das heißt nicht systemimmanente Züge:

– Die Energiequellen der UdSSR im europäischen Teil ihres Gebiets sind nicht mehr imstande, die Bedürfnisse des Sowjetblocks zu decken. Die gegenwärtige Technologie und die finanziellen Möglichkeiten reichen nicht aus, die Quellen in den unzugänglichen Gebieten Sibiriens auszubeuten. Das ist eine ernste Bedrohung für die Wirtschaftsentfaltung der europäischen Länder des Blocks, die von den Energiequellen der UdSSR völlig abhängig und durch den Mangel und ebenso durch den Anstieg finanzieller Unkosten in dieser Richtung bedroht sind.

– Seit Mitte der 70er Jahre sinkt in den RGW-Ländern der Wirkungsgrad des Kapitaleinsatzes ständig. Der Zuwachs des Nationalprodukts um 1 Prozent erfordert immer höhere Investitionen als in der Vergangenheit.

– Mit Ausnahme der UdSSR, die als Erdöl- und Erdgasexporteur terms-of-trade-Gewinne verzeichnet, wirkt sich auf alle RGW-Länder auch der Anstieg der Preise dieser Rohstoffe auf dem Weltmarkt negativ aus. In der gleichen Weise wirkt die wachsende Verschuldung dieser Länder gegenüber dem Westen und die Versuche, die defizitäre Außenhandels-Bilanz zu verbessern, gehen auf Kosten der Entfaltung notwendiger Wirtschaftsbeziehungen mit dem Westen. Sie beeinflussen das Wirtschaftswachstum in diesen Ländern negativ.
– Die Ausgaben für Rüstung und Aufrechterhaltung des sowjetischen Großmachteinflusses in verschiedenen Teilen der Welt steigen und schwächen permanent die Wachstumsmöglichkeiten in den Ländern des Sowjetblocks.

Im Laufe der 80er Jahre wird sich als Folge dieser verschiedenen Ursachen eine ständige Verlangsamung des Wirtschaftswachstums um durchschnittlich 1 bis 2 Prozent im Vergleich mit dem Wachstum im vorhergehenden Fünfjahresplan offenbaren. Damit wird bereits in den veröffentlichten Plänen gerechnet; der tatsächliche Stand kann jedoch noch ungünstiger ausfallen[59].

Angesichts der Wirtschaftskrise in den Sowjetsystemen kann also kaum damit gerechnet werden, daß die durch systemimmanente Faktoren hervorgerufenen Mängel korrigiert und durch günstige konkrete Umstände gemildert werden. Weder die konkreten Faktoren der inneren Wirtschaftsentfaltung der UdSSR und der RGW-Länder, noch die Krisenerscheinungen in der Weltwirtschaft können vorläufig als Voraussetzung für eine Besserung dienen. In der Mitte der 80er Jahre wird die Krisenentwicklung in den Sowjetsystemen bereits ein ganzes Jahrzehnt andauern, also annähernd die doppelte Zeitspanne im Vergleich mit dem Krisenausschlag Anfang der 60er Jahre. Im Bereich der Wirtschaft werden also die Sowjetsysteme mit einer Erscheinung konfrontiert werden, die sie bisher noch nicht erlebten: der *Mythos von der Krisen-Immunität dieser Systeme wird zerstört werden*. Die Folgen dessen können für die Stabilität des Systems analog wirken wie eine jähe Zerstörung des Mythos von der »Unbesiegbarkeit« einer bislang siegreichen Armee nach einer verlorenen Schlacht. Die Wirtschaftskrise wird im Laufe der 80er Jahre offen in der UdSSR selbst die grundlegende Frage stellen, ob die bisherigen systemimmanenten Koppelungen zwischen der Ökonomik und der politischen Macht imstande sind, die notwendige *»Wirtschaftsdynamik«* zu sichern und den Trend zum Abstieg des Wirtschaftswachstums zu überwinden. Da müssen wir jedoch davon ausgehen, daß die Grenzen des Wirtschaftswachstums in den Sowjetsystemen bislang wie in den entwickeltsten industriellen Ländern noch nicht erreicht wurden, sondern daß hier die grundlegenden ökonomisch sozialen Mechanismen moderner Industriegesellschaften *erst zu wirken begannen.* Die elementaren materiellen Lebensbedürfnisse der großen Mehrheit der Bevölkerung im Sowjetblock werden im Vergleich mit entwickelten westlichen Gesellschaften auf einem sehr niedrigen Niveau befriedigt.

Abstrakt gesehen könnte in den Sowjetsystemen erst die Entwicklungsphase des westeuropäischen »Wohlfahrtsstaats« mit einer ähnlichen Dynamik und stabilisierenden Folgen beginnen, die im Westen aus den 60er Jahren bekannt sind. Die Wirtschaftskrise wird jedoch notwendigerweise dazu führen, daß diese Entwicklungsmöglichkeit blockiert wird; das wird zweifelsohne auch ernste soziale Folgen hervorrufen, die den Destabilisierungscharakter der gesamten Krise verstärken werden.

Der Anfang der »Konsumorientierung« in den Sowjetgesellschaften bildete einen der grundlegenden Faktoren der relativen Stabilisierung der Sowjetsysteme seit dem Ende der 60er Jahre. Aus Gründen, die bereits in anderem Zusammenhang angeführt wurden, kann man nicht voraussetzen, daß dieser stabilisierende Faktor im Lauf der 80er Jahre zu wirken aufhört, weil das materielle Lebensniveau in den Sowjetgesellschaften niedrig ist. Da ihnen die »Konsumorientierung« unter den Bedingungen eines Markts mit dauernden Mangelerscheinungen wirkt, ist es im Gegenteil möglich, daß ihre stabilisierenden Wirkungen auch im Verlauf der Wirtschaftskrise nicht völlig verschwinden. Auch unter den Bedingungen der *Stagnation* des Lebensniveaus kann dieser Faktor weiterwirken. Erst ein dauernder Rückgang des gegenwärtigen Niveaus bei der Befriedigung materieller Lebensbedürfnisse sowie dauernde ernste Schwierigkeiten in der Nahrungsmittelversorgung und der Versorgung mit grundlegenden Konsumgütern – das heißt in eine ähnliche Lage wie in Polen – könnten auch Massen-Unzufriedenheit und einen aktiven Widerstand gegen das System hervorrufen.

Dennoch ist es wahrscheinlich, daß die Wirtschaftskrise die *sozialen Sicherheiten* breiter Schichten der Bevölkerung in den Ländern des Sowjetblocks spürbar beeinflussen wird.

Die »verborgene Arbeitslosigkeit« in den Sowjetsystemen, das heißt der Zustand, daß Leute für Tätigkeiten bezahlt werden, die vom ökonomischen Gesichtspunkt aus nicht effektiv sind, die jedoch aus sozialpolitischen Gründen nicht entlassen werden, wird zu ernsthafteren Folgen als bisher führen. Der Druck der »verborgenen Arbeitslosigkeit« auf die Löhne wird sich vergrößern, die Reallöhne insgesamt werden nur erheblich wachsen. Vielleicht werden sie infolge der ständig zunehmenden »latenten« Inflation sinken. Damit wird sich auch die Rolle, die das materielle Lebensniveau und die soziale Sicherheit bei der Aufrechterhaltung der passiven Loyalität breiter Bevölkerungsschichten gegenüber dem Sowjetsystem spielen, vermindern. Ebenso wird das reale Niveau in allen Sphären des sozialen Konsums (Altersrenten, Gesundheitspflege, Kulturbedürfnisse usw.) notwendigerweise sinken. Das wird zu einer weiteren Herabsetzung des Gefühls der sozialen Sicherheit im Bewußtsein der Bevölkerung in den Sowjetsystemen führen.

Darüber hinaus kann man erwarten, daß sich auch in den Sowjetsystemen eine offene Arbeitslosigkeit, wenn auch nur im kleinen Ausmaß, bemerkbar machen wird, und zwar im Zusammenhang mit der Notwendigkeit, die völlig uneffektiven Betriebe aufzulösen, die Qualifikationsstruktur der Arbeitskräfte zu ändern u. ä.

Vom Gesichtspunkt unserer Gesamtanalyse besitzt jedoch die Frage im Zusammenhang mit der Wirtschaftskrise und ihren sozialen Folgen eine grundlegende Bedeutung, ob und in welchem Maße diese Krise *ohne Systemänderungen* der hauptsächlichen Koppelungen in sozialpolitischen Systemen sowjetischen Typs *bewältigt* werden kann. Es ist unmöglich, eine eindeutige Antwort darauf zu geben. Die Krisenentwicklung in der Wirtschaft der Sowjetsysteme hat Ursachen, von denen nicht alle durch systemimmanente Faktoren bedingt sind. Man muß also der Ansicht zustimmen, daß »dieses Zusammenwirken verschiedener Bestimmungsfaktoren die Beantwortung der Frage erschwert, ob die Überwindung der administrativen und direktiven Zentralplanung tatsächlich einen Umschwung zum Besseren brächte, oder bei besseren externen Bedingungen das zerstörte Gleichgewicht nicht von selbst, auch ohne tiefgreifende Reformen, wiederhergestellt würde«[60].

Es ist denkbar, daß auch bei Aufrechterhaltung der entscheidenden Systemkoppelungen sich eine relative Stabilisierung auf neuem Niveau ergeben könnte, hauptsächlich wenn dafür günstige, nicht systembedingte Faktoren auftreten würden, ähnlich wie in der Mitte der 60er Jahre.

In jedem Fall steht jedoch fest, daß in den nächsten Jahren aus ökonomischen Gründen die Grundfrage über die Bremsrolle der systembedingten Koppelungen in der Wirtschaft sowjetischen Typs *wiederum gestellt* wird, und zwar dringend – also dieselbe Frage, die vor beinahe zwanzig Jahren durch die Konsolidierungspolitik offiziell von der Tagesordnung abgesetzt wurde. Diese alte und neue Frage wird notwendigerweise wiederum auch das Problem *politischer Zusammenhänge* der Reformen im Wirtschaftsbereich hervorrufen: die Konflikte Ende der 50er und Anfang der 60er Jahre werden in neuer Form und auf neuem Niveau wiederum in die Sphäre der offiziellen Politik in den Sowjetsystemen geraten.

Bei ihrer Lösung wird wiederum die Bestrebung als eine systembedingte Tendenz zur Geltung kommen, alle wirtschaftlichen, sozialen und kulturellen Probleme der Forderung der Reproduktion der vorhandenen totalitären politischen Machtstruktur unterzuordnen. Es werden freilich notwendigerweise auch starke Tendenzen zur Änderung dieser Struktur dort offenkundig werden, wo sie sichtbar die Bedürfnisse des bereits intensiven Wirtschaftswachstums behindert. Diese beiden Tendenzen haben bereits heute ihre eindeutigen Träger in Gestalt von Sozialschichten und Gruppen in den Gesellschaften sowjetischen Typs und sie werden sie noch markanter in der Zukunft haben. Wenn wir von den äußeren (internationalen) Faktoren völlig abstrahieren, denen wir unsere Aufmerksamkeit im weiteren Teil dieses Kapitels widmen werden, dann können wir schematisch und also sehr vereinfacht ungefähr die folgende Verteilung der sozialpolitischen Kraftlinien im Verlauf dieses alten und neu ausgebrochenen Konflikts voraussetzen:

Innerhalb der *Machtelite* als sozialer Schicht wird die Wirtschaftskrise in den 80er Jahren wahrscheinlich Konflikte hervorrufen, vergleichbar mit den Konflikten innerhalb derselben sozialen Gruppe in den Jahren 1953 – 1956. Während jedoch damals, nach dem Tode Stalins, die Rolle des Mechanismus des politisch-polizeilichen Massenterrors das Grundproblem bildete, wird es nun die *Rolle des Mechanismus der Wirtschaftsleitung* sein; der Komplex der damit verbundenen Fragen spielte zwar, wie wir detailliert zeigten, bereits im Lauf der 50er Jahre keine kleine Rolle. Dennoch war er damals noch nicht völlig entscheidend. Das wird sich in den 80er Jahren vor allem in der UdSSR selbst ändern. Die traditionellen Hauptbestandteile der sowjetischen Machtelite, die politische (parteiliche und staatliche) Bürokratie, die Wirtschaftsbürokratie, der Polizeiapparat und die Armee, werden alle neuerlich gezwungen werden, ihren Standpunkt zum grundlegenden Krisenfaktor zu definieren, das heißt diesmal zum Komplex der Probleme der Wirtschaftsleitung.

Im gewissen Sinne sind gewisse Ausgangspunkte im voraus beim Streit um diese Fragen gegeben: ein Teil der politischen Bürokratie und auch der Polizeiapparat und in einigen Fragen auch die militärische Bürokratie werden eher bestrebt sein, die Bedürfnisse der Reproduktion der vorhandenen machtpolitischen Struktur den Bedürfnissen der Dynamik des ökonomischen Reproduktionsprozesses *überzuordnen*. Ein anderer Teil der politischen und starke Gruppen der wirtschaftlichen Bürokratie werden eher die umgekehrte Tendenz verteidigen. In der Praxis ist jedoch dieser Widerspruch bei weitem nicht so absolut, wie es bei der allgemeinen Formulierung scheinen könnte: zwischen allen hauptsächlichen Gruppen sind Berührungspunkte ihrer Interessen vorhanden. Die Lage ist nicht so einfach wie 1953, als eigentlich alle Gruppen der Machtelite am Anfang eindeutig daran interessiert waren, daß der Polizeiapparat seine Position eines »Staates im Staate« verliert, denn die Interessen aller übrigen Gruppen der Elite wurden dadurch offen bedroht. Dennoch wird es auch hier gewisse gemeinsame Interessen aller Gruppen der Machtelite geben, vor allem das gemeinsame Interesse an der weiteren Funktionsfähigkeit des sozialpolitischen Systems, dessen organischen Bestandteil die Machtelite bildet.

Es ist schwierig vorauszusagen, wie lange die Hauptgruppen der sowjetischen Machtelite dazu brauchen werden, bis dieses gemeinsame Interesse wirklich im entscheidenden Maß ihr praktisches Vorgehen bestimmt. Allgemein kann nur gesagt werden, daß sich dieser Moment in dem Maße nähern wird, in dem die Wirtschaftskrise die Gefahr eines Massenwiderstands gegen das System »von unten« hervorrufen wird; das Beispiel der polnischen Krise 1980 – 1981 stellt hier für die Machtelite das erste und nicht bedeutungslose Memento dar. Auf das Endergebnis der Konflikte innerhalb der Machtelite werden dabei auch internationale Faktoren stark einwirken, über die wir noch eingehender sprechen wollen.

Theoretisch ist eine weitere Entwicklungsphase des Sowjetsystems denkbar, in der sich für die Dynamik der Wirtschaftsentwicklung durch die *Auflösung der bisherigen Stufe und der Formen* der völligen Fusion der politischen und der ökonomischen Macht neue Möglichkeiten öffnen würden. Gleichzeitig würde sich das gesamte System wieder relativ stabilisieren, und zwar eine Zeitlang. Die Zentren der absoluten politischen Macht würden die Möglichkeit der totalen Kontrolle *gewisser* Wirtschaftsbeziehungen und Prozesse verlieren. Die innerhalb dieser Prozesse tätigen Subjekte, Produzenten und Konsumenten, würden den Raum für autonomes Verhalten gewinnen. Aber das würde nicht zur Auflösung der Zentren der absoluten Macht führen. Das Maß ihrer *Kontrolle der gesellschaftlichen Bewegung insgesamt* würde nach wie vor so groß bleiben, daß der totalitäre Charakter der politischen Macht bestehen bliebe. Es wäre zwar eine Maßnahme, die langfristig den Weg zu seiner Überwindung öffnen würde, aber auf absehbare Zukunft könnte sie das System im Gegenteil wieder stabilisieren.

Eine solche Entwicklungsphase in der UdSSR würde voraussetzen, weitere Schritte zu einer Wirtschaftsreform zu unternehmen. Die Aufgabe, die dabei gelöst werden muß, ist freilich nicht die Sicherstellung der optimalen Dynamik der Sowjetwirtschaft als eines Ganzen; es handelt sich um eine viel bescheidenere und einfachere Aufgabe. Für eine gewisse Zeit, rund 10 Jahre, ist sicherzustellen, daß der grundlegende stabilisierende Faktor aus den 70er Jahren, das heißt das nicht absinkende Lebensniveau materieller Art und die »Konsumorientierung« der Mehrheit der Bevölkerung, noch wirksam bleibt. Vom langfristigen historischen Gesichtspunkt ist dies selbstverständlich keine Lösung. Das Sowjetsystem könnte aber damit zeitweilig wieder relativ stabilisiert werden, wenn es weiterhin die passive Loyalität der Mehrheit der durch dieses System beherrschten Gesellschaft aufrechterhalten würde.

Die Reform der Wirtschaftsleitung, die in der UdSSR ein solches Ergebnis erreichen könnte, könnte nach unserer Meinung eine Reform *technokratisch-bürokratischen Charakters* sein. Ihre sozialpolitischen Folgen würden die systemimmanenten Koppelungen, die für die Aufrechterhaltung des sowjetischen sozialpolitischen Systems notwendig sind, nicht zerstören. Damit würde sie zwar für die weitere Zukunft auch die systembedingten Ursachen neuer Krisen weiterschleppen, aber für die nächsten Jahre wäre die Krise bewältigt.

An dieser Stelle ist es nicht möglich, die Alternativen der Reformmaßnahmen in ihrer konkreten Gestalt detailliert zu analysieren:

Änderungen der Kennziffern der Planung, konkrete Instrumente indirekter ökonomischer Leitung, den Grad der Autonomie der Betriebe usw.[61] Wir glauben jedoch, daß diese Reform der bereits verwirklichten Reform der Wirtschaftsleitung in Ungarn ähneln könnte; die gleichen Reformänderungen in den Bedingungen autarker Ökonomik der UdSSR könnten dabei eine größere Bedeutung bei der Wiederherstellung der Dynamik der Wirtschaftsentwicklung haben und einen solchen Umfang annehmen, wie ihn die Stabilisierungsziele der Reform erfordern würden.

Durch eine solche Reform könnte man in der UdSSR folgende Ergebnisse erreichen:

– Der Druck des Markts auf die Staatsbetriebe, besonders der Konsumgüterindustrie, würde im wesentlich größeren Maße als bisher die Menge und die Qualität (das Sortiment) der Produktion beeinflussen; infolgedessen würde es das steigende Angebot von Waren ermöglichen, die Interessen der Konsumenten eine größere Rolle spielen zu lassen, denn ihre Befriedigung wäre wirklich realisierbar ohne Hindernisse, die durch den chronischen Mangel (den absoluten und auch bezüglich des Sortiments) von Waren auf dem sowjetischen Markt verursacht werden.

– Die Bedeutung materieller Anreize zur Arbeit würde wachsen. Heute kann der Verbraucher für verdientes Geld oft sowieso die gewünschten Waren nicht kaufen.

– Die Autonomie der Betriebe der Konsumgüterindustrie würde einen Faktor bilden, der schrittweise zur Überwindung der schreienden Disproportionen in der sowjetischen Wirtschaft (einseitige Präferenz der Schwerindustrie, chronische Rückständigkeit der Tertiärsphäre usw.) führen würde.

– Die Autonomie von Industriebetrieben, die für Bedürfnisse der Landwirtschaft produzieren (Landwirtschaftsmaschinen, Kunstdünger u.ä.), würde dazu führen, daß auf diese Sphäre der Industrieerzeugung der Druck tatsächlicher Bedürfnisse landwirtschaftlicher Betriebe (Kolchosen) wirksam würde; dadurch könnte man schrittweise die Situation verändern, die einer Entfaltung der sowjetischen Landwirtschaft im Wege steht, weil die durch die Industrie gelieferten Erzeugnisse von niedriger Qualität und oft nicht zu gebrauchen sind[62].

– Die landwirtschaftliche Erzeugung würde einem größeren Druck des Markts unterworfen werden und die größere Autonomie der Kolchosen würde schrittweise als Faktor zur Überwin-

dung der Disproportionen zwischen dem industriellen und dem landwirtschaftlichen Sektor führen.
– Die größere Autonomie der Betriebe im Bereich der Investitionstätigkeit und der Einstellung der Arbeitskräfte würde als ein Faktor wirken, der die volkswirtschaftlichen Folgen der »verborgenen Arbeitslosigkeit« dadurch mildern würde, daß man die ökonomisch effektive Aufteilung der Arbeitskräfte elastischer regulieren, ihre Qualifikationsstruktur verbessern würde.
Diese Ergebnisse könnte man unserer Meinung nach in der UdSSR für eine gewisse Zeit erreichen, ohne daß man dabei grundlegende Probleme sozialpolitischer Natur lösen müßte: die autonomen Betriebe würden Staatseigentum bleiben, das heißt kontrolliert durch Bürokratie, das Problem des Kollektiveigentums, verbunden mit der Selbstverwaltung der Produzenten, müßte nicht gelöst werden.
Damit eine ähnliche Wirtschaftsreform jedoch tatsächlich die gegenwärtige Krisenphase der Entwicklung überwinden könnte, müßten neben ihr und unabhängig von ihr freilich mindestens drei Grundprobleme gelöst werden:
– Effektive Ausnutzung neuer Energiequellen im außereuropäischen Teil der UdSSR, was kaum ohne eine Teilnahme ausländischen Kapitals möglich ist;
– effektive Einführung neuer Technik in der gesamten Sowjetwirtschaft durch die Verbesserung der eigenen wissenschaftlichen und Forschungskapazität, wie auch durch Sicherstellung des Zugangs zu ausländischen Innovationen;
– die Beachtung eines ökonomisch tragbaren Ausmaßes der Rüstungsausgaben und der Ausgaben zur Sicherstellung des sowjetischen Großmachteinflusses in der Welt überhaupt.
Diese drei Probleme hängen überwiegend mit der Außenpolitik zusammen. Wir werden detaillierter im weiteren Teil dieses Kapitels auf sie zurückkommen.
Rund um diesen Komplex von Wirtschaftsproblemen wird nach unserer Ansicht der Kampf innerhalb der sowjetischen Machtelite in den 80er Jahren verlaufen. Zugunsten eines Krisenmanagements mit Hilfe der Wirtschaftsreform werden dabei folgende Faktoren besonders wirken:
Die Gesellschaft in der UdSSR *trat bereits* in das Entwicklungsstadium ein, welches durch ähnliche Trends charakterisiert wird, die die Entwicklung westeuropäischer industrieller Gesellschaften in Richtung zur »Konsumgesellschaft« und zum »Wohlfahrtsstaat«

beeinflußten. Aber die Grenzen dieser Entwicklung hat die sowjetische Gesellschaft *noch bei weitem nicht erreicht.*
Jede Maßnahme in dieser Richtung wird außerordentlich starken sozialen Konsens gewinnen, und jeder Schritt, der sich von diesem Weg entfernt, wird starke soziale Unzufriedenheit hervorrufen. Die sozialen Schichten, die in der Gegenwart die grundlegenden sozialen Stützen des Systems bilden, sind mit diesem Trend der Entwicklung wesentlich verbunden: vom sozialen Gesichtspunkt ist dies vor allem der »Mittelstand« der sowjetischen Gesellschaft, die qualifizierten Arbeiter, die Intelligenz, die Mehrheit der Angehörigen der Machtelite. Unter den Generationen ist es die mittlere und im wesentlichen Maße auch die jüngere Generation, das heißt die große Mehrheit der ökonomisch tätigen Bevölkerung.
Man kann voraussetzen, daß diese Variante der Krisenbewältigung auch in der technokratischen Schicht der Wirtschaftsbürokratie eine starke Stütze hat, das heißt in jener Schicht, die in leitenden Positionen wirkt, die mehr mit der tatsächlichen Leitung der Produktion, des Verbrauchs, der Dienstleistungen u. ä. verbunden ist als mit der Verteidigung politischer Präferenzen im Wirtschaftsleben; diese Schicht der Machtelite wird sich am ehesten *aktiv* für die Durchsetzung dieser Alternative *einsetzen.*
Zugunsten der Variante für eine Lösung der Wirtschaftskrise durch weitere Maßnahmen auf dem Weg der Wirtschaftsreformen spricht auch, daß sie es der sowjetischen Machtelite ermöglicht, die *Initiative* bei der Krisenbewältigung *beizubehalten*, ähnlich wie in den Jahren 1953 - 1956. Wenn wir die Entwicklung in der UdSSR nach Stalins Tod verfolgen, war die Bestrebung danach ein typischer Zug des Verhaltens der sowjetischen Machtelite; auch die Intervention in Ungarn 1956, in der Tschechoslowakei 1968 und die Unterstützung des Kurses auf die Konfliktlösung der Entwicklung in Polen 1981 waren die Folge dieses Strebens. Die gewaltsame militärisch-polizeiliche Konfliktlösung in der »Peripheriezone« des sowjetischen Imperiums konnte helfen, diese Initiative in den Händen des Zentrums des gesamten Blocks zu behalten; in gewissem Sinn handelte es sich um die Lösung der Lokalprobleme. Die lokale Anwendung direkter Gewalt ist natürlich auch im Rahmen der UdSSR möglich. Die »sowjetische militärische Intervention« stellt jedoch keine Methode der Lösung grundlegender Probleme der Krisenentwicklung der UdSSR selbst dar.
Wir nehmen an, daß die Machtelite in der UdSSR selbst zum Unterschied zu Polen noch die Möglichkeit besitzt, die notwen-

dige Initiative in eigenen Händen zu behalten. In Rußland und in der Mehrzahl der Unionsrepubliken der UdSSR ist der Grad der Identifizierung der nationalen Interessen mit dem Sowjetsystem unvergleichlich höher als in Polen und in den mitteleuropäischen Ländern des Sowjetblocks überhaupt. Historische Erfahrungen, die eine Hoffnung auf Erfolg und eine Änderung des Systems durch Massendruck »von unten« erwecken würden, sind gleichzeitig unvergleichlich schwächer; die Gewöhnung der Bevölkerung an das System, in dem auch positive Änderungen, soweit es zu ihnen überhaupt kommt, von Initiativen »von oben« abhängig sind, ist historisch fest verwurzelt. Die Gesellschaft in der UdSSR ist in einem viel größeren Maß politisch inert als in anderen Ländern des Sowjetblocks.

Es ist selbstverständlich möglich, daß auch in der UdSSR die oft schon heute katastrophale Versorgungslage beim weiteren Fortschreiten der Krise auch einen Massenwiderstand »von unten« in Gestalt von Arbeiterstreiks oder Demonstrationen hervorrufen wird; es ist wahrscheinlich, daß es dabei zur gewaltsamen Unterdrückung ähnlicher Widerstandskundgebungen durch die Polizei oder die Armee kommen wird. Wir glauben jedoch, daß ähnliche Widerstandsformen für absehbare Zeit im lokalen Rahmen (eines Betriebs oder einer Stadt) isoliert bleiben werden, daß sie jedoch außerstande sind, sich in eine gesamtstaatliche oppositionelle Bewegung wie in Polen auszubreiten. In den entscheidenden Industriezentren ist das Sowjetsystem nach wie vor imstande, ähnlichen Formen des Widerstands dadurch zuvorzukommen, daß es dort die materielle und Versorgungslage der Bevölkerung auf einem Niveau aufrechterhält, welches solche Widerstandsformen gar nicht aufkommen läßt, und zwar mit Hilfe von Vorteilen, die auf Kosten anderer Gebiete gewährt werden.

Solange freilich der soziale Massenwiderstand gegen das System nicht den Charakter einer gesamtstaatlichen organisierten politischen Kraft erreicht, wird es nicht einmal zu solchen Formen der Systemkrise kommen wie in Polen 1980: die Situation wird, wenn wir mit Polen vergleichen, eher dem Jahr 1970 ähnlich sein, als jedoch auch in Polen die Machtelite noch die Möglichkeit hatte, die Initiative in ihren Händen zu behalten. Das setzt jedoch die Fähigkeit der Elite voraus, wirksame Faktoren einzusetzen, die das System wieder relativ stabilisieren können. Gierek gelang dies in Polen fünf Jahre lang, während er in der zweiten Hälfte seiner Herrschaft bereits nur noch aus Angst vor einer neuen Krise und

einem Konflikt zurückwich, aber nicht mehr imstande war, die Initiative der Machtelite sicherzustellen.
Die Situation der Machtelite in der UdSSR in den letzten Jahren, in denen bereits die Krisenentwicklung im Gange ist, wird zwar bereits durch den Verlust der Initiative charakterisiert, aber diese Elite wird noch nicht zum Rückzug gezwungen, weil keine sozial und politisch starke oppositionelle Bewegung gegen sie wirkt. Sie hält einfach den Status quo aufrecht. Das wird die fortschreitende Wirtschaftskrise in Zukunft unmöglich machen. Würde sie die Initiative bei der Bewältigung dieser Krise in Händen behalten, dann wird sie sie eine Zeitlang auch im politischen Sinn behalten. Zum Unterschied zu mitteleuropäischen Ländern des Sowjetblocks sind in der UdSSR oppositionelle Kräfte, die die Wirtschaftsreform direkt mit der Bestrebung zur Durchsetzung der Grundsätze der politischen pluralistischen Demokratie verbinden, immer noch sehr schwach. Die gesamte Entwicklung in der UdSSR seit dem Jahr 1953 bestätigt dies. Auch die Orientierung der politischen Programme eines beträchtlichen Teils der sowjetischen Dissidentenbewegung zielt nicht auf Verbindung der modernen industriellen Gesellschaft mit der politischen Demokratie, sondern baut ihr antitotalitäres Programm oft auf den traditionellen vorindustriellen Wertorientierungen der russischen Gesellschaft auf[63]. Diese Opposition, überwiegend intellektueller Orientierung, ist nicht nur zahlenmäßig schwach, sie greift auch solche Koppelungen des Sowjetsystems an, die sich gegenwärtig nicht in einer offenen Krise befinden (polizeiliche Aufsicht über die Gesellschaft, Informationsisolierung u. ä.). Der Mechanismus der Wirtschaftsleitung, der sich in einer sichtbaren Krise befindet, entschwindet ihrer Aufmerksamkeit entweder überhaupt oder bildet keinen Gegenstand der kritischen Analyse, aus der eine lebensfähige oppositionelle Alternative entstehen könnte. Diese Opposition ist die Frucht der kulturellen und Moralkrise des Systems. Aber auf diesem Feld kann in absehbarer Zeit kaum die entscheidende Schlacht gegen die Machtelite der UdSSR ausgekämpft werden.
Aus allen diesen Gründen halten wir es deshalb für wahrscheinlich, daß die sowjetische Machtelite – ähnlich wie in der ganzen Zeitspanne nach 1953 – in der UdSSR über die Art der Krisenbewältigung in den 80er Jahren wieder entscheiden wird, genauer gesagt der Kampf innerhalb dieser sozialen Gruppe. Allgemein kann man zwar einige Schichten dieser Elite eher als Anhänger

einer weiteren Wirtschaftsreform bezeichnen (die Technokratie) oder eher als Widersacher (einen Teil der politischen – parteilichen und staatlichen – Bürokratie). Es wäre jedoch ein Fehler zu glauben, daß es bei dem Konflikt über die Art der Bewältigung der gegenwärtigen Krise um einen Konflikt ganzer Gruppen innerhalb der Machtelite gehen wird. Dieser Konflikt wird eher *innerhalb aller Gruppen* der Machtelite verlaufen.

So gibt es innerhalb der Schicht der *Wirtschaftsbürokratie* neben den Trägern technokratischer Tendenzen auch bedeutende Gruppen, die sich bereits in der Vergangenheit gegen weitere Reformen stellten und sich auch in der Zukunft dagegen stellen werden: es handelt sich vor allem um Gruppen, verbunden direkt mit den Apparaten, deren Existenz und Machtbedeutung von der zentralistischen und direktiven Art der Planung und der Leitung der Wirtschaft abhängt (Wirtschaftsministerien und Planungsorgane). Diese Gruppen bildeten eine der Hauptkräfte der Allianz, die vor zwanzig Jahren Chruschtschow stürzte und die Konsolidierungstendenz durchsetzte, die zur relativen Stabilisierung des Systems in den Jahren 1965 – 1975 führte; aber gerade diese Konzeption befindet sich heute in der Krise. Das ständige Verharren auf ihren Grundsätzen bringt bereits länger als fünf Jahre nicht die erwünschten stabilisierenden Ergebnisse. Das wird zweifelsohne die Position ihrer Anhänger innerhalb der Machtelite schwächen.

Die politische Bürokratie, besonders der *Parteiapparat*, bildet keine einheitlich orientierte Gruppe der Machtelite. Eine weitere Wirtschaftsreform, auch wenn sie ihrem Charakter nach technokratisch und bürokratisch und keineswegs demokratisch wäre, kann im Widerspruch mit einigen Interessen des Parteiapparats stehen: sie beschränkt die Möglichkeit dieses Apparats, beliebig ins Wirtschaftsleben einzugreifen. Die Träger solcher Funktionsrollen, deren Bedeutung damit direkt sinkt, werden zweifelsohne in die Front der Gegner der Wirtschaftsreform gehören. Aber bei weitem nicht alle Funktionsrollen im Parteiapparat haben einen solchen Charakter. Darüber hinaus ist es das *Hauptinteresse* der Parteibürokratie, die eigene »führende Rolle« innerhalb der gesamten Machtelite aufrechtzuerhalten. Das wird durch einen Komplex von Beziehungen sichergestellt, über die wir bereits eingehend sprachen (siehe Kapitel II/2), und unter denen die Beziehungen des Parteiapparats zu den Wirtschaftsbetrieben nur einer von einigen unerläßlichen Faktoren ist.

Die Praxis der Entwicklung des Sowjetsystems nach 1953 beweist, daß die politische Parteibürokratie ihre »führende Rolle« nicht anders als mit Kompromissen, die zur Allianz aller Hauptbestandteile der Machtelite führen, sicherstellen kann. Das Gesamtinteresse des Parteiapparats und der gesamten kommunistischen Partei als einer besonderen Organisation der Machtelite und auch einiger Schichten der Gesellschaft wird also durch vielschichtigere Zusammenhänge bestimmt und nicht durch die Möglichkeit, um jeden Preis unbeschränkt in alle Wirtschaftsprozesse einzugreifen. Die politische Bürokratie und der Parteiapparat *als Ganzes* befinden sich im voraus nicht in der Position eindeutiger Gegner einer weiteren Wirtschaftsreform: ihr Verhalten wird durch das konkrete Kräfteverhältnis innerhalb der Machtelite und der beherrschten Gesellschaft bestimmt werden, durch die wachsende Drohung einer massenweisen sozialen Unzufriedenheit.

Die Hauptkriterien, nach denen die sowjetische Parteibürokratie die Art der Bewältigung der Wirtschaftskrise beurteilen wird, werden von zweierlei Art sein: Kann diese Lösung der Parteibürokratie ihre »führende Rolle« in der Allianz aller Gruppen der Machtelite sichern? Kann sie die sowjetische Hegemonie im gesamten Sowjetblock festigen? Von diesen Gesichtspunkten können jedoch auch Maßnahmen der technokratisch-bürokratischen Wirtschaftsreform, über die wir sprachen, oft als widersprüchlich erscheinen, obwohl diese Maßnahmen durch ihre wirtschaftlichen und sozialen Folgen zur Stabilisierung des Systems beitragen könnten.

Außer ihren Beziehungen zur Wirtschaftsbürokratie wird die Parteibürokratie auch vorteilhafte Beziehungen zum Polizeiapparat und zur Armee (zur militärischen Bürokratie) finden müssen. Vom allgemeinsten Gesichtspunkt liegt es selbstverständlich nicht im Interesse dieser beiden Bestandteile der Machtelite, daß die Sowjetwirtschaft chronisch an Funktionsstörungen leidet, die soziale Unzufriedenheit zur Folge haben; vom Gesichtspunkt der Armeeinteressen ist ein Krisenzustand der Wirtschaft ein negativer Faktor, der die Konkurrenzfähigkeit des Sowjetsystems gegenüber dem potentiellen Feind schwächt. Diese beiden Formationen stellen jedoch eindeutig eine Kraft dar, die verhindern wird, daß eine Wirtschaftsreform ihren eigenen Einfluß herabsetzt und ihre Position in dem gesamten System und innerhalb der Machtelite schwächt; sie werden im Gegenteil bemüht sein, ihren Einfluß zu stärken.

Der Polizeiapparat, das heißt die politische Polizei und der mit ihr verbundene umfangreiche Mechanismus der politisch-polizeilichen Aufsicht über die Gesellschaft, ist nach unserer Ansicht auch zu einer Allianz mit den Gruppen der wirtschaftlichen und politischen Bürokratie bereit, die sich auf eine weitere Wirtschaftsreform orientieren würden. Es wird auch in seinem Interesse liegen, daß eine Wirtschaftsreform einen technokratisch-bürokratischen und nicht einen demokratischen Charakter trägt, das heißt, daß ihre politischen Folgen die grundlegenden Koppelungen des totalitären politischen Systems direkt nicht ändern würden. Die gesamte Rolle des Polizeiapparats in jener Gestalt, die sich bereits nach 1956 bildete und in der Stabilisierungsphase der 70er Jahre entfaltete, wäre mit so einer konzipierten Wirtschaftsreform vereinbar.

Die Bedeutung des Polizeiapparats im gesamten System könnte sogar weiter im Wachsen begriffen sein. Die Rolle dieses Apparats als einer *Quelle von Informationen* über den wahren Zustand und über die sozialpolitische Bewegung in der Gesellschaft, sowie seine Rolle als Instrument, mit dem beizeiten, im Keim und präventiv alle vom Gesichtspunkt der Machtzentren unerwünschten Tendenzen unterdrückt werden, würde in einer Situation wachsen, in der die Wirtschaftsreform neue Anregungen für eine sozialpolitische Bewegung schaffen würde. Darüber hinaus erhöht die Situation der Wirtschaftskrise, gleichgültig auf welche Art sie bewältigt wird, also gegebenenfalls auch mit einer weiteren Reform, auch im Laufe ihrer Bewältigung die Gefahr von Kundgebungen einer Massenunzufriedenheit: Der Polizeiapparat wird zu einer Kraft, die zwar in der Reserve gehalten wird, aber bereit sein muß, auch eine Massenunzufriedenheit zu unterdrücken; er wird bestimmt nichts von seiner Bedeutung verlieren. Diese beiden Funktionen genügen, damit die politische Parteibürokratie gegen die Anerkennung ihrer »führenden Rolle« auch alle hauptsächlichen selbständigen Interessen des Polizeiapparats anerkennt und wirksam unterstützt.

Bezüglich der Armee und der Militärbürokratie ist jedoch die Situation anders und komplizierter: sie weist neben den innenpolitischen Aspekten auch internationale Aspekte aus – und die spielen die Hauptrolle. Sie werden später noch eingehender behandelt werden. Vom rein innenpolitischen Gesichtspunkt müßte die Militärbürokratie keineswegs einer weiteren Wirtschaftsreform Widerstand leisten, soweit ihr Charakter tatsächlich technokratisch-bürokratisch bleibt und weiterhin die Vorzugsstellung der

Rüstungsindustrie, wie auch den Einfluß der Militärbürokratie auf das Zivilleben ermöglicht.
Diese Probleme könnten unserer Ansicht nach durch Kompromisse zwischen den verschiedenen Schichten der Machtelite gelöst werden, ohne daß die Militärbürokratie in einen offenen Konflikt mit ihnen geraten müßte.
Insgesamt sehen wir also in den Interessen verschiedener Gruppen sowjetischer Machtelite keine *grundsätzlichen Hindernisse,* die notwendig die Bewältigung der Wirtschaftskrise in der UdSSR durch eine neue technokratisch-bürokratische Reform unmöglich machen würden. Daraus ergibt sich freilich nicht, daß es der Machtelite gelingen wird, diese Möglichkeit wirklich zu realisieren. Und auch wenn es ihr gelingt, bedeutet es noch nicht, daß sich damit die Möglichkeit für eine Demokratisierung der Sowjetsysteme eröffnen wird; im politischen Bereich müssen sich nicht einmal jene Tendenzen zur Demokratisierung wiederholen, die es in der UdSSR vor 1964 gab, geschweige denn eine direkte Verbindung der Wirtschaftsreformen mit Versuchen zur politischen Demokratisierung, wie sie in mitteleuropäischen Ländern des Sowjetblocks in den Jahren 1956 – 1968 entstanden.
Auch eine erfolgreiche Bewältigung der Wirtschaftskrise in der UdSSR durch eine weitere Wirtschaftsreform würde unserer Ansicht nach nicht die Voraussetzung darstellen, daß sich innerhalb der Machtelite in der UdSSR wieder eine reformkommunistische Konzeption oder irgendeine neue Variante der ideologischen Konzeptionen Chruschtschows bilden wird. Innerhalb der sowjetischen Machtelite der 80er Jahre wird die ideologische Konzeption des »Aufbaus des Kommunismus« aus den Zeiten Chruschtschows keine Rolle spielen. Noch weniger politische Bedeutung wird die Konzeption haben, die die Notwendigkeit der Entfaltung der politischen Demokratie aus den theoretischen Schriften von Marx ableitet. Ähnliche ideologische Orientierungen können sich vielleicht im Milieu der kommunistischen Intelligenz bilden, aber sie können kaum bedeutendere Schichten der Machtelite erfassen; gleichzeitig werden sie auch kaum eine Chance haben, eine Unterstützung außerhalb der Machtelite zu erlangen. In den aktiven oppositionellen Gruppen überwiegen eindeutig nichtmarxistische Orientierungen, und die »Massen der Werktätigen« verbinden ihre Hoffnung nicht mit einer Ideologie, gebildet in sozialen Schichten, die der Machtelite nahestehen.
Die wahrscheinlichste ideologische Form, in der sich die Bestre-

bungen jener Kräfte ausdrücken, die um eine technokratisch-bürokratische Reform der Wirtschaft bestrebt sein werden, könnte die ideologische Gestalt der *Prinzipien der Leistungsgesellschaft* sein. Es bestehen zwar keine Zweifel daran, daß unter sowjetischen Bedingungen diese Grundsätze im Namen der »leninistischen Grundsätze und Methoden der Arbeit« durchgesetzt und zu einem »Instrument des Aufbaus des Kommunismus« erklärt werden würden. Der wirkliche Inhalt solcher Ideologie wäre jedoch die Aufrechterhaltung der »Ordnung« gegen die »Anarchie«. Die Formen des demokratischen Konflikts würde man als »Anarchie« bezeichnen. Die Rationalität und Effektivität bekäme Vorrang vor allen anderen Werten, das heißt insbesondere vor den Werten der pluralistischen Systeme. Auf dieser ideologischen Basis wäre es natürlich möglich, in rationaler Art die grundlegenden Koppelungen der totalitären politischen Macht zu entfalten und wirksam die Bestrebungen zu ihrer Überwindung durch Koppelungen, die das pluralistische System voraussetzt, zu unterdrücken, das heißt auch jedwede Form der politischen Demokratie.

Es stimmt zwar, daß auch die technokratisch-bürokratische Reform unter den Bedingungen der UdSSR vom langfristigen, historischen Gesichtspunkt Voraussetzungen für einen künftigen Konflikt bilden würde, in dem die Perspektiven demokratischer Änderungen hoffnungsvoller erscheinen: während ihres Ablaufs würden sich die sozialen Strukturen moderner industrieller Gesellschaft weiter entfalten und dadurch die soziale Basis für demokratische Lösungen künftiger Krisen stärken. Auch die meisten konkreten Forderungen des Leistungsprinzips würden langfristig die Möglichkeit der Demokratisierung des sowjetischen Systems stärken[64].

Die Prinzipien der Leistungsgesellschaft selbst sind zwar mit einer demokratischen Änderung nicht identisch. Jedoch auch eine an sie gestützte technokratisch-bürokratische Reform der Wirtschaft würde im Rahmen der sowjetischen Machtelite den Typ des Managers gegenüber dem Typ des politischen Bürokraten stärken. Der Bürokrat ist in seiner Position nicht von seiner Effektivität und Leistungskraft abhängig, sondern von seinem Gehorsam gegenüber den höheren Gliedern der Machthierarchie. Gerade dieser soziale Typ ist bislang, das heißt auch in der Phase der relativen Stabilisierung des Sowjetsystems, der charakteristische Repräsentant der sowjetischen Machtelite; die Ablösung dieses Typs durch den »technokratischen« Typ wurde in der UdSSR noch nicht durchgeführt, obwohl einige marxistisch orientierte kritische Analysen bereits seit längerer Zeit über den Antritt der Technokratie in der UdSSR sprechen[65].

Die Anwendung der Kriterien der Leistung innerhalb der Machtelite der UdSSR in einem qualitativ neuen Umfang würde notwendigerweise bedeuten, daß diese Elite die tatsächlichen Folgen ihrer Tätigkeit stärker spüren würde, im Wirtschaftsbereich oft verhältnismäßig direkt, in anderen Bereichen eher indirekt. Die Grundsätze der Leistungsgesellschaft setzen immer irgendeine Art von Kontrollmechanismen voraus, durch die die Leistung meßbar wird. Obwohl es sich dabei nicht um Mechanismen von demokratischem Charakter handeln muß, ist dennoch eine durchgehende und wirksame Kontrolle notwendig. In einem politischen System, in dem fast nur Mechanismen vorhanden sind, die die Kontrolle der Erfüllung der von oben kommenden Anweisungen ohne Rücksicht auf Effektivität und tatsächliche Ergebnisse sichern, wäre dies eine bedeutende Änderung. Zwar müßten sich keine Rückkoppelungen demokratischen Charakters, aber dennoch *neue* Rückkoppelungen zwischen der Machtelite und einigen Sektoren sozialer Tätigkeiten, gebildet nach den Grundsätzen der Leistungsgesellschaft, im Sowjetsystem durchsetzen.

In der Beziehung zum politischen System darf man freilich Änderungen dieser Art nicht einseitig interpretieren und ihre mögliche demokratisierende Bedeutung überschätzen. Letztendlich ist auch aus kapitalistischen Systemen bekannt, daß die Grundsätze der Leistungsgesellschaft selbst an sich kein Hindernis der *Faschisierung* politischer und teilweise auch sozialer Strukturen bilden: ein analoger Trend könnte sich also auch in industrieller Gesellschaft sowjetischen Typs durchsetzen. Erfahrungen mit der Entwicklung des sowjetischen politischen Systems in der Phase der relativen Stabilisierung der 70er Jahre bestätigen unserer Ansicht nach direkt, daß dieser Trend auch bei einer neuen Stabilisierung in den 80er Jahren den Bedürfnissen der Allianz aller Schichten der sowjetischen Machtelite entsprechen könnte, von den technokratischen Gruppen über die Parteibürokratie bis zum Polizeiapparat und der militärischen Bürokratie.

Wir nehmen an, daß auch für den Fall, daß die Machtelite der UdSSR die gegenwärtige Wirtschaftskrise mit einer weiteren beschränkten Wirtschaftsreform überwinden sollte, die Folgen eines solchen Vorgehens, die in der weiteren Perspektive eine Demokratisierung des Systems ermöglichen, *ungewollt* sind. Die *bewußte* Orientierung dieser Elite wird im Gegenteil in ihrem Inhalt undemokratisch sein. Es wird sich dabei um die Bestrebung, den totalitären Charakter der Machtstruktur zu stabilisieren, handeln. Ein solches Ziel wäre für eine gewisse Zeit in der UdSSR noch realisierbar.

Diese Stabilisierung würde jedoch im Vergleich mit der Phase der 70er Jahre zwei systemimmanente Koppelungen des gegenwärtigen Sowjetsystems treffen:
– die Autonomie mancher Wirtschaftssubjekte würde die gegenwärtige Form der völligen Fusion der politischen und wirtschaftlichen Macht etwas verändern;
– durch die Grundsätze der Leistungsgesellschaft würde sich eine neue, bislang nicht wirksame Rückkoppelung zwischen der Machtelite und den durch sie beherrschten sozialen Tätigkeiten bilden.

Gleichzeitig ist es wahrscheinlich, daß der Kampf innerhalb der Machtelite um eine weitere beschränkte Wirtschaftsreform indirekt und ungewollt die Voraussetzungen zukünftiger Demokratisierungsprozesse in zwei Hauptrichtungen stärken könnte. In der Bestrebung, gefährliche soziale Spannung zu mildern, wird die sowjetische Machtelite auch jetzt, ähnlich wie nach 1956, offensichtlich versuchen, »die Bedeutung der Gewerkschaften zu erhöhen«. Die polnische Entwicklung im Jahr 1981 wird hier wahrscheinlich Impulse geben und die Bestrebung hervorrufen, einer ähnlichen Gefahr durch Präventivmaßnahmen zuvorzukommen. Obwohl dabei die Gewerkschaften unter der Kontrolle der politischen Bürokratie bleiben, stellen sie dennoch potentiell eine demokratische Kraft dar. Der zweite hauptsächliche potentiell demokratische Faktor, der wahrscheinlich im Verlauf innerer Kämpfe der sowjetischen Machtelite zur Geltung kommen würde, kann die Bestrebung jener ihrer Schichten sein, die eine weitere Wirtschaftsreform durchsetzen möchten, sich im Konflikt mit den Gegnern dieser Reform auf die Unterstützung der »sowjetischen Öffentlichkeit« zu berufen. In der Praxis bedeutet eine solche Bestrebung, daß man einige Instrumente der Manipulierung der öffentlichen Meinung, die Presse, die offiziellen Versammlungen usw., zur Diskreditierung der »Konservativen« unter der Machtelite ausnutzt. Die Korruption, der Nepotismus, persönliche Willkür und auch einige ideologische Konzeptionen des Gegners werden kritisiert. Es besteht zwar kein Zweifel, daß auch der offensive Flügel der sowjetischen Machtelite nach den Erfahrungen aus der

Zeit Chruschtschows sich besonders in acht nehmen wird, damit dies alles nicht zu einer unkontrollierten Kritik »von unten« führt; dennoch kann dies für Kritik mehr Möglichkeiten als in der Stabilisierungszeit öffnen und als ein latenter Demokratisierungsfaktor wirken.

Es ist zu erwarten, daß insbesondere der Kampf gegen die Korruption eine wichtige Rolle spielen wird. Während der Breschnew-Ära wuchs sie ständig, und ihr aktuelles Ausmaß in der UdSSR ist so riesig, daß jeder Kampf gegen Korruption einen breiten sozialen Konsens gewinnen wird. Dabei ist ein Kampf gegen Korruption auch auf eine autoritäre Weise denkbar; keine Demokratie, jedoch eine »harte und saubere Hand« kann als das beste Kampfmittel dargestellt werden. Auf derartiger ideologischer Grundlage kann insbesondere eine Allianz des polizeilichen und militärischen Apparats mit den Technokraten entstehen. Sowohl die Technokraten als auch die KGB- und Armeeoffiziere sind heute im Durchschnitt weniger korrupt als die klassischen alten Politbürokraten. Der konfliktvolle Entwicklungsprozeß, in dem die Entscheidung über die Art und Weise der Bewältigung der Wirtschaftskrise in den sowjetischen Systemen fallen muß, hat mit Breschnews Tod einen wichtigen Impuls erhalten. Die *Zeit* spielt dabei eine außerordentlich wichtige Rolle. Über die weitere Entwicklung in der UdSSR wird man bereits in der ersten Hälfte der 80er Jahre entscheiden. Sollten die Konflikte innerhalb der Machtelite allzu langsam durchgekämpft werden, kann es dazu kommen, daß starke soziale Spannungen früher politische Bedeutung bekommen, als es gelingen wird, sie durch die Durchführung der Wirtschaftsreform zu mildern. Das würde in der UdSSR zwar nicht zu einer Lage wie in Polen führen. Aber die wachsende Angst einflußreicher Schichten der Machtelite könnte dazu führen, daß die technokratische Reform nicht so folgerichtig durchgeführt werden könnte, daß sie eine neue Stabilisierungsphase des Systems ermöglichen würde. Das hauptsächliche Stabilisierungsinstrument würde dann am ehesten in der direkten Gewalt des polizeilich-militärischen Charakters beruhen, mit allen politischen Folgen einer solchen Variante.

In dieser Entwicklungsphase wird sich gleichzeitig der Generationswechsel innerhalb der sowjetischen Machtelite durchsetzen. Die Phase der relativen Stabilisierung des Systems ermöglichte es der Generation, die sie durchführte, die entscheidenden Machtpositionen viel länger hindurch beizubehalten, als es der natürlichen Ablösung von Generationen entsprechen würde. Wenn sich die höchsten Machtpositionen in den Händen von Leuten um die Siebzig befinden, wird es freilich für die Generation, die fünfzigjährig ist, schwierig sein, sich durchzusetzen: es gibt dazwischen die noch nicht voll befriedigte Generation der Sechzigjährigen. Diese Zwischengeneration ist unserer Meinung nach zusehr mit den vergangenen Entwicklungsphasen verbunden, während erst die heute Fünfzigjährigen und die Jüngeren in der Machtelite sowohl bezüglich ihrer Bildung wie auch bezüglich der Lebenserfahrungen auf die Suche nach langfristigeren weiteren Perspektiven des Sowjetsystems orientiert sind. Es scheint, daß erst in dieser Generation auch die eigentliche Basis für die Orientierung auf eine weitere Wirtschaftsreform liegt.

Der zweite Faktor, der die Art der Krisenbewältigung in der UdSSR beeinflussen könnte, ist die Lage in den europäischen Ländern des Sowjetblocks. Die Ungleichmäßigkeit der Entwicklung in den Ländern des Sowjetblocks, die bereits in der Krise nach 1953 sowie in der gesamten Zeitspanne nachher eine große Rolle spielte, ist heutzutage in vielen wichtigen Fragen keineswegs kleiner geworden. Die historische Erfahrung zeigt vorläufig, daß sowohl 1956 wie auch 1968 die sowjetische Machtelite die Entwicklungsänderungen in der UdSSR im Interesse der Festigung ihrer eigenen Hegemonie im Block und der Unterdrückung der zu weit gehenden Systemänderungen abbremste (Polen und Ungarn 1956, Tschechoslowakei 1968).

Wahrscheinlich wird die gleiche Tendenz auch in den 80er Jahren wirken. Eine weitere Wirtschaftsreform wie in der UdSSR kann man in den meisten europäischen Blockländern kaum von den politischen Demokratisierungsbestrebungen abkoppeln. Kurzfristig könnten dort die Machteliten zwar vielleicht die Initiative im Prozeß einer weiteren Wirtschaftsreform behalten. Langfristig jedoch wird dabei der soziale Druck, die wirtschaftlichen und politischen Reformen zu verbinden, viel stärker als in der UdSSR sein. In Polen ist zwar die Lage völlig spezifisch, jedoch könnte z. B. eine größere Autonomie der Betriebe, langfristig gesehen, wiederum die Vision unabhängiger Gewerkschaften hervorrufen. In der Tschechoslowakei kann man bei einer neuen Wirtschaftsreform die unerwünschten Folgen, d. h. eine politische Kritik der gesamten Phase der sogenannten Normalisierungspolitik nach 1969 und ihrer Repräsentanten nicht ganz ausschließen. In Ungarn, wo etwa das, was man in der UdSSR als neue Lösung erst anbieten dürfte,

schon früher verwirklicht wurde, wären auch politische Folgen in der Form weiterer Demokratisierungsbestrebungen zu erwarten. Solche Erscheinungen könnten die reformfeindlichen Kräfte innerhalb der sowjetischen Machtelite stärken und eine reformistische Wirtschaftspolitik in der UdSSR bremsen.
Insgesamt kann man also unsere bisherigen Erwägungen in der folgenden Hypothese zusammenfassen:
Im Lauf der 80er Jahre wird sich der Schwerpunkt der Systemkrise wiederum in die UdSSR selbst verschieben, ähnlich wie 1953. Infolge der Bedingungen in der UdSSR wird die sowjetische Machtelite zur hauptsächlichen sozialen Kraft, die diese Krise wird bewältigen müssen. Das Hauptproblem bildet die Wirtschaftskrise. Sie wird jedoch vom Gesichtspunkt der politischen Machtinteressen der sowjetischen Elite gelöst werden. Das nun beginnende Jahrzehnt wird deshalb kaum die systembedingten Koppelungen ändern, die aus dem Sowjetsystem ein System totalitären Charakters machen. Erreicht man jedoch bei der Bewältigung der neuen Krise wiederum eine relative Stabilisierung vorwiegend durch die Wirkung der stabilisierenden ökonomischsozialen Faktoren, wird sich für die Zukunft die Chance der sozialen Kräfte erhöhen, die die systembedingten Mängel durch demokratische Reformen, durch die Entfaltung pluralistischer Systemelemente überwinden wollen. Wenn dies nicht gelingen sollte, und das Sowjetsystem sich überwiegend durch Mittel der direkten polizeilich-militärischen Gewalt aufrechterhalten wird, dann werden seine nächsten Krisen durch das Anwachsen von Konfliktsituationen charakterisiert werden, das heißt im Grunde durch Elemente des sozial-revolutionären Konflikts, ähnlich wie in Polen in den Jahren 1970-1981. Dabei werden in den beiden Fällen die Widersprüche zwischen den sozialpolitischen Bedürfnissen der Entwicklung in der UdSSR und in den europäischen Ländern des Sowjetblocks weiter wachsen.
Diese Hypothese abstrahiert jedoch von dem Einfluß internationaler Faktoren, denen der weitere Teil dieses Kapitels gewidmet wird.

2. Internationale Zusammenhänge der neuen Krise im Sowjetblock

Wie bereits eingehender gezeigt wurde, halten wir auch die Stabilisierung, die die Sowjetsysteme in der Interaktion mit den Konkurrenzsystemen im Lauf der 70er Jahre erreichten, für relativ und zeitweilig: auch in der Sphäre der Interaktion offenbart sich ähnlich wie innerhalb der Sowjetsysteme bereits am Anfang der 80er Jahre eine neue Krise. Im Vergleich mit 1953, als es ebenfalls zu einem parallelen Ablauf der innenpolitischen und der Krisenentwicklung im Bereich der internationalen Beziehungen der Sowjetsysteme kam, gibt es jedoch nun einen grundlegenden Unterschied, der den gesamten Ablauf der Krise beeinflussen wird. Wenn im Jahr 1953 der Umstand den Hauptfaktor der Krise der Sowjetsysteme in ihrer Interaktion mit anderen Systemen bildete, daß ihr Einfluß in der Welt *kleiner* war, als es ihren Möglichkeiten entsprach, ist es heute in gewissem Sinn gerade umgekehrt: die Krise in den Interaktionsbeziehungen entsteht deshalb, weil die Sowjetsysteme bestrebt sind, *mehr Einfluß* in der gesamten übrigen Welt aufrechtzuerhalten, als es ihren ökonomisch-politischen Möglichkeiten entspricht. Die Krise der 50er Jahre bewältigten die Sowjetsysteme erfolgreich durch die Durchbrechung ihrer Isolierung, in die sie durch die politische Konzeption Stalins gebracht wurden. Dazu nutzten sie die politisch-militärische Kraft der UdSSR als einer der beiden Hauptgroßmächte, die über ein Arsenal von Kernwaffen verfügen, und die Möglichkeiten der Beziehungen zu den Ländern der Dritten Welt. Diese Aufgabe der ursprünglichen Isolierung mündete jedoch in eine Großmachtoffensive ein, deren Ergebnis sich schließlich nur auf die Militärkraft der Sowjetsysteme stützen kann und die Möglichkeiten ihres ökonomischen und politischen Potentials überschreitet.

Das Hauptproblem der gegenwärtigen Krise bildet also die Frage, wie man die Interessen der Sowjetsysteme zur Aufrechterhaltung ihres Einflusses in der Welt mit ihren tatsächlichen ökonomisch-politischen Möglichkeiten in Einklang bringen könnte. Den Ausweg aus der Krise würde ein gewisser *Rückzug* von dem ursprünglichen offensiven Großmachttrend bilden, der es ermöglichen würde, die Ziele und die Mittel zu ihrer Erreichung in der Sphäre der Interaktion der Sowjetsysteme mit anderen Systemen objektiv in Einklang mit dem ökonomisch-politischen Potential und mit den Bedürfnissen der Stabilisierung sowjetischer Systeme zu bringen. Kein sozialpolitisches System, dessen Einfluß offensiv in die Einflußsphären der Konkurrenzsysteme expandierte, führte jemals in der Geschichte einen solchen Rückzug anders durch, als unter dem Druck unerläßlicher Notwendigkeit: die Fortsetzung der expansiven Tendenz mußte immer bis zu einem Punkt führen, an dem das weitere Verbleiben in dieser Richtung eine sichtbare und praktisch wirksame Bedrohung der Lebensinteressen des Systems bildete. Das gilt allgemein, es ist keine Besonderheit der Systeme mit totalitärem Charakter. Der totalitäre Charakter der politischen Macht im gewissen System gestaltet freilich den Ausweg aus solcher Lage noch schwieriger, und er verstärkt ihre Konfliktelemente.

Ein sehr wesentlicher Zug der gegenwärtigen Krise der Sowjetsysteme in der Interaktion mit anderen Systemen ist der Umstand, daß die sowjetische Machtelite mit dem bisherigen Stand dieser Interaktion insgesamt zufrieden ist. Von ihrem subjektiven Gesichtspunkt ist es eigentlich unerwünscht, diesen Zustand zu ändern. Das ist das gerade Gegenteil der Haltung, die durch die Krise im Jahr 1953 hervorgerufen wurde: damals war der Stand der Interaktion für die sowjetische Machtelite unbefriedigend. Jetzt bringt eine Änderung vor allem die Unsicherheit, ob die Zukunft ebenso befriedigend sein wird wie die jüngste Vergangenheit.

Die Hauptbestrebung der sowjetischen Machtelite bei der Suche nach weiteren Wegen im Bereich der Interaktion mit anderen Systemen beruht deshalb am Anfang der Krise darauf, den Status quo aufrechtzuerhalten und ihn *nicht zu verändern*. Während der Versuch, die Krise zu bewältigen, als die Isolierung den Grund der Krise bildete, nach dem Jahre 1953 ein Vorgehen unterstützte, bei dem die sowjetische Machtelite Änderung und neue Alternativen der Entwicklung auch im internationalen Bereich suchte, wird die gegenwärtige Krise vor allem die Bestrebung zur Aufrechterhaltung der bereits gegebenen Alternativen unterstützen. Das bedeutet natürlich nicht, daß bei der weiteren Entwicklung neue Alternativen nicht eine entscheidende Rolle spielen könnten; man kann jedoch nicht damit rechnen, daß die sowjetische Machtelite sie aus eigener Initiative suchen und ausbilden wird; sie müßten – hauptsächlich am Anfang – aus Initiative anderer Subjekte im Prozeß der Interaktion mit den sowjetischen Systemen entstehen.

Unserer Meinung nach sind die wichtigsten charakteristischen Züge der Weltsituation, die es den Sowjetsystemen ermöglicht, sich ein größeres Maß an Einfluß zu sichern, als es seinem ökonomisch-politischen Potential entspricht, die *Bipolarität* in allen wichtigen Konfliktsituationen und die *Militärkraft* als Hauptfaktor bei der Aufrechterhaltung des eigenen Einflusses. Solange der Prozeß der Interaktion mit den Konkurrenzsystemen vor allem durch diese beiden Züge bestimmt wird, ermöglicht dies den Sowjetsystemen, ihren grundlegenden systemimmanenten Zug zu ihrem Vorteil einzusetzen: die außerordentliche Fähigkeit, alle Kräfte und Mittel zur Erreichung eines einzigen Zieles einzusetzen, wird hier leicht zur Geltung gebracht werden. Wenn hingegen die Weltlage so ist, daß bei der Interaktion verschiedener Systeme mehr als nur zwei Alternativen offenstehen, das heißt mit der autonomen Rolle einer größeren Zahl von Machtzentren zu rechnen ist und im voraus nichts garantiert, daß die militärische Kraft als einziges Mittel letztendlich imstande ist, über den Erfolg zu entscheiden, dann wird dieselbe systemimmanente Eigenschaft zu einem Handikap für die Sowjetsysteme.

In der gegenwärtigen Krise der Sowjetsysteme wird sich das Streben der sowjetischen Machtelite, diese beiden charakteristischen Züge der Weltsituation aufrechtzuerhalten, hauptsächlich durch zwei spezifische Ursachen noch verstärken:

– In den mitteleuropäischen Ländern des Sowjetblocks würde sich das sozialpolitische System sowjetischen Typs kaum aufrechterhalten und stabilisieren lassen, wenn die Souveränität dieser Länder nicht durch die Zugehörigkeit zum sowjetischen Militärblock beschränkt wäre. Das schließt die Stationierung der Sowjetarmee auf ihrem Territorium und die Möglichkeit sowjetischer Militärintervention ein. Die bipolare Aufteilung Europas in zwei Militärblöcke garantiert die Reproduktion der vorhandenen Machtverhätnisse, und diese Verhältnisse halten wieder die Aufteilung in Blöcke aufrecht.

– Die Rolle der Armee und der Gruppen der Bürokratie, die mit dem militär-industriellen Komplex verbunden sind innerhalb der sowjetischen Machtelite ist größer als im Jahr 1953; die Militärbürokratie festigt diese Rolle am besten in einer Lage, in der die Rüstung der Hauptbereich des »Wettbewerbs« verschiedener Systeme bleibt, und die Armee der Hauptgarant des Einflusses des Sowjetsystems in der Welt ist.

Die ersten praktischen Erfahrungen aus den 80er Jahren zeigen, daß bedeutende Tendenzen im Verhalten der Konkurrenzsysteme in derselben Richtung wirken. Teils liegen die Ursachen dafür im Verhalten der Sowjetsysteme, denn es handelt sich um die Reaktion des hauptsächlichen Großmachtkonkurrenten auf expansive Tendenzen dieser Systeme, teils werden sie jedoch durch völlig andere Faktoren hervorgerufen (Niederlagen der Großmachtpolitik der USA in den vergangenen Jahren, krisenhafte Wirtschaftsentwicklung kapitalistischer Systeme u. a.). Es ist jedoch eine Tatsache, daß die außenpolitische Konzeption der Reagan-Administration in den USA stark dazu beiträgt, die Bipolarität in hauptsächlichen Konfliktsituationen zu erhalten und die militärische Kraft als Hauptfaktor des »Wettbewerbs der Systeme« weiterhin überwiegend den Charakter des Prozesses der Interaktion sowjetischer und anderer Systeme bestimmen zu lassen.

Diese Parallelität identischer Tendenzen im Verhalten der Machteliten der UdSSR wie der USA *schuf* offensichtlich *bereits* die Situation, in der sich die früher begonnene Entwicklung einer neuen technischen Generation von Kernwaffen in irgendeiner Form durchsetzen wird. Das Niveau der Rüstung dieser Art wird zum Kriterium des neuen Verhältnisses der Militärkräfte der beiden Blöcke werden. Die Verhandlungen über diese Fragen werden nur noch die Gestalt und den Umfang dieser Entwicklung bestimmen.

Soweit wir ausschließen, was jedoch auch möglich ist, daß es dabei zu einem Kriegskonflikt kommen wird – ohne daß es irgendeiner der Teilnehmer an dem Konflikt wollte –, wird sich diese grundlegende Situation erst dann ändern, wenn starke soziale Kräfte innerhalb der Blöcke oder besonders außerhalb der Blöcke neue reale Alternativen im Interaktionsprozeß bilden. Vom Gesichtspunkt objektiver Bedürfnisse der sowjetischen Systeme aus werden solche Alternativen nach unserer Meinung bereits im Lauf der 80er Jahre wenigstens in Grundzügen entstehen.

Auf der Grundlage der Bipolarität der Konflikte und des Wettrüstens können die Sowjetsysteme in langfristiger Perspektive ihre Krise in den Beziehungen der Interaktion zu anderen Systemen nicht überwinden. Auf dieser Grundlage werden sich im Gegenteil immer wieder die Krisenursachen reproduzieren: die krampfhafte Aufrechterhaltung eines größeren Einflusses im Gesamtmaßstab mit Hilfe der Militärmacht, als es den Bedürfnissen der Stabilisierung der Sowjetsysteme entspricht. Die Unkosten der Bewahrung des auf diese Weise gesicherten Großmachteinflusses würden für das Sowjetsystem im immer größeren Maße ökonomisch untragbar werden, die Entfaltung kooperativer Formen der Interaktion würde erschwert, wobei diese Formen vom innerstaatlichen wirtschaftlichen Gesichtspunkt für diese Systeme erwünscht und teilweise unerläßlich sind. Die Zahl der Situationen wird wachsen, in denen das Sowjetsystem selbst die Folgen seines eigenen Verhaltens nicht mehr kontrollieren kann.

Diese Tatsachen bieten die Basis zu der Erwägung, daß sich also auf der Grundlage der Bipolarität der Konflikte und des Wettrüstens die Krise der Sowjetsysteme vertiefen und schließlich zu ihrem Zusammenbruch führen wird, daß sich die UdSSR »zu Tode rüsten wird«. Wir glauben, daß eine solche Schlußfolgerung spekulativ und unrichtig ist: zu *so einem* Endergebnis sind die Sowjetsysteme allzu stark – obwohl sie gleichzeitig zu schwach sind, dauerhaft ihren Machteinfluß in der Welt in derselben Weise wie in den vergangenen zwei Jahrzehnten zu erhöhen. Diese Schlußfolgerung nimmt auch keine Rücksicht auf weitere wesentliche Faktoren: auch ein Konkurrenzsystem kann nicht »die UdSSR zu Tode rüsten« ohne tiefe Krisenfolgen für sich selbst im ökonomischen wie im politischen Sinne hervorzurufen, und es kann auch niemals in der Praxis sicherstellen, daß *alle* Teilnehmer des Interaktionsprozesses wirklich diese Alternative des Verhaltens wählen. Sie ist in der Beziehung zu ihren verschiedenartigen Interessen überwiegend negativ.

So ist diese Alternative in den Beziehungen der wirtschaftlichen Interaktion überhaupt unrealisierbar, denn sie übersieht völlig die Verschiedenartigkeit und die Zweiseitigkeit wichtiger ökonomischer Interessen aller Teilnehmer des Interaktionsprozesses. Soweit der direkte bewaffnete Konflikt tatsächlich *nicht die Endabsicht* eines der Teilnehmer der Interaktion ist, kann auch keiner von ihnen bestrebt sein, daß die Position des anderen ausweglos wird. Die weitere Perspektive der Entwicklung der Interaktionsbeziehungen der Sowjetsysteme mit anderen Systemen werden wir deshalb nicht vom Gesichtspunkt dieser nach unserer Meinung nicht realisierbaren Alternative analysieren.

Es ist unmöglich, verläßlich abzuschätzen, wie lange die Parallelität identischer Tendenzen im Verhalten der Machteliten der sowjetischen und der konkurrierenden Systeme die Bipolarität in den Konfliktsituationen verstärken und die Bedeutung der militärischen Kraft im Interaktionsprozeß weiter anwachsen läßt. Diese Phase, die nun abläuft, wird kaum während des ganzen kommenden Jahrzehnts dauern: sie führt zum grundsätzlichen Übergewicht des Konflikts als Interaktionsform. Gleichzeitig will keine der potentiellen Konfliktparteien diesen Konflikt in der Form des Nuklearkriegs, weil dies für beide Seiten selbstmörderisch ist. Wenn es also zu diesem Konflikt nicht kommt, weil sich die Entwicklung der Kontrolle der Teilnehmer entzieht, dann wird sich dieser Weg bald als Sackgasse im Prozeß der Interaktion verschiedener Systeme herausstellen.

Für die Sowjetsysteme wird sich trotz aller Unterschiede der gegenwärtigen Krise in anderer Gestalt der Hauptzug ihrer Krisensituation von Anfang der 50er Jahre wiederholen: die Hauptform der Interaktion mit den Konkurrenzsystemen wird wiederum der *Konflikt* sein. Doch das ist nicht dasselbe wie die Aufrechterhaltung der Bipolarität in Konfliktsituationen und die Anwendung der Militärkraft als des Hauptfaktors zur Durchsetzung eigener Großmachtinteressen. Das sind zwar die charakteristischen Züge der internationalen Situation, die die sowjetische Machtelite aufrechterhalten will, weil sie für ihre Machtinteressen in den vergangenen Jahrzehnten günstig waren. Aber damals gelang es *gleichzeitig,* den Konflikt als dominierende Form der Interaktion auszuschließen. Das war der Hauptinhalt der »Politik der Entspannung« nach sowjetischer Auffassung. Diese Synthese ist jedoch kaum real, wenn das Verhalten der Konkurrenzsysteme dabei nicht mitspielt[66].

Für die Bewältigung der Krise und für die neue Stabilisierung der Position der Sowjetsysteme in Interaktion mit anderen Systemen wird es schließlich wichtiger werden, den Konfliktzustand zu überwinden, als um diesen Preis den Zustand der Bipolarität aufrechtzuerhalten und das Element des Wettbewerbs auf Wettrüsten zu reduzieren. In dieser Gestalt könnte dann ein gewisses Abrücken der Sowjetsysteme von ihren expansiven Tendenzen erfolgen. Sie werden aber die Sphäre ihres Einflusses kaum dem Konkurrenzsystem aus dem ursprünglichen bipolaren Modell der Konfliktbeziehung widerstandslos überlassen; es ist eher so vorstellbar, daß das bipolare Modell der Konfliktsituation überhaupt durch ein *völlig anderes Modell* ersetzt würde. Mit anderen Worten: die Sowjetsysteme könnten wahrscheinlich unter dem Druck der Notwendigkeit und eigener Interessen auf die militärische Kraft als Grundfaktor zur Aufrechterhaltung ihres Einflusses im gewissen Raume außerhalb der eigenen Grenzen verzichten, wenn dieser Raum ein militärisches »Niemandsland« würde und keinen Gewinn mit strategisch-militärischer Bedeutung für das Konkurrenzsystem aus dem ursprünglichen bipolaren Modell bildet.

Wir schildern diese Situation bewußt in sehr abstrakten Begriffen, denn wir glauben, daß die Konkretisierung nur unter ganz konkreten im voraus nicht abschätzbaren historischen Bedingungen möglich ist. Als allgemeine Tendenz ist jedoch eine solche Entwicklungsperspektive möglich.

Die Situation, in der als Form der Interaktion zwischen verschiedenen Systemen dauerhaft der Konflikt überwiegt, der gleichzeitig für keinen der Teilnehmer eine erwünschte Lösung darstellt, bildet eine Sackgasse für alle Subjekte der Interaktion, das heißt auch für die mit den sowjetischen in Konkurrenz stehenden Systemen. Im Rahmen dieser Arbeit ist es jedoch nicht möglich, sie vom Gesichtspunkt aller Teilnehmer zu analysieren. Wir werden uns deshalb auf die Fragen beschränken, die für Systeme sowjetischen Typs wesentlich sind. Man kann voraussetzen, daß diese Systeme im Lauf der 80er Jahre mit verschiedenen Komplexen von Faktoren konfrontiert werden, deren Wirkung zwar sehr widersprüchlich sein wird, die jedoch einen gemeinsamen Nenner haben: sie werden für die Stabilisierung der Sowjetsysteme voll nur unter der Voraussetzung auszunutzen sein, wenn der Konflikt in den Interaktionsbeziehungen nicht die dominierende Form ist. In diesen Komplexen von Faktoren wird auch die Möglichkeit beinhaltet sein, das bipolare Modell der Aufteilung der Konkurrenzkräfte zu überwinden und das Hauptkriterium des Wettbewerbs verschiedener Systeme aus dem Bereich der Rüstung in den Bereich der ökonomischen und politischen Kooperation und des Wettbewerbs zu übertragen.

Den ersten Komplex bilden die *ökonomischen Faktoren*. Man soll zwar, wie wir bereits betonten, ihre Bedeutung nicht einseitig überschätzen und automatisch Folgen der inneren Entwicklung in den Sowjetsystemen auch im Bereich ihrer Interaktion mit anderen Systemen erwarten. So ist unserer Meinung nach insbesondere die Voraussetzung nicht begründet, daß eine innere Orientierung auf eine weitere technokratische Reform in der sowjetischen Wirtschaft es automatisch ausschließt, daß die sowjetische Machtelite in Auslandsbeziehungen weiterhin den expansiven Kurs beibehält. In dem Maße, wie dieser Kurs jedoch dauerhaft ein Übergewicht des Konflikts über den kooperativen Beziehungen schafft, werden die starken Wirtschaftsinteressen an einer Stabilisierung der sowjetischen Systeme gegen ihn wirken.

Aktuell handelt es sich vor allem um das Interesse an einer Zusammenarbeit mit dem Auslandskapital bei der Ausbeutung neuer Energiequellen (Erdöl, Erdgas) außerhalb des europäischen Gebiets der UdSSR. In gewissem Umfang ist dies auch bei einer Verschärfung der Konfliktbeziehungen mit den USA möglich, denn die Wirtschaftsinteressen Westeuropas ermöglichen hier trotzdem eine Kooperation. Dieser Umfang der Kooperation wird jedoch langfristig kaum genügend sein. Man kann sich deshalb vorstellen, daß ein Interesse an der Kooperation mit Japan in dieser Frage zur Stärkung kooperativer Elemente des Verhaltens der UdSSR im Fernen Osten führen könnte. Obwohl die Machtelite der UdSSR bestimmt bemüht sein wird, diese Elemente des kooperativen Verhaltens mit der Aufrechterhaltung der Bipolarität und der Reduktion des »Wettbewerbs« mit den USA auf den Bereich der Militärkraft zu vereinen, hätte es dennoch notwendigerweise auch ungewollte Folgen in einer anderen Richtung: ob und wann der kooperative Bestandteil der Interaktion den Konflikt in den Hintergrund zurückdrängen könnte, würde freilich von dem Verhalten aller Teilnehmer und nicht nur von den Wünschen der sowjetischen Machtelite abhängen.

Auf anderen Gebieten, die für die Überwindung der Wirtschaftskrise der UdSSR auch aktuell sind, wie beim Import technischer Innovationen und teilweise auch der Nahrungsmittel, wird langfristig im Grunde dieselbe Tendenz wirken, das heißt das Interesse, das kooperative Verhalten zu erweitern und die Konfliktkomponente zu beschränken.

Im Verlauf der 80er Jahre wird sich wahrscheinlich im Produktionsprozeß in den entwickelten industriellen Gesellschaften außerhalb des Sowjetblocks bereits schrittweise der revolutionierende Einfluß der neuen Technologie von Mikroprozessoren in automatisierter Produktion geltend machen. Ohne daß wir uns zu einigen unserer Ansicht nach allzu einseitigen Visionen hinreißen lassen, die in diesem Zusammenhang bereits heute diskutiert werden[67], kann man die grundsätzliche Bedeutung dieser neuen Technologie nicht leugnen, die sie unter anderem für die Überwindung von Krisenerscheinungen in der Wirtschaft sowjetischen Typs haben wird: das Interesse an der Kooperation mit dem Westen in diesem Bereich wird ebenso stark sein, wie das Interesse an der technischen Kooperation beim Umbruch der 50er und der 60er Jahre. *Indirekt* werden diese und ähnliche Wirtschaftsinteressen, die für die Stabilisierung der Sowjetsysteme lebenswichtig sind, dauerhaft auch die Tendenzen stärken, im Prozeß der Interaktion mit anderen Systemen aus dem Teufelskreis auszubrechen, in den die Bipolarität in den Konfliktsituationen und die einseitige Bevorzugung der Militärkraft hineinführen. So kann man ihre Wirkung mit den Einflüssen der anderen Faktorenkomplexe verbinden, die in derselben Richtung wirken und einen politischen und machtmäßigen Charakter haben.

Der Komplex dieser *politischen Faktoren* wird im Verlauf der 80er Jahre in die Interaktionsbeziehungen der Sowjetsysteme zu kon-

kurrierenden Systemen eingreifen, wie auch in die Beziehungen zu Systemen mit eher neutralem Charakter und schließlich zu Systemen, die in ihrem Charakter mit den Sowjetsystemen verwandt sind (China). Er wird auch die Beziehungen innerhalb des Sowjetblocks betreffen, und selbstverständlich auch die Beziehungen innerhalb der kommunistischen Bewegung. Die mögliche Entwicklung in dieser Bewegung lassen wir hier jedoch außer acht, denn sie besitzt nach unserer Meinung nur eine vervollständigende und untergeordnete Bedeutung.
Während der ersten Phase der Entwicklung, die bereits im Gange ist, ist freilich wahrscheinlich, daß die sowjetische Machtelite Tendenzen, die auf Überwindung der Bipolarität und des Wettrüstens abzielen, mit der eindeutigen Absicht unterstützen wird, den Konkurrenzblock zu schwächen und den eigenen zu stärken. Dieser Wunsch der sowjetischen Machtelite ist jedoch für die tatsächlichen Ergebnisse nicht entscheidend. Auch ungewollte Folgen werden auftreten, die sich in ihrer politischen Bedeutung den Wünschen der sowjetischen Machtelite im verschiedenen Maße entwinden und mit ihnen auch direkt in Widerspruch geraten werden. Ähnlich kann es natürlich auch mit der Absicht der Machteliten des Konkurrenzblocks gehen.
Grundsätzlich könnte möglicherweise bereits in dieser Entwicklungsphase die politische Rolle solcher Kräfte wachsen, die bestrebt sind, *ihre Autonomie zu erhöhen,* und zwar noch im Rahmen der im Prinzip bipolaren Aufteilung politischer Kräfte. Obwohl die sowjetische Machtelite diese Kräfte tolerieren oder sie manchmal unterstützen wird, um sie gegen den Konkurrenzblock auszunutzen, wird sie schließlich, wenn ihre Rolle tatsächlich anwachsen wird, nicht imstande sein, aus ihnen nur ein einfaches Instrument eigener Absichten zu machen: sie wird mit ihnen schließlich als mit autonomen Kräften zusammentreffen.
Im Fall Europas ist diese Problematik außerordentlich kompliziert. Man kann kaum voraussetzen, daß es hier im Lauf der 80er Jahre tatsächlich zur Änderung des bipolaren Modells kommen wird. Es ist jedoch möglich, daß die Tendenz zu einer solchen Änderung eine reale politische Kraft wird, die man in der weiteren Perspektive auf der politischen Szene nicht mehr wird mißachten können, und die man auch nicht einer wirksamen Kontrolle einer der Seiten des bipolaren Konflikts wird unterordnen können.
Vom Gesichtspunkt der Bewältigung der gegenwärtigen Krise durch eine neue relative Stabilisierung sowjetischer Systeme ist

auf absehbare Zukunft die Aufrechterhaltung des sowjetischen Militärblocks in Europa eine conditio sine qua non; eine Position außerhalb der Blöcke solcher Länder wie Polen, der Tschechoslowakei, Ungarns und natürlich der DDR, die von diesem Gesichtspunkt einen besonderen Fall bildet, würde notwendigerweise bedeuten, daß das sozialpolitische System sowjetischen Typs in diesen Ländern bald solchen qualitativen Änderungen ausgesetzt würde, die seine grundsätzliche Änderung und seinen Untergang nach sich zögen, ohne daß dies jedoch zur Bildung eines Systems desselben Typs wie in den westeuropäischen Ländern führen müßte. In diesem Punkt ist also die Aufrechterhaltung der bipolaren (Block-)Aufteilung Europas gleichzeitig eine der unerläßlichen Bedingungen für die *innere* Stabilisierung der Sowjetsysteme, und dies auch in dem Fall, in dem die bipolare Konfliktsituation insgesamt diese Stabilisierung wesentlich erschweren würde.

Für absehbare Zukunft wird jedoch gleichzeitig gerade diese Tatsache immer wieder sehr starke Widersprüche in der Entwicklung der Sowjetsysteme in Europa bilden. Während der letzten fünfundzwanzig Jahre kam bereits dreimal (1956 in Ungarn, 1968 in der Tschechoslowakei und 1981 in Polen) das Bewußtsein der Völker dieses Gebiets zum Tragen, daß gerade die Beschränkung ihrer Souveränität durch die Zugehörigkeit zum Sowjetblock das grundlegende Hindernis für Änderungen bildet, die eindeutig durch die überwiegende Mehrheit der Bevölkerung der mitteleuropäischen Zone des Sowjetblocks unterstützt werden. Obwohl sich innerhalb des politischen Systems sowjetischen Typs dieses Bewußtsein nicht in Form einer institutionalisierten politischen Kraft organisieren kann, existiert es dennoch und es wird sich weiterhin bei den Generationen verstärken, die im Lauf der 80er Jahre die entscheidende Rolle spielen werden. Alle systemimmanenten Widersprüche und ihre sozialen und wirtschaftlichen Folgen werden in diesen Ländern eher in größerem Maße als in der Vergangenheit mit der Beschränkung der Autonomie verbunden werden, die sich aus der Zugehörigkeit zum Sowjetblock ergibt. Möge das sozialpolitische System auf diesem Gebiet in der nächsten Zukunft auf welchem Wege immer eine relative Stabilisierung erreichen, *diesen* destabilisierenden Faktor zu beseitigen wird es außerstande sein.

Die Aufteilung Europas, so wie sie nach dem zweiten Weltkrieg vorgenommen wurde und sich auf den machtmäßigen, nicht auf

einen formell juridischen Charakter der Abkommen bei der Konferenz der »Großen Drei« in Jalta stützt, wird also nach unserer Ansicht im Lauf der 80er Jahre auch für die Sowjetsysteme selbst eine Sackgasse der Entwicklung bilden. Diese Aufteilung wird immer wieder anschaulich ihren wahren Charakter zeigen: sie war und bleibt eine Aufteilung Europas entsprechend dem Verhältnis der *Militärmacht*. Sie aufrechtzuerhalten wird immer wieder voraussetzen, zur Militärmacht als dem bestimmenden Kriterium zurückzukehren. Und sollte eben das schließlich im Interesse der Stabilisierung der Sowjetsysteme überwunden werden, werden diese Systeme der unerläßlichen Revision der Verhältnisse in Europa nicht ausweichen können.
Selbstverständlich bildet auch in Westeuropa gerade der Faktor der Militärmacht den entscheidenden Grund für die Nachkriegsentwicklung der Blockbipolarität. Die Vorstellung, daß dieser Faktor die entscheidende Rolle im Westen verlieren und daß er sie im Osten behalten würde, kann zwar für die sowjetische Machtelite verlockend sein, sie bildet jedoch keine Grundlage für die tatsächliche Entwicklung in Europa. Eine solche Lösung kann unserer Meinung nach wegen der Großmachtinteressen der USA nicht erreicht werden, und auch deshalb, weil sie den Widerstand der Mehrheit der Bevölkerung Westeuropas hervorrufen würde, die in ihr mit Recht eine größere Bedrohung der eigenen Autonomie als in der bipolaren (Block-)Aufteilung Europas erblicken würde.
Die Überwindung der bipolaren Blockaufteilung Europas ist freilich grundsätzlich denkbar, jedoch eher als *Ergebnis* eines komplizierten, widersprüchlichen und langfristigen Prozesses der Überwindung der Bipolarität und der entscheidenden Bedeutung der Militärkraft in der gesamten gegenwärtigen Welt, denn als der *Beginn* dieses Prozesses. In jedem Falle ist die Entwicklung in dieser Richtung ein Bestandteil eines weltweiten und vielseitigen Prozesses der Interaktion verschiedener Subjekte und sie kann nicht unabhängig von ihm ablaufen. Einige europäische Entwicklungsprozesse können allerdings bereits in den 80er Jahren einen bedeutenden Bestandteil dieser Gesamtentwicklung darstellen und sie werden über ihre Ergebnisse mitentscheiden.
Vom Gesichtspunkt der Sowjetsysteme wird die Bipolarität der Konfliktsituationen und der Verlaß auf die Militärkraft als die endgültige Garantie ihres Einflusses bereits im Verlauf der gegenwärtigen Systemkrise in anderen Gebieten zu einem schwachen Punkt werden. Wir glauben, daß die Krise dieser bisherigen

Stützen der sowjetischen Großmachtpolitik sich spürbar im Prozeß der *Interaktion mit den Ländern der Dritten Welt und auch mit China* zu offenbaren beginnen wird.

Die Erfolge der Sowjetsysteme in der Dritten Welt wurden dadurch ermöglicht, daß sie zwar mit Verspätung, aber noch rechtzeitig den Entwicklungsprozeß des Zerfalls des Kolonialsystems ausnutzten; dies geschah noch in einer Zeit, als der Kampf um politische Formen der Unabhängigkeit in der Dritten Welt die dominierende Form der Entwicklung bildete. Bereits in der Gegenwart und um so eher zukünftig verliert jedoch diese Entwicklungsform an Bedeutung: die politisch-staatliche Unabhängigkeit in diesen Gebieten ist im entscheidenden Maße bereits gesichert. In den Vordergrund treten die Probleme der weiteren Entfaltung im ökonomischen und sozialen Bereich und die komplizierten Probleme der Integrierung neuer Staaten der Dritten Welt in das System des Weltmarkts und der Arbeitsteilung in der Welt.

Diese Probleme der weiteren Entfaltung in der Dritten Welt sind freilich langfristig durch Militärmacht unlösbar, auf die sich jedoch vor allem die Erfolge der Sowjetsysteme in diesen Gebieten stützen. Allgemein gesagt: die Sowjetsysteme nutzen zur Eindringung in die Gebiete der Dritten Welt mit Erfolg nur solche Situationen aus, in denen die Militärmacht momentan noch den entscheidenden Faktor bildet.

Die Ursachen, die das ermöglichen, sind verschiedener Art. Es handelt sich entweder um Gebiete, in denen sich die Bedeutung des militärischen Faktors infolge der Parallelität regionaler Widersprüche mit den Interessen industrieller Großmächte außerordentlich erhöhte, z. B. der Mittlere Osten, das heißt das Gebiet starker nationaler Konflikte, wie gleichzeitig der Erdölförderung in einer Zeit, in der periodisch Energiekrisen ausbrechen; oder es sind Gebiete, in denen sich der Prozeß des politischen Kampfs gegen den Kolonialismus verspätete (z. B. Angola) oder die Interessen der imperialistischen Großmacht durch traditionelle, konservative und Massenwiderstand hervorrufende Methoden aufrechterhalten werden (Mittel- und Südamerika). Schließlich geht es um Gebiete, in denen die Militärkraft einigen neuen Staatsgebilden die Hoffnung verleiht, daß sie mit ihrer Hilfe die Rolle der »regionalen Großmacht« erlangen werden oder zu eigenen Gunsten traditionelle Widersprüche lösen werden, z. B. Äthiopien und einige andere afrikanische Staaten; hierher gehört jedoch im gewissen Sinne auch Vietnam.

Wenn solche historischen Gründe fehlen, sind die Sowjetsysteme insgesamt nicht imstande, im umfangreichen Gebiet der Dritten Welt ihren eigenen Einfluß durchzusetzen. Langfristig gesehen ist also unserer Ansicht nach ihr Interaktionsverhalten gegenüber den Ländern der Dritten Welt durch eine Krise und durch die wachsende Isolierung bedroht. Die Möglichkeiten der Sowjetsysteme, effektiv zur Lösung grundlegender Probleme dieses Gebiets außerhalb politisch-machtmäßiger und militärischer Konflikte beizutragen, sind infolge der eigenen wirtschaftlichen Labilität sehr begrenzt. Sie werden nicht einmal dort überall genutzt, wo sie vielleicht vorhanden wären.

Mit ihren Methoden, als Großmacht in die Dritte Welt einzudringen, tragen die Sowjetsysteme starke Elemente bipolarer Konfliktsituationen in dieses Gebiet hinein, was sich politisch innerhalb der Gruppierung der nicht gebundenen, blockfreien Staaten auswirkt. Diese Tendenz wird darüber hinaus durch konkrete Eingriffe in dieses Gebiet, wie es die Militärinvasion in Afghanistan ist, begleitet und schwächt dauerhaft die Möglichkeiten des politischen Einflusses der Sowjetsysteme in der Mehrheit der Länder der Dritten Welt. Das bedeutet nicht, daß es dort diesen politischen Einfluß nicht gibt. Er ist jedoch unserer Ansicht nach vor allem auf drei Faktoren begründet:

– Er stellt eine Reaktion auf die Großmachtbestrebungen kapitalistischer industrieller Gesellschaften gegenüber den Ländern der Dritten Welt dar.

– Er stellt ein Nachwirken der historischen Rolle der russischen Revolution als antikolonialer Revolution dar.

– Er bildet die Folge einer gewissen Anziehungskraft eines Systems, das fähig war, ein rückständiges Land schnell zu industrialisieren.

Der politische Einfluß, begründet auf diesen Faktoren, wurde jedoch durch das Verhalten der Sowjetsysteme in Interaktion mit den Ländern der Dritten Welt im letzten Jahrzehnt kaum erweitert, sondern nach unserer Meinung insgesamt eher verringert. Das Interesse der Sowjetsysteme an der Dritten Welt wird deshalb in der Zukunft auch zur Tendenz führen, hier die Rolle der Kooperation als Form des Interaktionsverhaltens anstelle des Konflikts zu erhöhen. Wann und wie es dazu kommen wird, hängt in diesen Gebieten sehr markant auch von dem Verhalten der Konkurrenzsysteme ab. In der gegenwärtigen Phase, während in den Beziehungen zwischen diesen Systemen und dem Sowjetsystem

vorläufig die Rolle der Konfliktbipolarität und der Militärkraft wächst, ist es freilich wahrscheinlich, daß die Sowjetsysteme ihr Verhalten im Gebiet der Dritten Welt ihren Interessen im bipolaren Konflikt unterordnen. Die Tendenzen der 70er Jahre dürften sich noch verstärken. Perspektivmäßig liegt jedoch eine Änderung im Interesse der Sowjetsysteme.
Die Konfliktbipolarität und die dominierende Rolle der Militärmacht stellen für die Sowjetsysteme perspektiv auch keine optimale Alternative in ihrer *Beziehung zu China* oder, breiter gesehen, zu den Ländern dar, die am Anfang dem »sozialistischen Weltsystem« angehörten, aber in der weiteren Entwicklung aus dem Sowjetblock hinausfielen.
Die innere Entwicklung in China nach Maos Tod änderte markant einige Faktoren, die beim Zerwürfnis mit der Sowjetunion nach 1956 mitwirkten. Nach der Kulturrevolution kann man in China grundlegende Orientierung auf eine Entwicklung zur industriellen Gesellschaft konstatieren, auch wenn sie keine Kopie der industriellen Entwicklung der westlichen Länder oder Rußlands ist noch sein kann. Die Hauptwidersprüche, die der ideologische Konflikt zwischen der KPdSU und der KP Chinas widerspiegelte, haben sich im Vergleich mit den 60er Jahren sehr verändert. Wir glauben, daß dies alles teilweise bereits Voraussetzungen für die Interaktion des Sowjetsystems mit China schuf und weiter bilden wird, eine Interaktion, in der die Kooperation über dem Konflikt dominieren könnte.
Das bedeutet selbstverständlich nicht eine Eingliederung Chinas in den Sowjetblock oder die Unterordnung Chinas unter irgendeine andere Form der sowjetischen Hegemonie. Im Gegenteil: das Streben danach bildete die Grundursache der Entstehung des Konflikts und auch seiner weiteren Dauer. Soweit jedoch die Machtelite im Sowjetsystem auf *dieses* illusorische Ziel wirklich verzichten würde, könnte der Konflikt durch die Kooperation in den Hintergrund gedrängt werden. Dieselbe Bedingung gilt jedoch auch für andere Systeme bei ihren Interaktionsbeziehungen mit China. Dies würde seitens der UdSSR freilich voraussetzen, die selbständige Großmachtrolle Chinas und in Ostasien eine »natürliche« Sphäre des Interesseneinflusses dieser Großmacht anzuerkennen, in der eine Hegemonie der UdSSR ohne einen Konflikt mit China nicht denkbar ist.
Man kann natürlich nicht voraussagen, wann und unter welchen Umständen solche Überlegungen das praktische Verhalten der

sowjetischen Machtelite bestimmen könnten. Auch ist unsicher, wann und wie eine solche Orientierung einen befriedigenden Widerhall bei der chinesischen Machtelite finden könnte. Es scheint uns jedoch wahrscheinlich, daß diese Entwicklungsalternative eines der möglichen neuen Elemente in der weiteren Entfaltung der Interaktion der Sowjetsysteme mit anderen Systemen bilden wird. Ein Versuch, sie zu verwirklichen, kann bereits in den 80er Jahren beginnen. Ob diese Alternative realisierbar ist, hängt freilich nicht nur von den Wünschen der sowjetischen Machtelite ab. Auch die gegenwärtige Konfliktbeziehung sichert China die notwendige Autonomie. Die bipolare Konfliktsituation in der Welt ermöglicht es China sogar, den gegebenen Zustand zugunsten der Stärkung der eigenen Autonomie auszunutzen. Vom chinesischen Gesichtspunkt aus könnte auch die Tendenz, die Rolle des kooperativen Elements der Interaktion mit dem Sowjetsystem zu stärken, eine Stütze finden, wenn China die Bipolarität zugunsten seiner größeren Autonomie in der Beziehung zum Westen ausnutzt.

Im Prozeß der Interaktion der Sowjetsysteme mit den Ländern der Dritten Welt und auch in ihren Beziehungen zu China würde eine Stärkung des Elementes der Kooperation, die Unterdrückung der Bipolarität und die Verminderung der Rolle der Militärmacht jedoch im Grunde bedeuten, daß die *Autonomie* der Partner der Sowjetsysteme *wächst* und nicht die Militärkraft des einen oder des anderen der Blöcke. Wir glauben, daß auf dieser Grundlage ein gewisser Rückzug von der expansiven Tendenz der Sowjetsysteme eher möglich wäre; auch so wird es allerdings erst in dem Moment dazu kommen, wenn diese Tendenz eindeutig in jedem Fall unhaltbar wird. Ein Faktor, der in dieser Richtung wirken könnte, ist der Umstand, daß die Sowjetsysteme außerstande sind, ihren Militäreinfluß durch einen ebenso wirksamen ökonomischen Einfluß zu ersetzen, wie es die entwickelten kapitalistischen Staaten tun; wenn der militärische Faktor uneffizient wird, verbleibt für die Sowjetsysteme eigentlich als einziges positives Angebot, ihren Interaktionspartnern eine größere Autonomie und eine Position außerhalb der Blöcke zu garantieren.

Eine solche Entwicklung würde dann *indirekt* allerdings auch in den Interaktionsprozessen in anderen Gebieten wirken und könnte neuerdings die Bestrebungen um eine größere Autonomie innerhalb des Sowjetblocks verstärken.

Unsere Erwägungen münden also insgesamt in die folgende Hypothese ein:

Die Sowjetsysteme werden auch im Prozeß der Interaktion mit

anderen Systemen im Lauf der 80er Jahre eine neue Krise zu bewältigen haben. Ihre Hauptursache liegt im Umstand, daß diese Systeme in der gesamten übrigen Welt mehr Einfluß aufrechterhalten wollen, als ihrem ökonomisch-politischen Potential und den Bedürfnissen ihrer Stabilität entspricht. Die optimale Weise der Krisenbewältigung wäre für die Sowjetsysteme der Zustand, in dem die Kooperation über den Konflikt als Element der Interaktion überwiegt. Diesen Zustand, den sie in den 70er Jahren erreichten, werden diese Systeme jedoch kaum erlangen, wenn sie sich gleichzeitig auf die bipolare Aufteilung der Welt und auf die Militärmacht als Hauptfaktor der Aufrechterhaltung ihres Einflusses stützen. Sowohl die Bipolarität der Konfliktsituationen als auch die entscheidende Rolle der Militärmacht ist jedoch für die Sowjetsysteme sehr wünschenswert. Die beiden Faktoren ermöglichen es, die systembedingten Eigenschaften der Sowjetsysteme als Vorteil zu nutzen. Deshalb werden im Interaktionsverhalten der Sowjetsysteme sehr widersprüchliche Tendenzen auftreten; in bestimmten Situationen wird das Verhalten dieser Systeme weiterhin einen sehr gefährlichen Faktor der Weltlage darstellen. Es wird die Gefahr eines Kriegskonflikts mit den Konkurrenzsystemen bringen, das heißt die Gefahr eines nuklearen Weltkriegs, aber auch verschiedener lokaler Kriege. Das Verhalten der Sowjetsysteme in Interaktion mit anderen Systemen wird nicht geradlinig durch ihre eigene innere Entwicklung bedingt. Ihre innere Entwicklung ist nicht imstande, ihre expansiven Tendenzen abzustellen.

Dennoch sind in der Entwicklung des gesamten Komplexes der Interaktionsbeziehungen real wirkende Faktoren vorhanden, die auch den Sowjetsystemen Alternativen öffnen, in denen das Element des Konflikts dem Element der Kooperation weichen würde. Es gibt keine systembedingten Ursachen, die im Verhalten der Sowjetsysteme unausweichlich nur die Konflikttendenz unterstützen. Eine neue Gestalt der Interaktion der Sowjetsysteme mit anderen Systemen, in der das Element der Kooperation überwiegt, ist grundsätzlich möglich.

Die tatsächliche Form dieser Interaktion wird allerdings durch das Verhalten *aller* Teilnehmer festgelegt, und zwar so, daß auch ungewollte Folgen ihres widersprüchlichen Verhaltens eine bestimmende Bedeutung haben können.

Anmerkungen

1 Detaillierter über diese Fragen, die den Unterschied zwischen dem Charakter der bürokratischen Macht in westlichen Gesellschaften und im Sowjetsystem bestimmen und die Macht sowjetischen Typs der traditionellen und nicht der juridischen Macht näherbringen, entsprechend der Typologie von Max Weber siehe: L. Schapiro: Kommunistitscheskaja partija Sovetskogo Sojuza, Firenze 1975, Seite 850 u.f.
2 Übersicht über den Ablauf der Diskussion über den Begriff des Totalitarismus siehe beispielsweise: G. Meyer: Sozialistische Systeme, Opladen / Leske 1979, Seite 178-206.
3 Zum Begriff der »Selbststeuerung« siehe: K.W. Deutsch: Politische Kybernetik, Freiburg 1969, Seite 192.
4 Die Gefahr, daß die Analyse sich auf die Extrapolationen von zwei gegensätzlichen Zuständen reduziert und daß übersehen wird, daß die Wirklichkeit *zwischen* diesen extremen Polen liegt, ist unter anderem in der marxistischen Analyse gesellschaftlicher Systeme begründet.
5 Die Grundlage für diese Konzeptionen bildete der Begriff »postindustrielle Gesellschaften«; seine Interpretation vom marxistischen Gesichtspunkt, die in die Vorstellung über die mögliche Konvergenz des westlichen und des sowjetischen Typs der industriellen Entwicklung mündete, ist in Erwägungen in der Tschechoslowakei vor 1968 beinhaltet, siehe: R. Richta: Civilizace na rozcesti, Praha 1966; Civilization at the Crossroads, Prague 1969. In westlicher Literatur siehe beispielsweise: D. Bell: The Post-Industrial Society – A Speculative View, in: Scientific Progress and Human Values, New York – London 1967.
6 Eine übersichtliche Beschreibung der Entwicklung in den Jahren 1953 bis 1959 siehe: W. Leonhard: Kreml ohne Stalin, Köln 1959.
7 Siehe W. Leonhard, Ebd., Seite 113-133.
8 Siehe Ebd., Seite 100-112.
9 Siehe Ebd., Seite 122 f.
10 Unter diesem Begriff verstehen wir die Gruppen der Intelligenz, die entsprechend dem Charakter ihrer Arbeit direkt oder indirekt an der Lösung politischer Probleme interessiert sind, das heißt von Schriftstellern und Journalisten über Wissenschaftler insbesondere im Bereich der Gesellschaftswissenschaften bis zu den fachlich qualifizierten Mitarbeitern verschiedener leitender Apparate; in ihrer überwiegenden Mehrheit setzte sich diese Schicht aus Mitgliedern und Funktionären der kommunistischen Partei zusammen.
11 Text der geheimen Rede von Chruschtschow auf dem XX. Parteitag der KPdSU siehe: Ost-Probleme, Nr. 25/26 1956, Seite 867-899.

12 Siehe W. Leonhard, a.a.O., Seite 403 f.
13 Programm und Statut der KPdSU, Berlin/DDR/1961.
14 Siehe W. Leonhard, a.a.O., Seite 470 f.
15 »Prawda« 17.10.1964.
15b Typisch sind die lokal isolierten Unzufriedenheitskundgebungen (Streiks), über die üblicherweise keine Informationen in die Öffentlichkeit dringen, oder jedenfalls mit großer Verspätung. In der Zeit von N. S. Chruschtschow gab es jedoch auch die große Demonstration der Arbeiter in der Stadt Nowotscherkassk, wo es wegen Versorgungsschwierigkeiten und Preiserhöhungen bei einigen Nahrungsmitteln am 2.6.1962 auf den Straßen zu Zusammenstößen mit der Polizei und der Armee kam. Neun Organisatoren der Demonstration wurden zum Tode verurteilt. Angeblich kamen Dutzende bei Schießereien in den Straßen ums Leben; die Ereignisse sind nur in Quellen aus Dissidentenkreisen dokumentiert.
16 Den Höhepunkt bildete der Besuch Titos in Moskau im Juni 1956 und nachher Titos Reisen in die übrigen Länder des Sowjetblocks (siehe detaillierter W. Leonhard, a.a.O., Seite 295 f.).
17 Diese Entwicklung ging dann oft weiter, und die Kritiker des Sowjetsystems, die ursprünglich von reformkommunistischen Positionen ausgingen, überschritten den Rahmen der kommunistischen Ideologie – M. Djilas in Jugoslawien, L. Kolakowski in Polen, O. Šik in der Tschechoslowakei und viele andere.
18 Grundsätzliche politische Unterstützung erhielt Chruschtschow damals sowohl bei Tito wie auch bei Mao Tse-tung. Die Parteiführung Jugoslawiens – namentlich E. Kardelj – kritisierte nach der sowjetischen Intervention in Ungarn grundsätzlich die Unterdrückung der Arbeiterbestrebungen zur Selbstverwaltung in den ungarischen Betrieben und die Orientierung der KP auf die »führende Rolle der Partei« als das grundlegende Problem der weiteren Entfaltung des Sozialismus in Ungarn.
19 Unter die hauptsächlichen spezifischen Bedingungen in der Tschechoslowakei gehört besonders die Tradition der pluralistischen politischen Demokratie in den Jahren 1918 – 1938 und weiter der beträchtliche Einfluß der kommunistischen Partei bereits vor 1945; beides trug markant zum Charakter des Regimes der sogenannten Volksdemokratie in der Tschechoslowakei in den Jahren 1945 – 1948 bei. Das politische System aus dieser Zeit spielte eine große Rolle in der Diskussion um die Reform des Sowjetsystems im Jahre 1968. Die Hauptstütze für diese Reform innerhalb der KPTsch bildete die Generation, die noch mit den Erfahrungen aus den Jahren 1945 – 1948 verbunden war.
20 Die wichtigsten dieser Dokumente sind: Aktionsprogramm der KPTsch vom 5.4.1968, Unterlagen, die für den XIV. außerordentlichen Parteitag der KPTsch im Sommer 1968 ausgearbeitet wurden (siehe: J.Pelikán [Hrsg.]: Panzer überrollen den Parteitag, Europa-Verlag Wien, 1969).
21 J.Pelikán (Hrsg.), a.a.O., Seite 210.
22 Über die Problematik der Selbstverwaltung in der Tschechoslowakei 1968 siehe eingehender: V. Fišera: Workers Council in Czechoslovakia 1968-9, London 1978.
23 Das Hauptproblem bildete die Entstehung der sozialdemokratischen Partei, die formell im Jahr 1948 mit der KPTsch vereinigt wurde; die Reformführung der KPTsch fürchtete die Bewilligung der Neugrün-

dung der Sozialdemokratie aus innenpolitischen Gründen, wie auch deshalb, weil vom Gesichtspunkt Moskaus ein solcher Schritt unannehmbar war. Diese Partei jedoch zu verbieten, hätte bedeutet, daß der gesamte reformpolitische Kurs der KPTsch diskreditiert worden wäre. Insgesamt muß man annehmen, daß sich in der Tschechoslowakei die Tendenz zum Mehrparteiensystem langfristig hätte durchsetzen müssen, wenn die KPTsch nicht bereit gewesen wäre, polizeiliche Gewaltmethoden zur Verteidigung ihrer Monopolposition zu benutzen.
24 Konkrete Vorstellungen über die Entfaltung des Wahlsystems in der Tschechoslowakei im Jahr 1968 siehe: J. Pelikán (Hrsg.), a.a.O., Seite 237 f.
25 Ebd., Seite 236-237.
26 Tabelle aus den Unterlagen des Wiener Instituts für Internationale Wirtschaftsvergleiche.
27 Über die Formen und den Einfluß der Wirtschaftsreformen aus der damaligen Zeit siehe J. Kosta – J. Meyer – S.Weber: Warenproduktion im Sozialismus, Frankfurt 1973, Seite 178 – 219; zu konkreteren Fragen der Wirtschaftsentwicklung siehe beispielsweise: B. und H. Askanas – F. Levcik: Die Wirtschaft der RGW-Länder 1971 – 75 und die geplante Entwicklung bis 1980, in Monatsberichte des ÖIW 3/1976.
28 Über die Bedeutung der Zyklen, die auf diese Weise in den Sowjetsystemen entstehen, siehe beispielsweise: F. Levcik: Die Wirtschaftskrise im RGW-Raum, in: Systemkrisen in Ost und West, Wien (Österreichische Nationalbank) 1981, Seite 36 f.
29 Siehe beispielsweise: F. Levcik – J. Stankovsky: Industrielle Kooperation zwischen Ost und West, Wien – New York 1977, Seite 168 f.
30 Die Problematik der nichtoffiziellen Ökonomik in Ungarn ist in der Studie bearbeitet: I. Kemény: The Unregistered Economy in Hungary (vorläufig nicht veröffentlicht).
31 Aus der umfangreichen Literatur zu dieser Problematik siehe beispielsweise: W. Brus: Funktionsprobleme der sozialistischen Wirtschaft, Frankfurt 1971; O. Šik: Ökonomie – Interessen – Politik, Berlin/ DDR 1966.
32 Der tschechische Schriftsteller Václav Havel führt dieses Problem ungemein präzise vor: »Ein Leiter des Gemüseladens plazierte im Schaufenster zwischen Zwiebeln und Möhren das Spruchband ›Proletarier aller Länder, vereinigt euch!‹ Warum hat er das getan? . . . Ist er wirklich persönlich so für die Idee der Vereinigung der Proletarier aller Länder begeistert? . . . Ich glaube, daß man mit Recht voraussetzen kann, daß die überwiegende Mehrheit der Gemüsehändler über die Spruchbänder in ihren Schaufenstern im Grunde genommen nicht nachdenkt, geschweige denn, daß sie damit etwas von ihrer Weltanschauung zum Ausdruck bringen wollen. . . . Das bedeutet freilich nicht, daß seine Handlung kein Motiv und keinen Sinn hätte und daß er mit seiner Parole niemandem etwas mitteilt. Diese Parole hat die Funktion eines Zeichens und als solches enthält sie zwar versteckte, aber ganz bestimmte Mitteilung. Verbal könnte man sie etwa so formulieren: ich, der Gemüsehändler XY, bin hier und weiß, was ich zu tun habe; ich benehme mich so, wie man es von mir erwartet; auf mich ist Verlaß und man kann mir nichts vorwerfen; ich bin gehorsam und habe deshalb das Recht auf ein ruhiges Leben. . . . Beobachten wir: würde man dem Gemüsehändler befehlen, die Parole, ›Ich habe Angst und bin deshalb bedingungslos gehorsam‹ in das Schaufenster zu stellen,

würde er sich ihrem semantischen Inhalt gegenüber bei weitem nicht so lax verhalten, obwohl eben dieser Inhalt sich mit der verborgenen Bedeutung des Spruchbandes diesmal absolut deckt... Selbstverständlich: er ist doch ein Mensch und hat folglich ein Gefühl für Menschenwürde. Um diese Komplikation zu überwinden, muß sein Loyalitätsbekenntnis die Form eines Zeichens haben, das zumindest durch ihre Textoberfläche auf irgendwelche höhere Ebenen der uneigennützigen Überzeugung hinweist. Man muß dem Gemüsehändler die Gelegenheit geben, daß er sich sagen kann: Warum sollten sich eigentlich die Proletarier aller Länder nicht vereinigen? Das Zeichen hilft also, die ›niedrigen‹ Fundamente seines Gehorsams und damit auch die ›niedrigen‹ Fundamente der Macht vor dem Menschen zu verstekken. Er versteckt sie hier hinter der Fassade des ›Höheren‹. Dieses ›Höhere‹ ist die Ideologie... Es ist ein Alibi, das für alle verwendbar ist: von dem Gemüsehändler... bis zum höchsten Funktionär, der sein Interesse, sich an der Macht zu halten, in Worte von seinem Dienst an der Arbeiterklasse kleiden kann.« (Václav Havel: Versuch, in der Wahrheit zu leben, Rowohlt 1980, Seite 14-16)

33 Im Bereich des gesellschaftlichen Bewußtseins in den Ländern des »realen Sozialismus« führt es auf der einen Seite zur folgerichtigen kritischen Ansicht über die soziale und politische Wirklichkeit: die Grenzen der Kritik, die sich selbst diejenigen stellten, die über das Sowjetsystem auf der Grundlage der persönlichen kommunistischen Überzeugung nachdachten, sind längst überschritten. Auf der anderen Seite ist das so entfaltete kritische Denken weniger fähig, eine wirksame und realisierbare politische Strategie und Taktik des Prozesses der Systemänderungen zu schaffen, es überwiegt darin oft Moralkritik, Emotivität und apolitisches Denken.

34 Auf dem XXVI. Parteitag der KPdSU 1981 wurde das »Programm der KPdSU« aus dem Jahr 1961 offiziell für ungültig erklärt – ohne daß irgendwelche Analyse in diesem Zusammenhang durchgeführt worden wäre und ohne daß man es durch ein neues Programm ersetzt hätte.

35 Die Angaben über die Zusammensetzung der KPdSU siehe beispielsweise »Partijnaja schisnj«, Nr. 14/1973, Seite 14-15. Einige Angaben über den tatsächlichen und dem formellen Anteil der Arbeiter an der Mitgliedschaft und dem Aktiv der KPTsch siehe beispielsweise: Z. Hejzlar: Reformkommunismus, Köln – EVA 1976, Seite 68 f. Korrekturen dieser offiziellen Angaben führen wir auf der Basis von Erfahrungen aus der persönlichen Praxis in der KPTsch durch.

36 Die Abnahme der Mitgliederzahl der KP in der Tschechoslowakei nach der sowjetischen Intervention, die 1970 mehr als ein Drittel (über 500000 Personen) ausmachte, wurde im Verlauf der weiteren acht Jahre der relativen Stabilisierung des Systems wettgemacht. Ähnlich wurde beispielsweise in Ungarn nach dem völligen Zerfall der Partei 1956 etwa innerhalb der gleichen Zeit ihr Mitgliederstand erneuert. Demgegenüber erachten wir es für fragwürdig, daß sich ein ähnlicher Prozeß in einer ebenso kurzen Zeit in Polen nach 1981 wiederholen wird.

37 Diese Schätzung geht aus der Situation in der Tschechoslowakei hervor, wo im Jahr 1967 bei einer Gesamtzahl der Bevölkerung von 14 Millionen 147000 Informatoren der politischen Polizei tätig waren.

38 Ein sehr anschauliches Bild über diese Funktion des Zensurapparats

bieten die geheimen Richtlinien, herausgegeben durch die Hauptverwaltung der Presseaufsicht in Polen und publiziert im polnischen Exilverlag Aneks (London 1979) unter dem Titel »Ciarna kniga cenzury PRL«.
Wir lesen dort beispielsweise: »Alle Fotografien des ersten Sekretärs und der übrigen Mitglieder des Präsidiums des Zentralkomitees müssen vor der Veröffentlichung durch die Aufsicht gebilligt werden«.
»Angaben über den gesamtstaatlichen Verbrauch von Kaffee innerhalb eines Jahres dürfen nicht veröffentlicht werden, damit man die Errechnung der Menge des reexportierten Kaffees unmöglich macht.«
Es wird weiter verboten, Informationen über Patente, die Polen im Westen kaufte, zu publizieren, denn das könnte den Eindruck erwekken, daß die industrielle Entfaltung Polens auf diesen Patenten beruht. Es werden Informationen über den Stand und das Wachstum des Alkoholismus im gesamtstaatlichen Ausmaß verboten; Entscheidungen des Obersten Gerichts dürfen nur mit Billigung der Presseaufsicht veröffentlicht werden.
39 In der Sowjetarmee bildeten die Ingenieure und Techniker in den 70er Jahren 45 Prozent des Offizierkorps, unter den Offizieren der Raketenmannschaften steigt dieser Anteil auf über 80 Prozent (A. Avtorchanov: Technologija vlasti, Frankfurt – Posev 1976, Seite 792).
40 Übersichtliche konkrete Analyse der Wirtschaftsursachen der polnischen Entwicklung siehe beispielsweise: D.M.Nuti: The Polish Crisis: Economic Factors and Constraints, in: The Socialist Register 1981, London.
41 Text dieses Abkommens und umfangreiche detaillierte Dokumentation der Entwicklung der Ereignisse im Verlauf der Streiks siehe: August 1980 – The Strikes in Poland, Radio Free Europe Research, München 1980.
42 Text des Programms siehe: Osteuropa-Info Nr. 4/1981/46, Hamburg.
43 In diese Richtung tritt einige Male öffentlich insbesondere M. Rakowski (beispielsweise Interview in der Wochenzeitschrift »Kultura« 16. August 1981 u.a.).
44 Über die Möglichkeiten einer solchen Entwicklung siehe detaillierter: Z. Mlynař: Entwicklungsmöglichkeiten in Polen, in: Aus Politik und Zeitgeschichte (Das Parlament), B 31/81, Seite 31 f.
44a Diese Vorstellungen über derartige Wirtschaftsreformen in Polen schildert eingehender W. Brus in seiner im August 1982 geschriebenen Studie »Aussichten der ›Normalisierung‹ in Polen«. Siehe in: W. Brus – P. Kende – Z. Mlynař: Die »Normalisierungsprozesse« im sowjetisierten Mitteleuropa; Veröffentlichungen des Forschungsprojekts »Krisen in den Systemen sowjetischen Typs«, Studie Nr. 1, Index – Verlag, Köln 1982.
45 Zusammenfassende Übersicht der Krisenentwicklung in der kommunistischen Bewegung siehe: W. Leonhard: Eurokommunismus. Herausforderung für Ost und West, München (Bertelsmann) 1978.
46 »Ein Revolutionär ist, wer ohne Vorbehalt, bedingungslos, offen und ehrlich ... bereit ist, die UdSSR zu schützen und zu verteidigen, denn die UdSSR ist der erste revolutionäre, proletarische Staat in der Welt, der den Sozialismus aufbaut. Ein Internationalist ist, wer vorbehaltlos, ohne zu schwanken, ohne Bedingungen zu stellen, bereit ist, die UdSSR zu schützen, weil die UdSSR die Basis der revolutionären Bewegung der ganzen Welt ist.« (J.W. Stalin: Werke Bd. 10, Stuttgart 1953, Seite 45)

47 Beschreibung einiger der schreiendsten Folgen dieser Politik Stalins in der kommunistischen Bewegung siehe: W. Leonhard, a.a.O., Seite 47-48.
48 Diese Konzeption Stalins siehe detaillierter in seiner letzten Schrift aus dem Jahre 1952 »Ökonomische Probleme des Sozialismus in der UdSSR«.
49 Detaillierte Analyse dieser ideologischen Polemik mit Auszügen aus Dokumenten siehe: G. Meyer: Sozialistische Systeme, a.a.O., Seite 62-81.
50 An dieser Konferenz nahmen 17 kommunistische Parteien nicht teil, unter ihnen wichtige Parteien, die mit China sympathisieren. Über den Inhalt der Konferenz siehe W. Leonhard, a.a.O., Seite 146 - 149.
51 Im ursprünglichen Text der gemeinsamen Erklärung kommunistischer Parteien Bulgariens, der Tschechoslowakei, Ungarns, der DDR, Polens und der UdSSR, unterschrieben in Bratislava am 3. August 1968, ist dieser Grundsatz jedoch in die Gestalt einer unschuldigen ideologischen Phrase gekleidet. Nach der Aufzählung solcher allgemeiner Erfolge, wie der »Aufbau der mächtigen Industrie, Veränderung des Lebens auf dem Dorf, Wohlstand des Volks« usw. wird gesagt: »Die Unterstützung, der Schutz und die Festigung dieser Errungenschaften, die die Völker durch ihre heldenhafte Bestrebung, durch aufopferungsvolle Arbeit des Volkes eines jeden Landes erreichten, bilden die gemeinsame internationale Pflicht aller sozialistischen Länder. Das ist die einheitliche Ansicht der Teilnehmer der Beratung...« Diese Phrasen als eine Konzeption zu interpretieren, die auch eine bewaffnete Intervention in den Staaten des Warschauer Pakts ermöglicht, ist also auch nach den Gepflogenheiten in den kommunistischen Parteien des Sowjetblocks ungeheuerlich.
52 Von diesem Gesichtspunkt glauben wir deshalb, daß die Ergebnisse dieser Konferenz in Berlin 1976 grundsätzlich einen Erfolg der sowjetischen Führung und keineswegs der eurokommunistischen Parteien darstellten, und wir teilen nicht die eher gegenteilige optimistische Bewertung von W. Leonhard (a.a.O., Seite 175 f.).
53 K.W. Deutsch: Analyse internationaler Beziehungen, Frankfurt 1968, Seite 122.
54 In der Personalpolitik wurde die Ernennung von G. Ustinow zum Verteidigungsminister nach dem Tod von Marschall Gretschko zum Ausdruck dieses Trends. Über die Problematik der Entwicklung der Rüstung und des militärisch-industriellen Komplexes siehe beispielsweise: G. Poser: Militärmacht Sowjetunion 1980, München - Wien, 1980.
55 Siehe K.W. Deutsch, a.a.O., Kapitel 11, wo die Problematik des Modellverhaltens in verschiedenen Typen von Spielen im Zusammenhang mit international-politischen Beziehungen analysiert wird.
56 Formell gehören in diesen Umkreis diejenigen Staaten, mit denen die UdSSR Verträge über »Freundschaft und Zusammenarbeit« schließt, aber ohne die Bestimmung über die Militärhilfe. Das bedeutet jedoch nicht, daß in diese Länder - soweit es die Umstände erlauben - der politische wie auch der militärische sowjetische Einfluß nicht eindringt: auch diese Länder befinden sich im Grunde genommen unter der sowjetischen militärisch-politischen Kontrolle.
57 K.W. Deutsch: Politische Kybernetik, Seite 193.
58 F. Levcik: Die Wirtschaftskrise im RGW-Raum, Seite 42.

59 Es scheint, daß es Anfang 1982 zu einem Absinken des Wachstums im Vergleich mit derselben Zeitspanne des Jahres 1981 gekommen ist: die veröffentlichten statistischen Angaben für Januar 1982 beinhalten zum ersten Male keine Gesamtzahlen über das Wachstum der Industrieproduktion und der Arbeitsproduktivität, weil sie offensichtlich Minuswerte beinhalten. Aus den veröffentlichten Angaben über mehr als 60 Erzeugnisse ergibt sich, daß es bei 36 von ihnen im Vergleich mit der Produktion Anfang 1981 zu einem Absinken kam, und zwar bei der Förderung von Erdöl und Kohle, bei Stahlproduktion, bei Kunstdüngern, Lokomotiven, Automobilen und Traktoren, Computern, Papier, Zement, Kühlschränken und Waschmaschinen und auch bei der Produktion von Fleisch, Butter usw. (»Le Monde« vom 20.2.1982)
60 F. Levcik, a.a.O., Seite 42-43.
61 Detailliertere Beschreibung von Reformmaßnahmen beim »ungarischen Modell« der Wirtschaftsreform, an die wir hier denken, siehe beispielsweise: J. Kosta – J. Meyer – S. Weber: Warenproduktion im Sozialismus, Frankfurt 1973, Seite 182 f.
62 Über die wesentliche Bedeutung dieser Fragen für die Lösung der Gesamtprobleme der Rückständigkeit der sowjetischen Landwirtschaft siehe: L. Suniza: Die Landwirtschaft der Sowjetunion, Wien 1981, Seite 65 f.
63 Siehe A. Solschenicyn: Brief an die Repräsentanten der Sowjetunion (1974).
64 Über die Zusammenhänge zwischen den technokratischen und demokratischen Elementen im Verlauf der Reformen in den Sowjetsystemen siehe J. Kosta – J. Meyer – S. Weber, a.a.O., Seite 211 f.
65 In einigen dieser kritischen Studien wird darüber gesprochen, daß die Entwicklung bereits den Übergang von der Diktatur der Bürokratie zur Diktatur der Technokratie verwirklichte: E. Altvater – Ch. Neusüß: Bürokratische Herrschaft und gesellschaftliche Emanzipation, in: Neue Kritik Nr. 51/52, und ähnlich auch Artikel im Kursbuch 23, Berlin 1971.
66 Wir glauben, daß dies allerdings nicht das »Ende der Entspannungspolitik« bedeuten muß, sowie keine notwendige Entwicklung zum »Kalten Krieg« und des Wachstums der tatsächlichen Gefahr eines Kriegskonflikts. Wiewohl es unerläßlich ist, auch jedwede weitere Entspannungspolitik als einen für *alle* Teilnehmer dieses Prozesses annehmbaren Kompromiß zu begreifen und wiewohl man die Tatsache nicht bestreiten kann, daß das Gleichgewicht der Militärstärke der Blöcke hier eine notwendige Voraussetzung bildet, bedeutet dies unserer Meinung nicht, daß die Entspannungspolitik *dauerhaft* einen Zustand bilden kann, in dem man einen Konflikt momentan zwar ausschließt, aber gleichzeitig unablässig die grundlegenden Ursachen des Konflikts in dem gesamten Interaktionsprozeß reproduziert. Die weitere Phase der Entspannungspolitik wird, wenn es wirklich eine Entwicklungsperspektive sein soll, diese Ursachen einschränken und schrittweise aus dem Interaktionsprozeß ausschließen müssen. Die Bipolarität der Konfliktsituationen und die entscheidende Rolle der Militärkraft in dem gesamten Interaktionsprozeß bilden unserer Meinung nach eben solche Ursachen. Sie sind *dauerhaft* mit dem Prozeß der wirklichen Entspannung unvereinbar: die Entspannung kann nämlich nur unter der Voraussetzung der Bildung einer größeren Zahl von Alternativen der kooperativen Lösung einer jeden konkreten Situation

der Spannung zu einem dauerhafteren Zustand werden; das ist jedoch nur bei einem Machtpolyzentrismus möglich, der Existenz einiger autonomer Subjekte, die bezüglich ihrer Kraft vergleichbar sind, also in einer Lage, in der die »Einflußsphären« überwiegend durch ökonomische und politische Mittel gesichert werden müssen. Nur militärisch ist dies unmöglich, denn bezüglich der Stärke der nuklearen Ausrüstung und der Armee überhaupt kann mit den beiden Super-Großmächten kein anderer Staat verglichen werden. Die Perspektive dieser Entwicklung muß auch die Überwindung der Aufteilung der Welt und auch Europas in Blöcke bilden.

Wir glauben deshalb, daß heute, da sich bereits im vollen Maße die Krise der Entspannungspolitik aus den 70er Jahren offenbart, die weitere Lebensfähigkeit dieser Politik nicht durch die einfache *Rückkehr* zu den Faktoren aus den 70er Jahren gesichert werden kann: Sie ist unter anderem deshalb in eine Krise geraten, weil sie den Sowjetsystemen unter dem Deckmantel der sowjetischen Auffassung der »Entspannungspolitik« als einer scheinbaren Aufrechterhaltung des Status quo die Durchführung der expansionistischen Politik ermöglichte und zur Stärkung des Sowjetblocks ausgenutzt wurde.

67 Siehe beispielsweise: G. Friedrichs – A. Schaff (Hrsg.): Auf Gedeih und Verderb. Mikroelektronik und Gesellschaft (Bericht an den Club of Rome), Wien/Europa-Verlag 1982.

Faschismus und Widerstand

Sabine Asgodom (Hrsg.)
„Halts Maul – sonst kommst nach Dachau!"
Männer und Frauen aus der Arbeiterbewegung berichten
über Widerstand und Verfolgung unter dem
Nationalsozialismus

Hans Dieter Baroth
Gebeutelt aber nicht gebeugt
Erlebte Geschichte

Dieter Bednarz,
Michael Lüders (Hrsg.)
Blick zurück ohne Haß
Juden aus Israel
erinnern sich an Deutschland
Mit einem Geleitwort
von Helmut Gollwitzer

Gerhard Beier
**Das Lehrstück
vom 1. und 2. Mai 1933**

Gerhard Beier
Die illegale Reichsleitung der Gewerkschaften 1933–1945

Hermann Langbein
Pasaremos
Wir werden durchkommen
Briefe aus dem spanischen
Bürgerkrieg
Mit Illustrationen

Hermann Langbein
Die Stärkeren
Ein Bericht aus Auschwitz
und anderen Konzentrationslagern
Mit zahlreichen Abbildungen

Werner Lansburgh
Strandgut Europa
Erzählungen aus dem Exil
1933 bis heute

Heiner Lichtenstein
**Warum Auschwitz
nicht bombardiert wurde**
Eine Dokumentation
Vorwort: Eugen Kogon
Mit zahlreichen Fotos

Heiner Lichtenstein
**Raoul Wallenberg,
Retter von hunderttausend
Juden**
Ein Opfer Himmlers und Stalins
Mit einem Vorwort
von Simon Wiesenthal und
acht Kunstdrucktafeln

Detlev Peukert
Die Edelweißpiraten
Protestbewegungen jugendlicher
Arbeiter im Dritten Reich
Eine Dokumentation

Detlev Peukert
**Volksgenossen und
Gemeinschaftsfremde**
Anpassung, Ausmerze und
Aufbegehren unter dem
Nationalsozialismus
Mit 59 Abbildungen

Detlef Prinz,
Manfred Rexin (Hrsg.)
**Beispiele für aufrechten Gang
Willi Bleicher und
Helmut Simon**
Im Geiste Carl von Ossietzkys

Bund-Verlag

Politik und Zeitgeschichte

Gerhard Bäcker, Hagen Kühn
**Konservative Ideologie
in der Sozialpolitik**
Rechtfertigungslehren des Abbaus
der Sozialstaatlichkeit

Heinrich Böll, Lew Kopelew,
Heinrich Vormweg
**Antikommunismus
in Ost und West**

Antje Dertinger
Weiber und Gendarm
Vom Kampf staatsgefährdender
Frauenspersonen um ihr Recht
auf politische Arbeit

Antje Dertinger
**Die bessere Hälfte
kämpft um ihr Recht**
Der Anspruch der Frauen
auf Erwerb und andere
Selbstverständlichkeiten

Iring Fetscher
**Vom Wohlfahrtsstaat
zur neuen Lebensqualität**
Die Herausforderung des
demokratischen Sozialismus

Helga Grebing (Hrsg.)
**Fritz Sternberg
Für die Zukunft des Sozialismus**
Werkproben, Aufsätze,
unveröffentlichte Texte

Werner Lansburgh,
Frank-Wolf Matthies
Exil – Ein Briefwechsel
Mit Essays, Gedichten und Dokumenten

Jiří Lederer
Mein Polen lebt
Zwei Jahrhunderte Kampf gegen
Fremdherrschaft

Theodor Leipart
Carl Legien
Vorwort: Heinz Oskar Vetter

Herman Rebhan
Gewerkschaften im Weltgeschehen
Aufsätze und Reden

Wolfgang Roth
Humane Wirtschaftspolitik
Die sozialdemokratische
Alternative

Hermann Scheer
Mittendrin
Bericht zur Lage von
Sozialdemokratie und Republik

Florian Tennstedt
**Vom Proleten
zum Industriearbeiter**
Arbeiterbewegung und Sozialpolitik
in Deutschland 1814 bis 1914

Gerhard Zwerenz
**Antwort an einen
Friedensfreund**
oder
Längere Epistel für
Stephan Hermlin und meinen Hund
Ein Diarium

Bund-Verlag

Im Mittelpunkt dieses Buches stehen die Mechanis[...] [Krisen und Krisen-]bewältigung in den Ländern sowjetischen Typs. De[...] Regierungen trotz ihrer unbeschränkten Machtfülle [auf] Krisen oft nicht zielgerichtet reagieren, so daß ihr a[bsoluter Herrschafts-]anspruch mit den grundlegenden Mechanismen des [Systems in Konflikt] gerät. Deshalb erweist sich nach Ansicht des Autors die Innen- und Außenpolitik dieser Staaten als ständige Suche nach Lösungen für im Grunde unlösbare Widersprüche.

Nach 1968 kam es im östlichen Lager zu einer relativen Stabilisierung, die – mit Ausnahme Polens – den Machthabern eine gewisse passive Loyalität und damit ihr politisches Überleben sicherte. Worauf stützte sich die Stabilisierung der sowjetischen Systeme während der Breschnew-Ära? Welche Änderungen sind nach einem Führungswechsel in der UdSSR zu erwarten? Kann das sorgsam ausbalancierte Machtgleichgewicht zwischen den verschiedenen Fraktionen der Bürokratie einen solchen Wechsel überhaupt ohne dramatische Konsequenzen überstehen? Sind vielleicht manche Krisensymptome nicht einmal Systemkrisen, sondern allgemeine systemübergreifende Krisen einer industrialisierten Gesellschaft?

Als ehemaliger ZK-Sekretär der KPČ ist der Autor mit der Art, wie regierende kommunistische Parteien als Zentren der totalen Macht an diese Probleme herangehen, engstens vertraut. Er kann deshalb auch beantworten, warum trotz dieser unbeschränkten Machtfülle die Reaktion auf Krisen oft genug zaudernd und nicht zielgerichtet ausfällt.

Über den Autor:

Zdeněk Mlynář, geboren 1930, Politologe, Autor des politischen Teils des »Aktionsprogramms der KPČ 1968«, bis November 1968 Sekretär des ZK der KPČ und Mitglied des Parteivorstandes. 1970 aus der KPČ ausgeschlossen. 1977 als einer der Initiatoren der »Charta 77« zur Emigration gezwungen; z.Z. wissenschaftlicher Mitarbeiter des Österreichischen Instituts für Internationale Politik in Laxenburg bei Wien.

ISBN 3-7663-0585-9